CLÁSSICAS
DO PENSAMENTO
SOCIAL

CLÁSSICAS DO PENSAMENTO SOCIAL

Mulheres e feminismos no século XIX

Organização e comentários
VERÔNICA TOSTE DAFLON & BILA SORJ

1ª edição

Rio de Janeiro
2021

Copyright © Verônica Toste Daflon & Bila Sorj, 2021

Todos os esforços foram feitos para localizar os fotógrafos das imagens e os autores dos textos reproduzidos neste livro. A editora compromete-se a dar os devidos créditos em uma próxima edição, caso os autores as reconheçam e possam provar sua autoria. Nossa intenção é divulgar o material iconográfico e musical, de maneira a ilustrar as ideias aqui publicadas, sem qualquer intuito de violar direitos de terceiros.

CIP-BRASIL. CATALOGAÇÃO NA PUBLICAÇÃO
SINDICATO NACIONAL DOS EDITORES DE LIVROS, RJ

T659c   Toste, Verônica
        Clássicas do pensamento social : mulheres e feminismos no século XIX /
Verônica Toste, Bila Sorj. – 1ª ed. – Rio de Janeiro : Rosa dos Tempos, 2021.
        252 p.

        ISBN 978-85-01-11617-8

        1. Feminismo. 2. Feminismo – História – Séc. XIX. I. Sorj, Bila. II. Título.

21-70414   CDD: 305.4209
                            CDU: 141.72(09)

Meri Gleice Rodrigues de Souza – Bibliotecária – CRB-7/6439

Todos os direitos reservados. É proibido reproduzir, armazenar ou transmitir partes deste livro, através de quaisquer meios, sem prévia autorização por escrito.

Texto revisado segundo o novo Acordo Ortográfico da Língua Portuguesa.

Direitos desta edição adquiridos pela
EDITORA ROSA DOS TEMPOS
Um selo da
EDITORA RECORD LTDA.
Rua Argentina, 171 – Rio de Janeiro, RJ – 20921-380 – Tel.: (21) 2585-2000.

Seja um leitor preferencial Record.
Cadastre-se no site www.record.com.br
e receba informações sobre nossos lançamentos e nossas promoções.

Atendimento e venda direta ao leitor:
sac@record.com.br

Impresso no Brasil
2021

SUMÁRIO

Mapa	7
Introdução	9
1. Harriet Martineau	19
Trechos de *Como observar a moral e os costumes*, 1838	26
Trechos de "Serviço doméstico", 1838	33
Trechos de *Sociedade na América*, 1837	37
2. Anna Julia Cooper	49
Trechos de *Uma voz do Sul: de uma mulher negra do Sul*, 1892	55
"O progresso intelectual da mulher de cor nos Estados Unidos desde a Proclamação de Emancipação", 1892	73
3. Pandita Ramabai Sarasvati	81
Trechos de *A mulher hindu de casta alta*, 1887	89
4. Charlotte Perkins Gilman	109
Trechos de "A morte do matrimônio", 1906	117
Trechos de *Mulheres e Economia: um estudo da relação econômica entre homens e mulheres como fator da evolução social*, 1898	120
Trechos de *O lar: seu funcionamento e influência*, 1910	131
Trechos de "A beleza que as mulheres perderam", 1910	135
5. Olive Schreiner	141
Trechos de *Mulher e trabalho*, 1911	152
Trechos de *Pensamentos sobre a África do Sul*, 1923	159
6. Alexandra Kollontai	169
"As relações sexuais e a luta de classes", 1921	176
Trechos de "Comunismo e a família", 1920	187

7. Ercília Nogueira Cobra   197

Trechos de *Virgindade anti-higiênica: preconceitos e*
convenções hipócritas, 1924   206

8. Alfonsina Storni   223

Trechos de *Um livro queimado*, 1919   233
Trechos de "Um assunto antigo", 1919   235
Trechos de "Direitos civis femininos", 1919   238
Trechos de "O movimento pela emancipação da mulher na
República Argentina", 1919   241
Trechos de "Uma simulação de voto", 1920   247

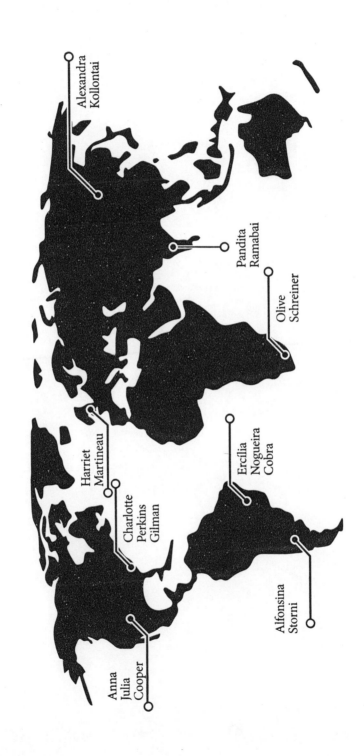

Introdução

"Clássicas" & "Clássicos"?

Em diversas partes do mundo, o século XIX foi marcado por intensa agitação em torno das demandas de mulheres por justiça e igualdade. Contudo, apesar da marca fundamental que deixou na história, o feminismo é a menos conhecida entre as diversas teorias sociais e políticas que disputaram o futuro das sociedades nesse período. Muita tinta foi gasta para compreender as variadas linhagens e vertentes de ideias políticas, como o liberalismo, o socialismo, o anarquismo e o fascismo. O mesmo pode ser dito a respeito das diferentes propostas para compreender as sociedades, desenvolvidas por autores como Auguste Comte, Émile Durkheim, Karl Marx e Max Weber. No entanto, o que se sabe sobre o feminismo? O que se conhece das teorias sobre as relações sociais de gênero produzidas antes de 1949, quando Simone de Beauvoir publicou *O segundo sexo*?

A história oficial costuma falar de "ondas feministas", cada uma delas corresponde a um período em que o feminismo avançou, movido pela impetuosidade de uma nova geração e pela força arrebatadora de uma energia reprimida por muito tempo. De acordo com essa visão, o feminismo sempre estaria inevitavelmente ligado ao novo e destinado, de tempos em tempos, a recuar para mais uma vez avançar, tornando superada ou obsoleta determinada teoria ou prática feminista mais an-

CLÁSSICAS DO PENSAMENTO SOCIAL

tiga. Mas será que as "ondas" precisam apagar os rastros, as inscrições e as pegadas deixadas na areia? Estará cada nova geração condenada a adquirir novo conhecimento sobre si e sobre o mundo sem dialogar e aprender com o passado?

Este livro parte da ideia de que é possível, e também necessário, recuperar os elos e as genealogias de pensamento de mulheres e de feminismos nas mais diversas áreas das artes e do conhecimento. E leva essas preocupações para o campo da sociologia, uma ciência que tem buscado produzir conhecimento rigoroso e sistemático sobre o mundo há quase dois séculos e tem sido uma aliada fundamental na produção de teorias e pesquisas empíricas sobre as relações de gênero.

Apesar de o campo de estudos de gênero ser extremamente vigoroso, as reflexões sobre gênero ainda constituem uma área autônoma e segregada dentro da sociologia. De fato, o impacto das teorias feministas e dos estudos de gênero ainda não foi sentido no centro dessa disciplina. Trabalhamos com a hipótese de que o ensino do cânone sociológico pode ser uma das causas: o ensino tradicional dos clássicos tem sacralizado e tornado rotina um deslocamento sistemático da reflexão sobre gênero a um subcampo das ciências sociais.

Qualquer pessoa familiarizada com os manuais e os cursos acadêmicos de sociologia clássica é capaz de recitar de cor os pensadores canônicos. Os mesmos autores são apontados como os pais fundadores das ciências sociais quase sem variações. Apesar das inúmeras diferenças que os separam, os autores que compõem esse cânone possuem uma característica comum: todos são homens. Em defesa dessa escolha, costuma-se dizer que a subordinação e a opressão das mulheres ao longo do período crítico para o desenvolvimento das ciências sociais foram tão profundas que isso impediu que elas se apoderassem dos meios necessários para produzir e difundir pensamento.

A ausência de mulheres entre os clássicos se justificaria, portanto, pelo próprio aprisionamento de inúmeras mulheres no lar e a seu confinamento às funções de mães, esposas, trabalhadoras precarizadas, mulheres colonizadas e, em síntese, pela sua suposta condição de excluídas da história. Em outros casos, diz-se que aquelas que eventualmente conseguiram escrever e publicar não abordaram os temas

INTRODUÇÃO

verdadeiramente relevantes para o desenvolvimento da sociologia, isto é, o debate sobre a epistemologia das ciências sociais e sobre os processos de industrialização, divisão do trabalho, conflito de classes, racionalização, individualização e diferenciação social, que marcaram o mundo moderno. Assim, tais autoras teriam ficado demasiadamente apegadas à condição supostamente particular de mulher, se dedicando a temas ditos "secundários" ou "irrelevantes" perante as grandes transformações em curso na sociedade, na política e na economia do século XIX.

O título deste livro, *Clássicas do pensamento social: mulheres e feminismos no século XIX*, é, ao mesmo tempo, uma ironia, uma provocação e um questionamento dessa narrativa. É uma ironia dirigida ao próprio conceito de "clássico", pois, à medida que as ciências sociais refletem sobre si mesmas, os "clássicos" deixam de ser entendidos apenas com base nas características intrínsecas aos textos e passam a ser analisados a partir de uma visão processual, histórica e sociológica de como se constitui um cânone. A categoria "clássico", como qualquer outra, é socialmente construída e sustentada por uma comunidade e suas instituições.

Assim, não é porque os cientistas sociais estudam as sociedades que não expressam suas próprias concepções de mundo nos seus hábitos e rotinas de ensino e pesquisa. Embora o cânone tradicional inclua de fato pensadores excepcionais, não é imperativo que o ensino dos "clássicos" se restrinja a um rol limitado de temas e autores. A socialização das e dos estudantes no campo das ciências sociais — como parte da criação e atualização de um campo de conhecimento e da construção de uma identidade profissional — pode se apoiar em referências variadas, que expressem melhor a riqueza e a diversidade de perspectivas da sociologia.

Ao chamar de "clássicas" as autoras desta coletânea, fazemos neste livro uma provocação à forma como as ciências sociais se organizam como disciplina. Ao eleger determinados autores como o seu cânone, privilegiando certos temas de suas obras em detrimento de outros,[*] a

---

[*] Vale ressaltar que a maior parte dos autores clássicos das ciências sociais escreveu sobre temas como família, casamento e a situação social da mulher em suas sociedades. Embora

comunidade de sociólogos define o seu próprio campo de possibilidades, suas fronteiras, e estabelece os temas considerados legítimos. Ela confere, enfim, determinada identidade à comunidade de cientistas sociais fundamentada em um ato original de exclusão de todo um domínio de investigação ligado às questões de gênero.

Este livro é também um questionamento ao cânone, porque pretende demonstrar que, a despeito de imensas dificuldades, houve efetivamente uma produção intelectual significativa e impactante feita por mulheres no século XIX.* Muitas delas se esgueiraram pela margem de sociedades patriarcais para escrever e se fazer ler; foram "marginais" ou mesmo "malditas" em seu tempo. Outras foram intelectuais influentes, amplamente lidas, difundidas e atuantes dentro dos mesmos círculos frequentados pelos autores tradicionais.

Essas autoras nos oferecem um manancial de reflexões perspicazes, originais e sistemáticas sobre vida privada, intimidade, casamento, sexualidade, divisão sexual do trabalho e vida cotidiana — temas que somente nos anos 1960 voltaram novamente à órbita da sociologia. Além de tratar de temas "de mulheres", várias delas tocaram também em assuntos usualmente considerados fundamentais para a construção da sociologia, pensando de maneira criativa e sistemática sobre a origem e a natureza da modernidade emergente da sua época. A forma como o ensino tradicional da sociologia clássica tem sido feita, portanto, não se justifica nem pela ausência de produção nem pela falta de circulação de mulheres e de suas ideias nas redes dos intelectuais que colaboraram para a fundação e a consolidação do pensamento sociológico.

Esta coletânea tem um objetivo simples: disponibilizar em língua portuguesa, de forma inédita, textos de autoras nascidas no século XIX que produziram interpretações sociológicas do mundo e de questões de

---

com frequência esses escritos tenham sido relativamente secundários e sem impacto significativo sobre o núcleo de suas teorias, a sua omissão dos próprios cursos de sociologia clássica aponta uma seletividade não apenas de autores, mas também dos temas selecionados dentro de suas obras.

* Utilizamos gênero aqui como construção social e discursiva e, por esse motivo, buscamos ao longo do livro empregá-lo como categoria analítica e não descritiva.

INTRODUÇÃO

gênero. Desejamos proporcionar o acesso às suas principais ideias, com a esperança de que no futuro suas obras sejam disponibilizadas de forma integral para o público brasileiro. Por esse motivo, a seleção priorizou pensadoras que nunca receberam traduções para o português ou que tiveram uma circulação muito parcial no Brasil.

Isso significa que precursoras publicadas em português, como Mary Wollstonecraft (Inglaterra), Flora Tristán (França), Nísia Floresta (Brasil), Emma Goldman (Lituânia) e Harriet Taylor Mill (Inglaterra), não foram incluídas nesta seleção. O livro buscou ainda representar a diversidade de olhares e contextos vivenciados por mulheres do século XIX. Por isso, seguimos como critério de seleção, além da originalidade das contribuições à sociologia e à reflexão sobre as relações de gênero, a diversidade de procedências geográficas das autoras.

A seleção priorizou também eixos e temas fundamentais em cada uma delas. Harriet Martineau (Inglaterra) destaca-se pela forma como construiu os parâmetros de uma ciência da sociedade que compreendia a dimensão privada e a pública do social, assim como as relações entre ambas, produzindo uma "imaginação sociológica" que incluía aspectos tanto da vida de homens como de mulheres. No capítulo sobre Anna Julia Cooper (Estados Unidos), frisamos a maneira original como ela refletiu sobre a relação entre as discriminações de gênero e raça, apontando as especificidades da vida das mulheres negras norte-americanas e sua necessidade de voz e representação, em uma defesa pioneira da diversidade na política e no pensamento. Suas ideias lembram em vários aspectos as contribuições mais recentes do feminismo negro e das teorias da interseccionalidade ao campo da sociologia.

Pandita Ramabai Sarasvati (Índia) nos ajuda a pensar sobre a complexa relação histórica entre a opressão colonial, de casta e de gênero, e também a respeito dos dilemas da transnacionalização de movimentos sociais como o feminismo. Seus escritos permitem conexões com os debates pós-coloniais, hoje tão em voga nos estudos feministas. Charlotte Perkins Gilman (Estados Unidos) é discutida a partir de sua contribuição ao debate sobre a relação entre Estado, mercado e família, bem como da sua crítica ao culto da maternidade e da domesticidade feminina. Gilman criou parâmetros sólidos para uma sociologia das relações de gênero ancorada na análise econômica, cultural e institucional. No capítulo sobre Olive Schreiner (África do Sul), enfatizamos como a autora contestou os discursos científicos que apregoavam a inferioridade biológica de mulheres e de populações não europeias e insistiu que as desigualdades eram produto das relações sociais — e não da biologia. Ao olhar para o fenômeno social da mestiçagem como um efeito de relações étnicas, raciais e de gênero, Schreiner produziu *insights* que se comunicam com perspectivas construtivistas contemporâneas sobre gênero, raça e ciência.

Nos textos de Alexandra Kollontai (Rússia), priorizamos a sua análise sobre a relação entre sexo e classes sociais, família, divisão sexual do trabalho, a tripla jornada da mulher, bem como sua reflexão pioneira acerca da sexualidade e das relações amorosas. Kollontai aborda tanto dimensões materiais como subjetivas das relações de gênero. No capítulo sobre Ercília Nogueira Cobra (Brasil), ressaltamos a sua crítica à dupla moral sexual, à imposição da virgindade às mulheres solteiras e à negação de direitos civis às mulheres brasileiras, mostrando que o controle da sexualidade pode ser a base para o exercício de inúmeras outras relações de poder. Por fim, no texto de Alfonsina Storni (Argentina), destacamos a forma como ela explorou a relação entre as mulheres latino-americanas e a modernidade, refletindo sobre o feminismo como um movimento social organizado e sobre os dilemas da representação política feminina.

Apresentamos, dessa maneira, autoras de lugares tão díspares quanto África do Sul, Argentina, Brasil, Estados Unidos, Índia, Inglaterra e Rússia, identificadas a partir de pesquisas nos principais periódicos e coletâneas internacionais de sociologia. Essa presença crescente nas publicações sinaliza a formação incipiente de um consenso em torno da relevância desses textos e o interesse acadêmico a respeito deles. Apesar das diferenças, Alexandra Kollontai, Alfonsina Storni, Anna Julia Cooper, Charlotte Perkins Gilman, Ercília Nogueira Cobra, Harriet Martineau, Olive Schreiner e Pandita Ramabai Sarasvati compartilham vidas e trajetórias marcadas por elementos comuns. Jovens viúvas, "solteironas", "desquitadas", mulheres sem filhos, mães solteiras, órfãs de pai desde cedo: essas mulheres constituíram famílias contra as convenções de seu tempo e transformaram a própria condição social — fora dos padrões idealizados pelas sociedades de

INTRODUÇÃO

onde vieram — em formas alternativas de vida. Podemos dizer que seus textos traduzem subjetividades femininas formadas de maneira crítica e não usual.

Se observarmos atentamente a biografia dessas mulheres, notaremos que as histórias pessoais foram marcadas por imensos deslocamentos e sacudidas por turbulências profundas. O primeiro movimento marcante é o econômico: nenhuma das autoras aqui apresentadas permaneceu em sua classe de origem. Quase todas passaram por situações de penúria econômica. Seja uma súbita falência na família (Storni, Gilman, Cobra e Martineau), seja uma heroica ascensão social (Cooper, Ramabai e Schreiner), seja ainda a rejeição ao conforto opressor de uma vida burguesa na virada do século XIX ao XX (Kollontai), todas saíram do confinamento de uma situação de classe e tiveram que lutar pela sobrevivência — e, muito frequentemente, também pela segurança econômica dos próprios filhos ou familiares. O segundo movimento fundamental é o geográfico: as autoras aqui estudadas foram viajantes ou migrantes, deslocando-se entre culturas e pessoas, entre o público e o privado, desenvolvendo olhares comparativos e singulares.

Esses processos biográficos parecem ter potencializado nelas um olhar aguçado para os silêncios e as contradições de suas próprias sociedades com relação às mulheres e a outros grupos desprivilegiados. No entanto, é preciso ainda ressaltar que a interpretação dos seus textos indica um forte engajamento com os círculos intelectuais da sua época, o envolvimento com os grandes movimentos políticos dos séculos XIX e XX, a interlocução com figuras proeminentes nos campos da política e das ciências sociais e, em alguns casos, com a academia e o campo institucional da sociologia. Vemos também que algumas das autoras aqui selecionadas leram e debateram as ideias umas das outras. Harriet Martineau, por exemplo, é uma referência bastante recorrente nos textos de várias das autoras selecionadas. Ao ler seus comentadores, aprendemos ainda que autores canônicos da sociologia reagiram aos trabalhos dela, pois reconheceram seu peso e sua relevância para seu tempo.

Hoje há um grande acúmulo de produção crítica sobre os quadros de referência tradicionais da sociologia sob um olhar atento a gênero. No Brasil e no mundo, os estudos de gênero são fortemente institucionaliza-

CLÁSSICAS DO PENSAMENTO SOCIAL

dos, e sua legitimidade é atestada por sua presença expressiva nas linhas de pesquisa nas pós-graduações em ciências sociais, nos congressos, na grande quantidade de revistas e de dossiês acadêmicos dedicados ao assunto, assim como pela grande quantidade de grupos e núcleos de pesquisa que trabalham com a temática. Contudo, é difícil ignorar o fato de que a transformação dos marcos teóricos, conceitos e pressupostos das ciências sociais sob a perspectiva de gênero está incompleta e que a aceitação das transformações produzidas pelos estudos de gênero no campo da sociologia ainda é restrita e insuficiente.

E, no entanto, gênero permanece sendo uma das dimensões mais relevantes da vida social. A transversalidade de gênero às áreas estabelecidas da sociologia se manifesta de diversas maneiras: o feminismo marxista, por exemplo, permitiu repensar o campo de estudos da sociologia do trabalho, chamando atenção para a existência do trabalho doméstico não assalariado; as estudiosas da estratificação interrogaram onde localizar a mulher no sistema de classes, questionando o hábito de se atribuir à mulher a mesma classe social do marido e de naturalizar a família como uma unidade de interesses; os estudos do *care** — ou cuidado — proporcionaram uma reflexão original, que dilui as fronteiras entre trabalho doméstico, familiar, mercado e políticas públicas; a teoria feminista apontou a separação entre os âmbitos público e privado como base da constituição das democracias modernas*** e colocou em questão a própria ideia de modernidade como um construto carregado de subtexto de gênero; estudiosas da interseccionalidade apontaram como os temas gênero e sexualidade estiveram no centro das ideias de

---

* *Care* é o nome dado a um conjunto de práticas de atendimento às necessidades dos outros — idosos, crianças, doentes, portadores de necessidades especiais. Exercido por muito tempo gratuitamente no interior da casa por mulheres, o trabalho do cuidado tem sido mercantilizado, mas continua sendo exercido majoritariamente por mulheres em condições precárias, com baixa remuneração e pouca valorização social. O *care* permite pensar nas relações entre gênero, classe, raça e migração, dada a presença expressiva de pobres, negras e migrantes nas profissões de cuidado.

** Carole Pateman argumentou que a esfera pública das democracias modernas se apoiou na separação e no isolamento da esfera privada — um espaço socialmente designado para mulheres. Isso permitiu que diversas formas de exercício de poder no cotidiano — como a dominação de gênero, a violência doméstica e a assimetria de oportunidades — fossem marcadas como assuntos privados e, portanto, excluídas das discussões pública e política.

INTRODUÇÃO

povo, nação, fronteiras, império e "raça"; pesquisadoras de gênero nas organizações demonstraram como as interações sociais mais cotidianas se apoiam em formas de classificação sexual.

Educação, trabalho, saúde, violência, política, raça, classe, etnia, religião, família, cidade, movimentos sociais, sociologia rural, demografia, meio ambiente: não parece haver hoje um domínio da sociologia que ainda não tenha sido tocado pela perspectiva crítica de gênero. Em síntese, não podemos pretender compreender o mundo social sem prestar atenção ao gênero. E o contrário é igualmente verdadeiro: não podemos compreender gênero sem entender o mundo social.

Gênero é uma das dimensões mais relevantes e, ao mesmo tempo, uma das mais subestimadas da vida em sociedade. Por isso, é fundamental ligar as teorizações do gênero à compreensão contemporânea do mundo. Este livro tem como objetivo recuperar linhagens de pensamento que ficaram esquecidas, apesar de terem tanto a nos dizer sobre o mundo em que vivemos hoje. Busca também colaborar, a partir do olhar da sociologia, para que os elos de pensamento entre as diferentes gerações de mulheres e feministas se fortaleçam.

Os textos e discussões deste livro se beneficiaram dos debates realizados em duas disciplinas de graduação, ministradas por nós no Departamento de Sociologia do Instituto de Filosofia e Ciências Sociais da Universidade Federal Fluminense (IFCS-UFRJ) entre 2016 e 2017, com apoio das estagiárias docentes Anna Bárbara Araújo e Marcia Candido. A esta última queremos registrar nosso agradecimento pelas contribuições no estágio preliminar do projeto. A pesquisa contou com o apoio do Programa Nacional de Pós-Doutorado da Coordenação de Aperfeiçoamento de Pessoal de Nível Superior (PNPD-CAPES) e foi realizado no âmbito do Programa de Pós-Graduação em Sociologia e Antropologia (PPGSA-UFRJ) e do Programa de Pós-Graduação em Sociologia (PPGS-UFF). Agradecemos a Luna Campos, Bruno Borges, Carolina Castellitti, Lolita Guerra e Graziella Moraes a leitura atenta e generosa dos capítulos.

Verônica Toste Daflon & Bila Sorj

1. Harriet Martineau
(Norwich, Inglaterra, 1802–1876)

Como seria uma sociologia clássica produzida por mulheres e sobre mulheres? Essa pergunta foi feita pouquíssimas vezes. Na verdade, a sociologia produzida ao longo do século XIX e início do XX não costuma despertar muito interesse nas feministas e nos estudiosos de gênero, a não ser como objeto de crítica. Uma das principais causas é que os autores considerados clássicos trabalharam com definições do mundo social que reforçam o androcentrismo* e a ideologia da domesticidade dominantes no pensamento social e político do século XIX. Segundo essa ideologia, homens e mulheres estariam destinados pela natureza a habitar esferas distintas da vida: o espaço público, isto é, o da política e do mercado, seria o ambiente natural dos homens; e o espaço privado ou doméstico, ligado ao lar, à família, ao afeto e ao cuidado, seria o das mulheres.

Autores considerados clássicos, como Karl Marx, Max Weber e Émile Durkheim, não foram particularmente atentos a esses temas. Na melhor das hipóteses, trataram as questões de gênero como algo à parte, sem consequências para o núcleo de suas teorias. Se dependêssemos deles, poderíamos encerrar aqui nosso exercício de imaginação sobre as mulheres nas teorias sociológicas do século XIX. Isso se não fosse por um detalhe: mais de cinco décadas antes de surgirem as primeiras revistas

---

* O "androcentrismo" é uma forma de pensamento sobre o mundo que coloca as experiências masculinas no centro e presume que elas representem uma norma universal, desconsiderando a necessidade de entender outras experiências.

científicas, os cursos universitários e as sociedades de sociologia, uma mulher de fato imaginou um método científico para o estudo do mundo social. E, mais que isso, demonstrou ter um olhar extremamente aguçado para questões de gênero.

Nessa "ciência da sociedade", como ela a denominou, o casamento, a infância, a educação das crianças, as relações entre os sexos, a economia política da casa, o trabalho doméstico, o status social e político das mulheres e a condição dos desprivilegiados tinham tanta importância quanto as instituições políticas, o mercado, a indústria e as classes sociais. Antes que a sociologia se institucionalizasse como campo científico e sedimentasse hábitos de pensamento e investigação centrados na vida pública de determinados homens, ela concebeu uma forma sistemática de pesquisa que reconheceu temáticas relacionadas a gênero como eixos centrais de organização das experiências do mundo social. Essa mulher se chamava Harriet Martineau.

Martineau nasceu em 1802 em Norwich, Inglaterra, viajou intensamente, nunca se casou e se sustentou inteiramente da escrita. Embora jamais tenha sido autorizada a ingressar na universidade, espaço então proibido para mulheres, ela recebeu boa instrução formal. Sua infância foi marcada por uma série de doenças e períodos de convalescença, durante os quais adquiriu gosto pela leitura. Com a perda permanente de parte significativa da audição aos 12 anos, tornou-a ainda mais disciplinada e intensificou seu autodidatismo. Sua família, de classe média e denominação religiosa progressista, forneceu as condições para que exercitasse o prazer de estudar, ler e escrever. Depois que completou 20 anos, três eventos decisivos mudaram radicalmente a sua vida: o negócio da família faliu, seu pai faleceu e seu noivado foi rompido em virtude de uma grave doença mental do noivo. Esses episódios tornaram as mulheres da família Martineau responsáveis pelo próprio sustento. A jovem Martineau começou então a escrever artigos econômicos e filosóficos para um jornal, em troca de pagamento, e a planejar uma carreira de divulgadora científica (Lengermann e Niebrugge-Brabtley, 1998).

Em vida, Martineau foi um grande sucesso editorial e uma intelectual influente. Sua série *Ilustrações da economia política* (1832-1834), por exemplo, vendeu mais que os livros de Charles Dickens (Hoecker-Drysdale, 1992). Sua versão sintética e traduzida do francês ao inglês do *Curso de filosofia positiva*, de Auguste Comte, facilitou a difusão da sociologia no mundo anglo-saxão. Ela publicou inúmeros artigos, livros de viagem, textos jornalísticos, romances, livros de história e contos infantis, mas hoje é lembrada pelo pioneirismo de suas análises sociológicas. Suas pesquisas originais versaram sobre temas tão diversos como a sociedade e a política norte-americanas, as religiões no Oriente Médio, a educação das mulheres, a deficiência física, o sentido social da doença e a metodologia científica para o estudo da sociedade.

Além de se dedicar à divulgação popular dos princípios da economia política e da filosofia positiva, Martineau foi responsável por produzir um gênero acessível de pesquisa empírica planejada e bem executada. Em seus textos, buscou estimular nos leitores o gosto pelo pensamento e pelas potencialidades de uma investigação séria e rigorosa da realidade social. Em seu tempo livre, foi ainda uma intelectual pública que advogou pela abolição da escravatura e pelos direitos das mulheres.

Entusiastas de sua obra, como Seymour Martin Lipset (2000), reconhecem no trabalho de Martineau duas grandes inovações: a primeira foi ter empregado uma abordagem sociológica à análise comparativa, buscando controlar o próprio viés cultural como pesquisadora ao analisar outras sociedades; a segunda foi preocupar-se com os significados que as ações têm para as pessoas e entender o sistema de valores como um agente causal, analisando seus efeitos sobre a estrutura e a mudança social — um paradigma interpretativo cujo expoente seria Max Weber, muitas décadas depois.

Para apreender totalmente a importância e a originalidade de Martineau e dimensionar a gravidade da sua omissão do cânone da sociologia, é preciso entender que a "sociologia" sempre foi um empreendimento coletivo, difuso, obra de uma multidão de pioneiros e que a "história da sociologia" e a noção de "clássico" resultam de escolhas feitas no sé-

CLÁSSICAS DO PENSAMENTO SOCIAL

culo XX, com suas próprias formas de seletividade e exclusão (Connell, 2012). Na época em que Martineau produziu aquilo que identificamos hoje como "sociologia", esse gênero circulava pelos mesmos canais dos romances, críticas culturais e livros de ciência natural. Um tipo de texto de particular sucesso entre um público leitor novo e letrado eram os relatos de viajantes, que faziam algo que pode ser descrito como uma mistura entre literatura e ciência (Lepenies, 1996).

Talvez tenha sido justamente por esse motivo que, durante sua travessia pelo Atlântico para uma temporada de viagens e pesquisas de dois anos pelos Estados Unidos, Martineau escreveu o primeiro manual de pesquisa sociológica de que se tem registro: *Como observar a moral e os costumes* [*How to Observe Morals and Manners*], de 1838. Publicado quase sessenta anos antes de *As regras do método sociológico*, de Émile Durkheim, de 1895, a obra de Martineau é um primor de introdução aos métodos das ciências sociais. Em suas páginas, ela procura insistentemente diferenciar a pesquisa científica dos relatos de viajantes ou diários de viagem — os quais definia como "sociologia amadora". Seus principais êxitos são criticar as generalizações apressadas dos viajantes sobre diferentes povos com base em poucos relatos e impressões e propor uma forma planejada e sistemática de investigação social. Essa crítica já nos adverte contra o que Edward Said e a crítica pós-colonial contemporânea descrevem como *orientalismo*, um estilo de pensamento que constrói o "Oriente" como exótico, homogêneo e oposto ao "Ocidente". De feitio essencialista, mítico e artificial, esse discurso sobre os povos e as culturas não europeias foi, e ainda é, apenas uma construção imaginária (Said, 2007).

O que é mais memorável no conjunto da sua obra, contudo, é a forma como as questões de gênero constituem parte integral da pesquisa sobre a sociedade, e não um campo de estudos segregado, como veio a ser a área dos estudos de gênero. Martineau está em diálogo com o que há de mais contemporâneo na sociologia das relações de gênero, que entende que a área não se debruça sobre uma questão localizada, mas sobre algo que atravessa toda a sociedade, isto é, sobre algo cujos sentidos e efeitos não estão restritos a um grupo particular. *Gênero* modela identidades, serve como critério de alocação de recursos, está na base das interações sociais, organiza instituições — como educação, religião, esportes, sistema legal, trabalho, família, casamento —, organiza a economia, esteve na base da formação dos Estados nacionais, assim como nas ideias de povo, nação, fronteiras e nacionalidade (Wharton, 2005; Adams, 2005; Anthias e Yurval-Davis, 1993).

Comentadoras feministas elogiam a singularidade da sua perspectiva sobre o social: "Repetidamente, ela reverte a prática masculina de enfatizar a dita esfera pública e de marginalizar o privado. Ela sugere que é relativamente fácil estudar a esfera pública e que importante — e difícil — é estudar a esfera privada. Ela chama atenção para a falha dos homens em perceber a importância do doméstico" (Lengermann e Niebrugge-Brabtley, 1998, p. 42). Se os cientistas sociais da sua geração, como Karl Marx, Herbert Spencer e Auguste Comte, estavam à procura de uma teoria geral e abstrata de sociedade, Martineau buscou produzir uma ciência da sociedade empiricamente embasada na observação das realidades concretas da vida, nas interações, no cotidiano e nas falas dos pesquisados (Lengermann e Niebrugge-Brabtley, 1998). Além disso, praticou frequentemente uma sociologia que hoje chamamos de "interseccional", isto é, trabalhou com gênero, classe, cor, origem e outros marcadores como dimensões que coexistem e não têm precedência uns sobre os outros. Dessa forma, Martineau trata-os como formas de produção de desigualdades que se combinam de diversas maneiras.

Neste capítulo, apresentamos traduções de trechos de três obras da autora. Em *Como observar a moral e os costumes*, conhecemos a Martineau metodóloga, que compartilha generosamente dicas de pesquisa com outros observadores do mundo social. Em seguida, reproduzimos trechos do texto "Serviço doméstico" ["Domestic Service"], uma pequena amostra de sua versatilidade como socióloga e observadora da interação entre múltiplas relações de poder e desigualdades.

Por fim, apresentamos uma seleção de *Sociedade na América* [*Society in America*], dando destaque às suas observações sobre a escravidão negra e à situação das mulheres nos Estados Unidos. Essa obra resultou de uma viagem que Martineau fez durante dois anos (1834-1836) pelo país e tem sido muito comparada com *Da democracia na América*, do francês Alexis de Tocqueville, produzida na mesma época (Hill, 2001). Martineau foi uma grande entusiasta da experiência inovadora de autogoverno dos norte-americanos. Ao mesmo tempo, sustentou uma concepção de democracia radical e atenta aos efeitos estruturais das desigualdades de gênero, cor e riqueza. Ela nos convida a alargar a concepção tradicional de sociologia e imaginar como poderia ter sido uma sociologia clássica que incorporasse os diversos grupos sociais.

Trechos de *Como observar a moral e os costumes*, 1838[*]

Nesse pequeno e notável livro, Harriet Martineau faz perguntas que são essenciais para as ciências sociais até hoje: como evitar generalizações apressadas? Como construir e delimitar um objeto de pesquisa? O que observar? Como determinar a validade das nossas observações? Como trabalhar a partir de um número limitado de casos? Como controlar nossos próprios valores para que não atrapalhem a observação de outros povos e culturas? Como evitar que predisposições negativas e preconceitos interfiram na nossa relação com os informantes da nossa pesquisa? Como proceder para evitar projetar nossos próprios valores, significados e motivações sobre os atores sociais que estudamos? *Como observar a moral e os costumes* dá lições valiosas para todos aqueles que desejam conhecer os diversos mundos sociais, valorizando acima de tudo a pesquisa empírica como fonte de produção de saber.

---

[*] Martineau, Harriet. *How to Observe Morals and Manners*. Oxford: Routledge, 2017. Disponível gratuitamente no projeto Gutemberg: <www.gutenberg.org/ebooks/33944>. Tradução de Verônica Toste Daflon. Revisão técnica de Ana Paula Soares Carvalho.

HARRIET MARTINEAU

Requisitos para a observação

Os poderes de observação precisam ser treinados, e o hábito de empregar um método para organizar os materiais que se apresentam aos olhos precisa ser adquirido. Apenas assim o estudante estará em posse dos requisitos para compreender o que vê. O observador de Homens* e Comportamentos precisa de tanto preparo intelectual quanto qualquer outro estudante. De fato, isso geralmente não é admitido, e uma multidão de viajantes age como se não fosse verdade.

[...] O viajante não deve fazer generalizações de imediato, independentemente de quanto a sua compreensão seja verdadeira — e do quão sólido seja o seu conhecimento de um ou mais fatos. [...] Enquanto os viajantes continuarem a negligenciar os meios seguros e acessíveis a todos para fazer generalizações e enquanto continuarem criando teorias a partir da manifestação de mentes individuais haverá pouca esperança de inspirar os homens com o espírito de imparcialidade, o respeito mútuo e o amor, isto é, com os melhores meios de iluminar a visão e de retificar a compreensão.

Acima de tudo, o viajante não deve perder a esperança de obter bons resultados com suas observações. Ele não deve ser levado a desistir apenas porque não é possível estabelecer conclusões verdadeiras por meios imperfeitos. A impossibilidade de generalizar seguindo determinado caminho não significa que não existam outras vias. Existem métodos seguros de generalização sobre os quais falarei a seguir.

Requisitos filosóficos

Neste trecho, Martineau faz advertências contra o empiricismo ingênuo, ou seja, a ideia de que podemos conhecer a sociedade de forma espontânea, sem estabelecer perguntas e métodos de trabalho rigorosos

---

* Nas traduções, optamos por manter a terminologia empregada pelas autoras e não fizemos retificações nos textos, exceto quando necessário para tornar a leitura em português mais ágil. [*N. da T.*]

e objetivos previamente. Aqui ela apresenta de modo pioneiro a ideia de pesquisa como uma construção controlada. Ao mesmo tempo, aconselha os cientistas a manter a mente aberta frente às diferenças culturais, evitando julgar outras culturas com base em seus próprios hábitos e valores, sob o risco de produzir observações sem valor científico e reproduzir ideias do senso comum.

Há duas partes no trabalho da observação da Moral e dos Costumes — o observador e o observado [...]. A mente do observador — instrumento pelo meio do qual o trabalho é feito — é tão essencial quanto o material a ser trabalhado. Se esse instrumento não funcionar bem, ele fornecerá um produto ruim, independentemente do material que possua [...]. Ele [o observador] precisa ter segurança sobre o que deseja saber.

Na ciência física, resultados excelentes podem ser obtidos através de experimentos aleatórios, mas isso não se aplica à observação da Moral. Dificilmente um químico deixará de aprender alguma coisa ao observar o que acontece quando combina diferentes substâncias em novas condições. Algumas descobertas chocantes aconteceram dessa forma, na infância das ciências; mas não há dúvida de que o químico obterá mais conhecimento se tiver um objetivo em mente e conduzir seu experimento tomando alguns princípios por base. No caso da Moral, esse método é o único que promete algum resultado útil. No funcionamento do sistema social, todos os agentes são conhecidos superficialmente — todos estão determinados. Não é a natureza deles, mas as proporções em que são combinados é que devem ser apuradas.

O que o viajante quer saber? Ele está ciente de que, aonde quer que vá, encontrará homens, mulheres e crianças; homens fortes e homens fracos; homens justos e homens egoístas. Ele sabe que em qualquer lugar encontrará necessidade de comida, roupa e abrigo; e encontrará em toda parte alguma forma de acordo geral sobre como viver juntos. Ele tem consciência que em qualquer lugar encontrará nascimento, casamento e morte, e, portanto, os afetos domésticos. Quais resultados de todos esses elementos da vida social ele tem intenção de buscar?

HARRIET MARTINEAU

[...] Eis então o objetivo do viajante sábio: manter-se protegido tanto do preconceito filosófico quanto do nacional. Ele não se deve permitir ficar perplexo ou enojado ao ver os grandes fins da associação humana serem buscados por meios que ele jamais teria concebido, e com os quais ele nunca poderia se conciliar. Ele não deve tirar conclusões negativas acerca da alimentação das pessoas comuns porque elas engolem gordura ou escavam melancias, em vez de se deliciarem com carne e cerveja. Ele não deve supor que as reuniões sociais dessas pessoas são um fracasso porque elas comem com as mãos, em vez de usar talheres ou porque se cumprimentam tocando as testas umas das outras, em vez de se curvarem. Ele não deve tirar conclusões hostis às morais domésticas por causa da diversidade de métodos de casamento [...]. Uma vez convicto do que quer saber, o viajante deve estar também equipado com os meios para adquirir o conhecimento que deseja. Não é suficiente para um viajante ter um entendimento ativo e uma percepção apurada dos fatos individuais em si; ele deve também estar de posse de princípios que possam servir como ponto de união para suas observações. Sem eles, [o viajante] não será capaz de determinar seus fundamentos, nem ter segurança de que sua interpretação é correta.

[...] noções vagas, opiniões preconcebidas, até mesmo considerar importantes preceitos da moral, não são suficientes, aos olhos de um viajante ilustre, para fundamentar vereditos sobre o estado moral de nações construídas sob tamanha diversidade de circunstâncias [...]. As ideias sobre certo e errado na mente das pessoas não são abrangentes o bastante para que possam julgar as outras, que vivem em situações tão diametralmente opostas às suas [...].

O maior mal das noções morais vagas ou tradicionais é que elas são irreconciliáveis com a liberalidade do julgamento; e o grande benefício da apuração dos princípios morais primários é que uma investigação como essa dissolve o preconceito. Ela lança luz sobre várias coisas que, ao deixarem de ser obscuras, cessam também de ser assustadoras e dolorosas [...].

O observador que parte de uma crença mais filosófica não apenas escapa da aflição de enxergar pecado onde quer que veja diferença, mas também evita sofrer com o desprezo e o afastamento de outros seres humanos. Ainda, por estar preparado para o que vier a observar e por ter consciência das causas, ele se vê livre da perturbação de ficar chocado e alarmado. Ele preserva sua calma, sua esperança, sua empatia; e assim está muito mais apto a perceber, compreender e relatar a moral e os comportamentos das pessoas que encontra. Com uma crença mais filosófica, derivada de todas as evidências razoáveis e de uma reflexão justa, ele percebe que os sentimentos sobre o certo e o errado de todos os seres humanos não nascem com as pessoas, mas crescem dentro delas a partir das influências às quais estão sujeitas [...].

Requisitos morais

Como observar a moral e os costumes foi considerado por alguns autores um "guia etnográfico" (Allahyari, 2004). Ao aconselhar os observadores da sociedade a refletir sobre si mesmos, despir-se de preconceitos e exercitar a empatia na relação com os pesquisados, Martineau ofereceu instrumentos para que, no encontro com a diferença e a alteridade, cientistas sociais sejam capazes de compreender a moral, o costume e, particularmente, os símbolos de outra sociedade.

O observador deve ter empatia; e sua empatia deve ser irrestrita e sem reservas [...]. Um observador da moral e dos costumes correrá o risco de cometer diversos erros se não conseguir encontrar um caminho para os corações e as mentes [...]. Há um mesmo coração humano em todos os lugares — um crescimento universal da mente e da vida — pronto para se abrir para o raio de sol da empatia, para florescer nos enclaves das cidades, e brotar em qualquer deserto; mas ele também pode se fechar se tocado pelo frio, e, assim, cair na melancolia [...].
Se estiver tomado de empatia, tudo o que [o viajante] vir será instrutivo, e as questões importantes se revelarão com mais nitidez. Se não tiver empatia, as coisas mais relevantes permanecerão escondidas, e os símbolos (que são abundantes em todas as sociedades) não parecerão nada além de formas absurdas ou triviais. Quando presenciar algo feito com seriedade que lhe pareça insignificante ou ridículo, o forasteiro agirá com

sabedoria se concluir que há mais nesse gesto do que parece à primeira vista, que há alguma coisa ali que ele não está sendo capaz de perceber, seja por falta de conhecimento ou em razão de algum sentimento seu [...].

Requisitos mecânicos

Neste trecho, Martineau discorre sobre a importância de falar com diferentes pessoas e viajar por meios variados a fim de ampliar as condições de observação. Para ela, caso a viagem não seja planejada para fins de pesquisa, dificilmente poderá proporcionar informações suficientes e relevantes de uma perspectiva científica.

Nenhuma aptidão filosófica ou moral será capaz de qualificar um viajante para observar um povo se ele não definir uma forma de viajar que lhe permita ver e conversar com grande número e variedade de pessoas. Um embaixador não tem chance de aprender muito sobre o povo que visita [...]. Durante o curso da viagem, sua aparência imponente atrapalha a aproximação e a familiaridade com o povo à beira da estrada. Daria quase no mesmo se suas carruagens passassem por uma cidade dos mortos, pois dessa maneira ele tampouco aprenderá algo na relação com os vivos. A situação não é muito melhor quando uma família ou um grupo de amigos viaja no continente, entregando a responsabilidade da expedição aos criados e evitando a comunicação em todas as ocasiões sociais, com a timidez ou o orgulho inglês.

O viajante costuma escutar e anotar o que esta, essa ou aquela outra pessoa diz. Se três ou quatro concordam sobre um determinado assunto, ele ignora qualquer hesitação, e toma a questão por resolvida. Já quando as pessoas discordam, ele fica perplexo e não sabe em quem acreditar. Ele então decide, provavelmente, conforme as suas próprias opiniões preconcebidas. De uma maneira ou outra, a situação é quase igualmente ruim. Ele escutará apenas um lado de cada questão se entrar em contato com apenas um tipo de pessoa [...].

O que observar

Nesta passagem famosa, Martineau estabelece um método para o estudo da "moral" — as ideias coletivas sobre quais comportamentos são ou não desejáveis em uma sociedade — e dos "costumes" — os padrões sociais de ação e associação. Para ela, embora sejam inseparáveis, "moral" e "costumes" podem estar alinhados ou em conflito. Ao recomendar que a ciência da sociedade estude "coisas", ela dirige atenção para os artefatos físicos, registros oficiais e outros traços de organização social e comportamento institucionalizado. Esses, argumenta, incorporam e manifestam a moral e o costume da sociedade em estudo.

O grande segredo da investigação sensata acerca da Moral e dos Costumes é começar com o estudo das COISAS, e usar o DISCURSO DAS PESSOAS como comentário sobre elas.

Embora os fatos buscados por viajantes relacionem-se a Pessoas, eles podem ser mais facilmente aprendidos através das Coisas. A eloquência das Instituições e Arquivos, nos quais a ação da nação está incorporada e através dos quais se perpetua, é mais completa e mais fidedigna do que a de qualquer variedade de vozes individuais. A altura da voz de um povo inteiro se amplifica no funcionamento silencioso de uma instituição; a condição das massas se reflete na superfície de um registro. As Instituições de uma nação — políticas, religiosas ou sociais — colocam nas mãos do observador, na medida das suas capacidades e desejos, evidências que o estudo de indivíduos não seria capaz de fornecer ao longo de uma vida. Os Arquivos de qualquer sociedade, sejam eles quais forem, sejam relíquias arquitetônicas, epitáfios, registros civis, música nacional ou qualquer uma dos milhares de manifestações da mente comum que podem ser encontradas entre quaisquer pessoas, proporcionam mais informação sobre a Moral em um dia do que a conversa com indivíduos ao longo de um ano [...].

Os estudiosos costumam dividir a Moral em pessoal, doméstica e social ou política. No entanto, as três formas são tão propensas a misturarem-se umas com as outras — tão inseparáveis na prática — que o viajante descobrirá que essa distinção tem menos utilidade do que as classificações que ele próprio venha a criar ou adaptar [...]. Parece-me que a Moral e os Costumes de um povo podem ser abarcados pelos seguintes temas de investigação: a religião do povo; suas noções de moral predominantes; sua vida doméstica; sua ideia de liberdade; e seu progresso, seja o atual ou aquele que está no horizonte.

Ao longo das páginas de *Como observar a moral e os costumes*, Martineau enumera uma série de elementos a serem observados em um estudo sobre a sociedade. Ao falar da experiência universal da morte em capítulos sobre o suicídio, os epitáfios e a saúde, por exemplo, a autora salienta a importância de se observar "coisas" como os rituais fúnebres e epitáfios e tratá-los como objetivações da moral e dos costumes de um povo: eles fornecem evidências da presença ou da ausência de privilégio de classe ou casta, o senso de comunidade que transcende a morte, as visões sobre a morte e a perda, as características dos laços familiares etc. É importante notar que temas como infância, casamento, nascimento, velhice, ligados tradicionalmente à esfera privada, recebem tanta atenção quanto os temas tradicionais da sociologia, como mercado, legislação, imprensa, classes sociais, entre outros — um aspecto que marca uma visão de sociologia que não distingue entre o público e o privado e que, portanto, incorpora a perspectiva de gênero.

TRECHOS DE "SERVIÇO DOMÉSTICO", 1838*

Neste texto,** Martineau chama atenção para um tema pouquíssimo discutido por seus contemporâneos: o trabalho doméstico. Com a elo-

---

* Martineau, Harriet. "Domestic Service". *London and Westminster Review*, 29 de julho de 1838, pp. 405-432. Tradução de Verônica Toste Daflon. Revisão técnica de Ana Paula Soares Carvalho.
** "Serviço doméstico" foi publicado em 1838 por Martineau no *Westminster Review*, um periódico para o qual colaborou durante muitos anos e que foi criado pelo famoso círculo de filósofos radicais ingleses liderado por figuras como Jeremy Bentham e James Mill.

CLÁSSICAS DO PENSAMENTO SOCIAL

quência dos dados estatísticos, ela estabelece a importância dessa ocupação e explica que a ignorância sobre o assunto é resultado da completa falta de envolvimento dos homens com as atividades domésticas. Descrito pela autora como uma mistura de contrato de trabalho e escravidão, o serviço doméstico na Inglaterra é tomado como oportunidade para refletir sobre a interação entre diferentes formas de desigualdade. Para ela, esse trabalho consistia em uma relação de poder — entre empregada e patroa — que se estabelecia no interior de outra relação de poder — entre a mulher e o marido. A atenção às opressões de classe, gênero, raça e origem geográfica, sem colocá-las em uma hierarquia de importância, fez de Harriet Martineau uma observadora original da sociedade, capaz de enxergar a complexidade das relações sociais.

> Qualquer relação entre empregadores e empregados serve para representar as demais [...]. Mas se há uma que, certamente mais do que qualquer outra, abrange todos os sentimentos que foram transmitidos entre centenas de gerações de ricos e pobres é a relação contida no serviço doméstico [...]. Ela é importante em si mesma, mas também por ser sintomática de algumas coisas externas [...]. O tema do serviço doméstico é considerado inferior, insignificante e até mesmo ridículo. Os homens sabem muito pouco a respeito [...]. A mera menção ao trabalho doméstico lhes traz à mente imagens de rodos e vassouras ou de bate-bocas sobre doar ou não a carne fria, conduzir cozinheiros larápios às delegacias de polícia, e essas coisas desagradáveis. Os homens não pensam no assunto se podem evitar: eles desprezam todo o conhecimento acerca disso como um aborrecimento e consideram um mal que cabe à esposa administrar e suportar. Recentemente, um senhor jurou na delegacia de polícia que jamais viu a doméstica que trabalhava casa dele; e de fato ele foi mesmo incapaz de identificá-la [...].
>
> Os números mostram que a relação em si é importante. O número de empregados domésticos no Reino Unido é consideravelmente superior a um milhão. Pela primeira vez, o censo de 1831 nos dá uma estimativa. Setenta e cinco em cada mil mulheres, e dezoito em cada mil homens, são empregados domésticos. É estranho que essa vasta classe tenha sido objeto de tão pouca observação e reflexão filosófica.

Essas considerações já seriam suficientes para justificar uma análise aprofundada do tema do serviço doméstico na Grã-Bretanha. Entretanto, é principalmente na acepção de relação geral entre empregadores e empregados que a adotamos. [...]

A peculiaridade da vida de quem presta serviço doméstico é a sua sujeição à vontade do outro. Isso pode ocorrer, em maior ou menor intensidade, de forma manifesta ou implícita, em outros meios de ganhar a vida. No entanto, em nenhum outro essa é a peculiaridade que o distingue dos demais. Um criado ingressa em uma família precisamente com o propósito de realizar os desejos do empregador, e o primeiro requisito é obediência às ordens [...].

O quão problemático e fundamentalmente perverso é esse arranjo fica evidente quando consideramos a dificuldade de estabelecer até que ponto a obediência ao desejo do outro deve chegar. O sistema é um *tertium quid** resultante da mistura de dois outros sistemas de princípios bastante opostos: a escravidão e o contrato de trabalho [...]. A pouquíssimas pessoas deve-se confiar o poder absoluto sobre outros seres humanos, e essas poucas pessoas não devem ser procuradas entre aquelas que estão, elas próprias, sofrendo, submetidas a um poder arbitrário, como é o caso de toda mulher [...].

A necessidade é [também] de empatia — de conhecimento mútuo. É provável que não haja outra situação em que duas classes de pessoas vivam em tamanha proximidade, mas também em tão ampla e mútua ignorância, quanto senhores e criados. Eles se veem várias vezes ao dia, mas, [...] baseado no que sabem um do outro, podemos tranquilamente dizer que vivem cada qual em uma metade diferente do globo. Uma garota do interior, durante um grande voo da imaginação, pensou ser Lady Anne. E foi questionada sobre o que faria se realmente fosse Lady Anne: "Eu passaria o dia inteiro brincando na porteira e comendo pão com manteiga." Essa é a noção do privilégio aristocrático. Um clérigo escritor passa a maior parte dos dias com um livro ou uma caneta na mão. Certo dia a indignação de sua esposa veio à tona e ela protestou contra a perda de tempo de pessoas que estão sempre se divertindo com a leitura e a escrita, enquanto os outros estão penando com o

---

* A expressão latina *Tertium quid* vem da alquimia e refere-se a um terceiro elemento resultante da mistura de dois elementos distintos. [*N. da R.T.*]

trabalho. Essa é a noção de trabalho profissional. Por outro lado, quem é a pessoa que não vive do trabalho manual que entende os sentimentos daqueles que vivem?

[...] Como é a educação de uma criada? Desde cedo ela é acostumada à abnegação e ao trabalho pesado; de tal modo é derrotada pelo sono que às vezes desperta assustada em sua cadeira, com medo de deixar cair o bebê. Ela é habituada a servir os outros, mas não é acostumada aos modos dessas pessoas. Tudo o que conhece são os modos de sua mãe. É ela quem limpa a sala no sábado à tarde. Lava as louças especiais sempre que pedido. Põe as batatas à mesa em posições específicas. Estranhos jamais conversam com ela, exceto por acidente, e então ela usa sua fala da melhor maneira que pode. Ela segue para o trabalho cheia de medo e expectativa. Por algum tempo a patroa tem paciência com ela, mas as patroas não sabem o tempo que leva para aprender os pequenos detalhes do cotidiano. Se depois de algumas semanas as louças não estão postas à mesa conforme o indicado, se a toalha de mesa está manchada ou se a criada se esquece da mostarda fresca — se torce o canto do avental ao atender estranhos —, se faz por último algo que lhe disseram para fazer primeiro, ai dela. [...] Se quebra uma peça de porcelana, fica possivelmente aterrorizada com a ameaça comum de que o valor daquele objeto seja deduzido de seu salário. Ela não sabe que sua patroa não tem direito de fazer isso, e ela não tem um advogado disponível para informá-la da natureza de seu contrato. Há muito tempo ela compreendeu seu salário, mas não sabe mais a quanto dos seus primeiros rendimentos ela precisa renunciar [...]. Ela treme ao som do sino da patroa e atende ao seu olhar; fica aliviada ao vê-la viajar para o exterior e lamenta seu retorno [...].

É comum dizer que educação é a solução tanto para esse quanto para outros males sociais. É verdade. No entanto, a educação deve começar pelo senhor. O que é comumente denominado educação é um grande bem, mas, se ela falha em ensinar ao empregador a verdade contida no fundamento da reforma social, provavelmente falhará na comunicação desse conhecimento ao empregado. A grande verdade é que *serviço mútuo é honroso e não vergonhoso* [...]. Se a classe empregadora se educar com relação à filosofia do trabalho e cultivar a empatia com os sentimentos humanos, isso ajudará a retificar a

Trechos de *Sociedade na América*, 1837[*]

Na introdução de *Sociedade na América*, Martineau apresenta as condições de produção da sua pesquisa de campo nos Estados Unidos (1834-1836). A preocupação com a objetividade e com o rigor científico atravessa todo o livro: a autora fornece, sempre que possível, as datas, os nomes e as circunstâncias da observação, oferecendo aos leitores parâmetros e critérios de verificação para que julguem por si mesmos a consistência de suas interpretações. Pensadora original, Martineau vê o fato de ser mulher não como um prejuízo, mas como uma enorme vantagem para a pesquisa. Obter dados públicos e depoimentos formais é relativamente simples para ambos os sexos, argumenta ela, mas ser mulher pode tornar mais fácil obter justamente aquilo que é mais difícil e mais valoroso — o acesso à vida doméstica, à privacidade e à intimidade dos pesquisados. Como ela tem uma visão sociológica sensível a gênero, isso se converte em um grande bônus, pois permite investigar de perto a vida familiar, o status das mulheres e o tratamento das crianças — todos eles domínios fundamentais para a caracterização de uma sociedade.

Ao longo da viagem, visitei quase todo tipo de instituição. As prisões de Auburn, Filadélfia, e Nashville; hospícios e hospitais de quase todos os lugares possíveis; as instituições literárias e científicas; as fábricas do Norte; as plantações do Sul; as fazendas do Oeste. Morei em casas que podem ser consideradas palácios, em casebres de madeira e em uma casa de fazenda. Viajei muito em vagões, mas também em carroças;

---

[*] Martineau, Harriet. *Society in America*, vol. I. Nova York: Saunders and Otley, Ann Street, and Conduit Street, Londres, 1837. Martineau, Harriet. *Society in America*, vol. II. Nova York: Saunders and Otley, Ann Street, and Conduit Street, Londres, 1837. Tradução de Verônica Toste Daflon. Revisão técnica de Ana Paula Soares Carvalho.

locomovi-me ainda a cavalo e em alguns dos melhores e dos piores barcos a vapor. Assisti a casamentos e a batizados; a reuniões dos mais ricos nos balneários e a encontros dos humildes nos festivais no interior. Estive presente nas orações, nas vendas de terra e no mercado de escravos. Frequentei a Suprema Corte e o Senado; e testemunhei algumas sessões das câmaras estaduais. Sobretudo, fui recebida no seio de várias famílias, não como uma estranha, mas como uma filha ou irmã [...].

Tais foram meus meios de informação. Em relação ao meu poder de usá-los, tenho algumas considerações a fazer [...]. Disseram-me, com frequência, que o fato de eu ser mulher era uma desvantagem [...]. Não concordo com isso [...]. Tenho certeza de que vi muito mais da vida doméstica do que seria revelado a qualquer senhor viajando pelo país. O quarto do bebê, o quarto da senhora, a cozinha são excelentes escolas para aprender sobre a moral e os costumes de um povo e sobre as relações públicas e profissionais [...] tanto de homens quanto de mulheres.

Comentários gerais a respeito da América

Sociedade na América é uma obra de mais de setecentas páginas. Nela, Martineau analisa temas como a Constituição norte-americana, a ideia de autogoverno, o federalismo, a relação entre cidadãos, instituições e a opinião majoritária, a imprensa, a economia, o comércio, a agricultura, o sistema prisional e a religião. Aqui destacamos suas conclusões gerais sobre a interação entre a moral e o comportamento (*morals and manners*). Para a autora, a sociedade americana possuía graves "anomalias": as práticas de escravidão no Sul, a discriminação contra os imigrantes e pessoas negras livres no Norte e a posição social e legal inferior reservada às mulheres violavam seus valores morais básicos de igualdade e cidadania universais.

A derradeira e mais forte impressão na mente de um forasteiro que reflete sobre a moral da sociedade na América é que a natureza humana é muito parecida em todo lugar [...]; e que a promessa de tempos melhores deve ser buscada na justiça à natureza humana, e não no aumento das fortunas. [...] Os americanos [...] perceberam muitas coisas com as quais o restante do mundo civilizado ainda tem dificuldade de lidar [...]. Eles são, para todos os efeitos, autogovernados. Estão acima da sujeição de uma aristocracia hereditária, da conexão entre religião e Estado, de uma perversa ou excessiva taxação, e da irresponsabilidade de uma classe [...]. [No entanto], a civilização e a moral dos americanos estão aquém de seus princípios. Basta dizer isso. É melhor do que contrastar ou compará-los com a moral e a civilização europeias [...]. A América tem a singularidade de ser quase igualmente dividida entre um baixo grau de barbarismo antigo em relação ao trabalho e um alto grau de elucidação moderna.

Contudo, Martineau era otimista e acreditava que o movimento da história estava do lado dos liberais, dos abolicionistas e dos defensores dos direitos das mulheres. Isso porque entendia que o núcleo dos valores morais dos Estados Unidos favorecia os reformadores da sociedade na superação das injustiças e iniquidades.

Um tipo de glória terrena passa e outra vem. As glórias transitórias, aquelas que são iluminadas pelo sorriso dos homens por apenas uma era, são como uma série de nuvens que navegam sobre a lua e ficam cada vez mais turvas ao descerem do céu: são névoas escuras, que não guardam nenhuma luz dentro de si. Quantas dessas flutuaram por toda a extensão da história e se dissiparam! Um dia já foi considerado uma glória ter o poder de vida e morte sobre uma família patriarcal: mas como isso agora parece mau em comparação com o poder de vida e morte que todo homem tem sobre seu próprio intelecto! Já foi uma glória ser temido: quão melhor é agora ser estimado e amado! [...] Os heróis da humanidade foram um dia seus reis e guerreiros: olhamos novamente agora, e encontramos seus verdadeiros heróis entre os seus mártires, seus poetas, seus artesãos; não os buscamos entre os homens enterrados sob as pirâmides ou catedrais, mas, sim, entre aqueles cujo sepulcro permanece desconhecido.

A moral da escravidão

Martineau investiga os efeitos negativos da escravidão sobre domínios como o trabalho, a economia e a política. Aqui, ela explora seus efeitos morais. Para a autora, quando um numeroso grupo de pessoas é destituído de direitos e humanidade, tende-se a substituir a justiça por gestos de piedade e benevolência. Tal postura paternalista, por sua vez, serve para justificar o próprio sistema, produzindo uma espécie de "ordem moral" da escravidão — uma ordem perversa, em que os direitos e a liberdade de pessoas negras são negados e sua ação no mundo é subtraída.

Esse título ["A moral da escravidão"] não foi escolhido com intenção de zombaria; embora de fato a escravidão pareça ser um deboche face os princípios e regras que servem de teste para todas as instituições americanas [...]. Essa discrepância entre princípios e prática não precisa de mais comentários. Mas a instituição da escravidão existe, e o que precisamos examinar é qual a moral da sociedade que está sujeita a ela.

Quais virtudes sociais são possíveis em uma sociedade na qual injustiça é característica primária? [...] A mais óbvia é piedade [...]. É preciso lembrar que a maioria das pessoas que têm escravos não conhece outra realidade que não a de possuir escravos. Os pais o fizeram: eles mesmos jamais viram a raça de cor sendo tratada de outra maneira que não fosse como seres inferiores, nascidos para o trabalho e para alimentar os brancos [...]. Os bons sentimentos desses donos de escravos se expressam em forma de piedade, o que é tão limitado quanto a piedade pode ser quando transformada em substituta para a justiça. Vi uma infinidade de manifestações de piedade, assim como de seu oposto [...].

Piedade, indulgência, paciência eram frequentemente citadas para defender o sistema ou para criticar as falhas de escravos rebeldes. A falácia desse discurso é tão grosseira que não precisa de muita exposição. Eu afundava em tristeza quando me falavam da ingratidão dos escravos e ficava cansada de explicar que a complacência jamais pode servir de compensação para a injúria [...]. Quantos adornos, doces, danças, doação em dinheiro e palavras e olhares gentis podem substituir a existência política, social e doméstica? O corpo e o espírito? [...]

O vício mais brutal que chama atenção do estrangeiro nesse país é a opressão pessoal dos negros. Isso jamais poderá mudar enquanto seres humanos estiverem totalmente sujeitos à vontade de outros seres humanos, sem que estejam submetidos a nenhum outro controle externo senão à lei que proíbe matar e mutilar — lei que é difícil fazer cumprir em casos individuais [...].

Sobre o ódio racial nos Estados Unidos

Sob a fachada do afeto e da benevolência, diz Martineau, oculta-se o ódio: neste trecho, a autora trata da necessidade que os senhores do Sul manifestavam de acreditar na gratidão e na felicidade dos negros escravizados. Conforme suas observações, constatar que as pessoas negras possuem independência de pensamento, desejos, racionalidade e humanidade produz uma carga insuportável de culpa entre aqueles que os mantêm no cativeiro. E a culpa é então substituída por um ódio visceral pelos oprimidos.

A palavra "ódio" não é forte demais para descrever o sentimento que uma grande proporção de donos de escravos sente por certos escravos; ou, como eles os chamam, sua "força", suas "mãos", seus "pretos", sua "gente" (a palavra "escravos" nunca é ouvida no Sul). [...] Contanto que o escravo permaneça ignorante, dócil e satisfeito, ele será bem-cuidado, gratificado e falarão dele com uma bondade compassiva e desdenhosa. Mas, no momento em que ele demonstra os atributos de um ser racional, vem à tona um ódio mortal, não no negro, mas em seus opressores. É uma verdade muito antiga que tendemos a odiar aqueles que nós machucamos. Isso nunca foi mais evidente do que nesse caso. [...] Eu jamais esquecerei, como uma revelação assustadora, o ódio lívido e frio que deformava, como uma máscara, o rosto de algumas pessoas, enquanto elas deliberadamente caluniavam, ora a raça de cor, ora os abolicionistas [...].

A escravidão e as crianças

As relações familiares e a socialização das crianças ocupam um lugar fundamental na obra de Harriet Martineau. Nos Estados Unidos, observou, o espírito republicano e a ideia de igualdade se refletem na relação entre pais e filhos. No entanto, esses princípios se encontram corrompidos quando se trata do Sul escravista. Sob tal sistema, ensina-se cotidianamente o desrespeito aos direitos humanos e à humanidade das pessoas negras.

> Obviamente, as crianças sofrem, talvez da maneira mais fatal, sob o sistema escravista. O que esperar de meninos que são criados para acreditar que a coragem física é o mais alto atributo da masculinidade, que o orgulho de classe e de casta é a graça mais sublime, que a escravidão de parte da sociedade é essencial para a liberdade dos demais, que a justiça tem menos importância do que a generosidade e que a humilhação aos olhos dos outros homens é o mais intolerável dos males? O que se pode esperar de meninas que se vangloriam porque fizeram um negro ser açoitado por ter sido impertinente, e que ficam surpresas com a "falta de cavalheirismo" de um mestre que mutila seu escravo? Tais lições não são ensinadas de maneira explícita. Às vezes, do ponto de vista formal, se ensina justamente o contrário. Mas é isso que as crianças em um país escravagista necessariamente aprendem observando o que se passa ao seu redor [...]. Um dos resultados absolutamente inevitáveis da escravidão é o desprezo pelos direitos humanos; uma inabilidade de até mesmo compreendê-los [...].

As mulheres no Sul escravista

No trecho a seguir, Martineau analisa como a escravidão afeta e rebaixa as relações entre homens e mulheres. Para tal, descreve uma sociedade que admite que os homens brancos tenham acesso livre ao corpo das mulheres negras e que vendam seus filhos. Além disso, detalha os efeitos degradantes de uma ordem na qual a hipocrisia e a mentira entre os casais brancos são a norma.

Não cabe aqui explicar o que se passa nas fazendas e como são administradas as mulheres escravas quando o objetivo é fazer com que elas procriem tanto quanto for possível, como gado, para abastecer o mercado do Sul. Nem é preciso destacar a licenciosidade sem limites causada pela prática: uma prática que levou a esposa de um agricultor a declarar, na amargura do seu coração, que uma esposa de agricultor é apenas "a principal escrava do harém". [...]

Um agricultor sulista, cavalheiro do mais alto caráter, observou enquanto conversava com um amigo — que pouco se sabia, já que não era permitido discutir o assunto — sobre os motivos das novas leis que tornavam a emancipação tão difícil. Ele revelou então que a própria conexão geral de homens brancos com suas escravas introduziu a raça mulata, cujos números poderiam se tornar perigosos caso o afeto de seus pais brancos os levasse a alforriá-los. A liberdade de emancipá-los foi, portanto, abolida, e a liberdade de vendê-los mantida. Há pessoas que chegam a confiar que a força do afeto parental dará fim à escravidão, quando o amálgama das raças chegar a um número suficiente! Eu ouvi isso de verdade da boca de um clérigo no Sul. [...]

Ainda assim, esses agricultores, que vendem os próprios filhos para encher os bolsos, [...] atrevem-se a levantar o grito do temor da "amalgamação" contra os abolicionistas do Norte, nenhum dos quais, até onde as evidências mostram, criaram a ideia de mistura de raças. É do Sul, onde a mistura é, a toda hora, incentivada, que vem a reprovação hipócrita e infundada. Eu não encontrei nenhum sulista honesto que não se envergonhasse dessa monstruosa hipocrisia.

A degradação das mulheres é uma consequência tão óbvia dos males expostos anteriormente que esse doloroso assunto não precisa ser mais detalhado [...]. A degradação delas resulta não da própria conduta, mas da conduta de todas as outras partes que as cercam. Em uma situação em que a maioria dos homens carrega segredos de que a esposa deve ser a última a tomar conhecimento; [...] a mulher se reduz a um enfeite da casa do marido, uma administradora doméstica do seu estabelecimento, em vez de ser a sua companheira de todas as horas [...].

A respeito das mulheres nos Estados Unidos

A analogia entre a opressão das mulheres e a escravidão negra foi um recurso comum nos escritos das pioneiras do pensamento feminista, muitas das quais foram também abolicionistas. Aqui, Martineau confere um tratamento sofisticado a esse tema, tornando explícitas as semelhanças entre a retórica de homens brancos a respeito dos negros e das mulheres. Segundo tal discurso, esses dois não possuiriam os atributos intelectuais e morais necessários para realizar tarefas importantes e seriam mais felizes quando não precisam fazer escolhas ou assumir responsabilidades. Assim, prefeririam ocupar uma posição inferior a fim de desfrutar de proteção de seus senhores e maridos. Para a autora, as atitudes desses homens brancos, de cavalheirismo, indulgência e infantilização das mulheres, desempenham a mesma função da benevolência e do paternalismo dos senhores com relação aos escravizados: negar direitos e justificar a opressão.

Um dos princípios fundamentais anunciados na Declaração de Independência é que o justo poder dos governos deriva do consentimento dos governados. Como pode a condição política das mulheres ser conciliada com esse princípio? [...] Os governos nos Estados Unidos têm poder de cobrar impostos de mulheres que possuem propriedade; de divorciá-las dos maridos; de multar, prender e executá-las por determinados delitos. De onde esses governos derivam o seu poder? Eles não são "justos", pois não resultam do consentimento das mulheres assim governadas. [...] Os governos nos Estados Unidos têm o poder de escravizar determinadas mulheres e também de punir outras mulheres pelo tratamento desumano dispensado a essas mesmas escravas. Nenhum desses poderes é "justo" porque eles não derivam do consentimento das governadas.

O verdadeiro princípio democrático é que nenhum interesse pessoal é, ou pode-se assegurar que seja, idêntico ao de qualquer outra pessoa. Ninguém pode ser excluído desse princípio senão os incapazes

HARRIET MARTINEAU

[...]. Os interesses de mulheres que têm pais e maridos jamais podem ser considerados idênticos aos deles, e é preciso que haja leis para proteger as mulheres do marido e do pai. Não é necessário aprofundar essa discussão [...].

Se alguém deseja fazer um teste de civilização de uma sociedade, deve levar em conta a condição daquela metade da sociedade sobre a qual a outra metade tem poder e as formas de exercício do poder praticadas por quem é mais forte. Avaliada por esse teste, a civilização americana parece estar em uma ordem mais baixa do que se esperava a julgar pelos outros sintomas de seu estado social [...].

A mulher tem o seu intelecto podado, sua moral destruída, sua saúde arruinada, suas fraquezas incentivadas e sua força punida. Enquanto isso, dizem a ela que sua recompensa lhe espera no paraíso das mulheres. Não há nenhum país no mundo onde se exalte tanto o tratamento "cavalheiresco" de que ela desfruta [...]. Em suma, a indulgência lhe é oferecida como substituta para a justiça [...]. Em ambos os casos [no dela e no caso dos escravos], a justiça é negada sem nenhuma justificativa melhor do que o direito do mais forte.

O intelecto de uma mulher é limitado por uma restrição injustificável de ambos os métodos de educação: tanto pelos ensinamentos explícitos como pela disciplina das circunstâncias [...] [A educação da mulher] serve para preencher o tempo, para ocupar atenção de forma inofensiva, para aprimorar sua conversa e para fazer dela um tipo de companheira para o marido, capaz de ensinar algo a seus filhos. Mas o que é dado, na maioria das vezes, é passivamente recebido [...]. Tal atividade, quando excede aquela que é necessária para facilitar o trabalho do professor, é temida e repreendida.

Consequentemente, o casamento é a única via aberta para a mulher. Caso busque a filosofia, ela será vista como extravagante e sofre o perigo de ser ridicularizada: a ciência não pode ser mais que um passatempo, e sob riscos semelhantes. A arte está oficialmente disponível, mas apenas o aprendizado necessário e, ainda mais, a indispensável experiência da realidade, são negados a ela. Diz-se que a literatura também é permitida, mas sob quais penalidades e restrições? [...] Dessa maneira, nada resta à mulher senão o casamento.

Sobre supostas virtudes "masculinas" e "femininas"

Neste último trecho selecionado, Martineau fornece um dos melhores exemplos do pioneirismo da sua visão de igualdade de gênero. Além de negar que existam características e virtudes tipicamente masculinas ou femininas, ela afirma a necessidade da autonomia das mulheres para sua própria sobrevivência. Muitas autoras desse período demandavam educação e direitos políticos para as mulheres sob o argumento de que isso as tornaria esposas, mães e cidadãs melhores e mais aptas. Martineau é mais radical em suas exigências: a bravura, a independência e a autoconfiança devem ser cultivadas nas mulheres porque, enquanto não puderem contar com as suas próprias capacidades, elas continuarão submissas e terão sua vida e seus direitos decididos pelos homens.

> [...] de fato se supõe que as virtudes fortes são mais apropriadas aos homens, e as mais suaves, às mulheres. Como todas as virtudes nutrem umas às outras, e não podem ser nutridas de outra maneira, a consequência dessa reconhecida falácia é que os homens não são, no fim das contas, nem de perto tão corajosos quanto deveriam ser; nem as mulheres são tão gentis [...]. O que uma mulher pode ser ou fazer sem coragem? Ela não precisa batalhar contra as armadilhas e as dificuldades que acompanham a mera posse da mente? Ela não tem de encarar dor física e moral — e perigo físico e moral? Há um dia sequer em sua vida em que não haja conflitos com os quais ninguém pode ajudá-la — trabalho perigoso a ser feito, diante do qual ela não encontra nem empatia nem ajuda?
>
> Mesmo que ela se apoie no homem o tanto quanto ele quer, o quanto ele pode de fato fazer por ela? De quantas coisas ele consegue protegê-la? De alguns poucos perigos físicos e de pouquíssimos males sociais. À medida que a mulher é humana, os homens devem perceber como a privam de toda a força necessária para enfrentar a luta e o fardo da humanidade. Eles devem estar cientes da forma como a desencorajam de cuidar de sua guarda e defesa, através de promessas que não podem cumprir — promessas de uma proteção que só pode surgir de dentro para fora, do amparo que só pode resultar da ação moral mais livre, da autoconfiança que não pode ser gerada por nenhum outro meio.

HARRIET MARTINEAU

[...] As consequências devem ser observadas. Os homens não são gentis, são tirânicos. Eles abusam do direito do mais forte; não importa o quanto encubram o abuso com indulgência. Eles querem possuir a magnanimidade de decidir sobre os direitos humanos da mulher; e destroem a sua moral, em vez de aceitá-la. Como se pode prever, as mulheres serão fracas, ignorantes e subservientes se seguirem confiando em qualquer outra coisa que não em si mesmas.

REFERÊNCIAS BIBLIOGRÁFICAS

ADAMS, Julia. *The Familial State: Ruling Families and Merchant Capitalism in Early Modern Europe*. Nova York: Cornell University Press, 2005.

ALLAHYARI, Rebeca. "An Ethnographic Primer: How to Observe Morals and Manners". In: *Sociological Forum*, v. 19, n. 4, Nova York, 2004, pp. 655-657.

ANTHIAS, Floya e DAVIS, Nira Yurval. *Racialized Boundaries: race, gender, colour and class and the anti-racist struggle*. Londres/Nova York: Routledge, 1993.

CONNELL, Raewyn. "O Império e a criação de uma Ciência Social". *Contemporânea*, v. 2, n. 2, 2012, pp. 309-336.

HILL, Michael R. "A Methodological Comparison of Harriet Martineau's Society in America (1837) and Alexis de Tocqueville's Democracy in America (1835-1840)". In: HILL, Michael R. e HOECKER-DRYSDALE, Susan (orgs.). *Harriet Martineau: Theoretical and Methodological Perspectives*. Nova York: Routledge, 2001, pp. 59-74.

HOECKER-DRYSDALE, Susan. *Harriet Martineau: First Woman Sociologist*. Oxford: Berg Publishers, 1992.

LENGERMANN, Patricia Madoo e NIEBRUGGE-BRABTLEY, Jill. *The Women Founders: Sociology and Social Theory 1830-1930*. Nova York: McGraw-Hill, 1998.

LEPENIES, Wolf. *As três culturas*. São Paulo: EdUSP, 1996.

LIPSET, Seymour Martin. "Harriet Martineau's America". In: MARTINEAU, Harriet. *Society in America: edited, abridged, and with an introduction by Seymour Martin Lipset*. Nova Brunswick/Londres: Transaction Publishers, 2000, pp. 5-46.

MARTINEAU, Harriet. "Domestic Service". *London and Westminster Review*, Londres, 29 de julho de 1838, pp. 405-32.

_____. *How to Observe Morals and Manners*. Oxford: Routledge, 2017.

_____. *Society in America vol. I*. Nova York: Saunders and Otley, Ann Street, and Conduit Street, Londres, 1837.

_____. *Society in America vol. II*. Nova York: Saunders and Otley, Ann Street, and Conduit Street, Londres, 1837.

SAID, Edward. *Orientalismo: o Oriente como invenção do Ocidente*. São Paulo: Companhia das Letras, 2007.

WHARTON, Amy S. *The Sociology of Gender: An Introduction to Theory and Research*. Malden, MA: Blackwell, 2005.

2. Anna Julia Cooper
(Raleigh, Estados Unidos, 1858-1964)

Um trem atravessa o Sul dos Estados Unidos. De dentro, uma mulher negra se distrai observando as pessoas e as paisagens pela janela. A curta distância, ela avista um grupo de prisioneiros que realizam trabalhos forçados em uma propriedade privada. Todos são negros e alguns deles aparentam não ter mais que 14 anos. Os pés deles estão acorrentados, presos uns aos outros e ligados a grandes e pesados blocos de concreto. Horrorizada com o que vê, ela recorda que o ano não é 1850, mas 1892, e que a cena se passa em um país que se autoproclama uma das nações mais progressistas e democráticas do mundo.

Não há como denunciar ou protestar, pois a prática é legalizada: trata-se do regime do *convict lease*, por meio do qual os governos de diversos estados do Sul aumentam suas receitas. Em troca de dinheiro, eles alugam prisioneiros para corporações e proprietários de terras, prática que mantém as paisagens do Sul idênticas aos tempos de escravidão (Davis, 2016). A locomotiva para de repente em uma estação feia e malconservada, onde ela vê dois quartinhos sujos. Um deles está reservado com uma pequena placa "para damas" e o outro "para pessoas de cor". Ela se pergunta em qual dos dois deveria entrar.

A mulher em questão é Anna Julia Cooper e as cenas são descritas no livro *Uma voz do Sul: de uma mulher negra do Sul* [*A Voice from the South: By a Black Woman of the South*], publicado originalmente em 1892. Da janela, Cooper, uma mulher negra que escapou da miséria, vê com tristeza o destino de muitos dos homens negros em seu país. Já na estação, ela encara a própria situação ao ver diante de si uma forma explícita e materializada de discriminação contra pessoas como ela — mulheres e negras — excluídas duas vezes da ideia de cidadania e da noção de humano.

É com essas imagens tão evocativas que ela formula pioneiramente um conceito fundamental para o feminismo negro: a ideia de que os homens negros não representam a totalidade dos negros e que as mulheres brancas não representam o conjunto de mulheres. Entre "damas" e "pessoas de cor", as mulheres negras não se localizam ou se encaixam completamente em nenhum dos dois.

Mas não é só: em *Uma voz do Sul*, Anna Julia explora as consequências dessa ideia para a representação política e utiliza esse insight para defender o pluralismo democrático. Para ela, cada injustiça necessita de uma voz própria e a democracia deve ser a arena onde cada agonia deve encontrar liberdade de fala e de representação. E isso é necessário por causa da tendência entre os grupos dominantes — e também entre os dominantes no interior dos grupos marginalizados — em universalizar sua experiência e moldar o mundo, a filosofia e as instituições à sua própria imagem, excluindo os demais: "A mente filosófica vê seus próprios 'direitos' como os direitos da humanidade", diz ela.

Assim, ao falar de "voz", ela defende o direito à autorrepresentação e à ação das mulheres negras como antídotos contra o machismo da fração majoritária dos líderes homens dos movimentos negros e o racismo, o paternalismo e o provincianismo que acometiam a maioria das sufragistas brancas. Cooper insistiu na importância da participação das mulheres negras em ambos os movimentos, e essas ideias confluem para uma das passagens mais famosas e citadas de *Uma voz do Sul*: "Apenas a MULHER NEGRA pode dizer: 'quando e onde eu entro na dignidade tranquila e incontestável da minha condição de mulher, sem violência e sem paternalismo, aí sim toda a raça negra entra comigo'."

A vida de Anna Julia Cooper atravessou um século inteiro. Sua mãe, Hannah Stanley Haywood, era uma mulher escravizada que engravidou vítima de estupro realizado pelo dono da fazenda. Nascida no cativeiro, em 1858, na Carolina do Norte, Cooper faleceu apenas 105 anos depois, em 1964. Por muito pouco não testemunhou o grande movimento de ebulição pelos Direitos Civis nos Estados Unidos (May, 2007). Sua trajetória, seus projetos profissionais, suas atividades políticas e sua produção intelectual são um conjunto rico que ilustra e exemplifica as múltiplas dimensões do que foi ser mulher, negra e nascida pobre nos Estados Unidos ao longo de um século de grandes transformações — e também de muitas continuidades — com o passado escravista.

Cooper vivenciou a escravidão, a sujeição sexual de sua mãe, testemunhou o horror da Guerra Civil, celebrou a abolição da escravatura, viu com desgosto a cisão no movimento de mulheres em virtude da questão do voto para os negros,* viu e sentiu na pele a implantação de políticas de segregação racial no Sul, testemunhou inúmeros casos de discriminação racial nas instituições norte-americanas, viu a continuidade da sujeição da população negra a trabalhos forçados nas *plantations* de algodão do Sul sob o regime do *convict lease*, testemunhou a onda de violência branca contra os negros na forma de linchamentos e da formação da Ku Klux Klan, assim como acompanhou e participou da resistência e formação das primeiras associações pelo avanço dos negros nos Estados Unidos (May, 2007; Washington, 1988).

Viúva aos 19 anos de idade, Cooper pôde frequentar a universidade, que então era vetada às mulheres casadas, e foi uma das primeiras a conquistar um diploma de ensino superior nos Estados Unidos. Opositora intransigente das desigualdades de gênero, exigiu que durante sua formação universitária pudesse cursar as matérias que até então eram restritas aos estudantes homens. Uma combinação de educação

---

* Depois do fim da Guerra Civil norte-americana, o movimento de mulheres se reagrupou e passou por inúmeras disputas internas. Muitas ativistas se questionavam se o voto deveria ser a principal agenda do movimento e miravam outras questões, como igualdade civil, a igualdade no trabalho, o controle do corpo e a violência racista no Sul. A coalizão histórica entre as feministas e o movimento abolicionista se desfez de forma dolorosa quando a questão do voto se impôs acima de outras demandas e lideranças como Elizabeth Cady Stanton e Susan B. Anthony se recusaram a apoiar o sufrágio para os homens negros antes da aprovação do voto feminino. As feministas permaneceram divididas em facções rivais por muitas décadas a partir dos anos 1860 (Tretault, 2017).

clássica, de formação em matemática, linguagens e literatura habilitou-a a tornar-se diretora de escola. Em 1901, assumiu o posto de reitora da hoje icônica M Street High School, uma escola popular de excelência que atendia sobretudo alunos afro-americanos. Ela elevou a escola à excelência e aprovou vários de seus alunos em universidades de elite como Brown, Cornell e Harvard.

Essa conquista não teria sido possível não fosse sua extrema sensibilidade à questão racial e crítica à ficção de que os Estados Unidos eram uma "meritocracia". Cooper sabia das barreiras estruturais enfrentadas por seus estudantes e se ocupava pessoalmente de selecionar materiais didáticos que não propagassem racismo e estereótipos raciais que pudessem afetá-los. Além disso, teve um longo embate com a Secretaria de Educação, que insistia que a escola se limitasse a ensinar um currículo técnico básico aos alunos. Ela se recusou a limitar as chances de vida de seus estudantes com um currículo restrito e introduziu disciplinas generalistas, que os habilitassem a seguir quaisquer carreiras que desejassem. Desse modo, participou diretamente da formação de uma geração de intelectuais e lideranças políticas negras que se tornariam fundamentais na luta pelos direitos da população afro-americana no século XX.

A despeito de seu desempenho impecável como reitora, Cooper sofreu um episódio grave de preconceito, sendo acusada sem provas de ser amante de um de seus alunos. A campanha difamatória lhe custou o posto de reitora e ela foi demitida em 1906 e recontratada somente quatro anos depois. Em 1925, aos 64 anos, obteve o título de doutora na França pela Sorbonne com uma tese premiada: "A atitude da França a respeito da escravidão durante a Revolução" ["L'Attitude de la France à l'égard de l'esclavage pendant la Révolution"]. Nesse trabalho, ofereceu uma nova interpretação histórica a respeito da relação entre as revoluções Francesa e Haitiana (May, 2008).

Mais de uma década antes de o historiador C.R.L. James publicar o estudo clássico *Os jacobinos negros: Toussaint L'Ouverture e a Revolução de São Domingo* (1938), Cooper fez em sua tese uma análise pioneira do caráter dialético e transnacional das revoluções francesa e haitiana. Para ela, a Revolução do Haiti não foi uma "anomalia" ou mera "imitação" da Revolução e dos ideais franceses. Ao contrário, segundo seu argumento, o levante político era perfeitamente passível de ser explicado por meio de uma análise das relações políticas, sociais e econômicas entre a França e a Ilha de São Domingos (Cooper, 2017; May, 2008). Sua análise se assemelha a reflexões como as de Paul Gilroy, para quem é fundamental frisar o caráter translocal, híbrido e intercultural dos fluxos de ideias e movimentos políticos no espaço Atlântico (Gilroy, 2012). Cooper publicou também diversos ensaios, panfletos, discursos e atuou como ativista política até a morte (May, 2007; Washington, 1988).

Diversos textos foram dedicados à biografia dessa lutadora incansável pela igualdade racial, de classe e de gênero. Sua vida, afinal, é fascinante. Aqui apresentamos alguns fragmentos de sua obra mais famosa: *Uma voz do Sul: de uma mulher negra do Sul*, publicado em 1892. Os trechos selecionados versam sobre diversos temas, mas têm como eixos principais as questões de raça e gênero. Esse livro, pouco conhecido pelo público brasileiro, é visionário em diversos aspectos. Em suas páginas, Cooper faz um trabalho impecável de defesa da diversidade na política e na cultura e aponta de modo precursor que o entrecruzamento de raça e sexo torna a luta política mais complexa.

Trechos de *Uma voz do Sul: de uma mulher negra do Sul*, 1892[*]

Uma voz do Sul é considerada uma das obras inaugurais do feminismo negro e tem sido reconhecida como uma das reflexões mais pioneiras sobre raça, classe e gênero de que se tem registro. A forma como Cooper articula

---

[*] COOPER, Anna Julia. *A Voice from the South: from a Black Woman from the South*. Oxford: Oxford University Press, 1988. Tradução de Verônica Toste Daflon. Revisão técnica de Ana Paula Soares Carvalho.

e põe em relação dinâmica esses conceitos remete à tradição, que viria a emergir ao longo do século XX, de pensar nas formas como múltiplas discriminações interagem e se codeterminam, produzindo configurações complexas que não podem ser entendidas como uma simples soma de opressões, mas como algo que produz realidades únicas e *sui generis*. Algumas vertentes da teoria feminista dos anos 1980 somavam as opressões, supondo que uma trabalhadora, uma negra ou lésbica sofreriam do mesmo sexismo que qualquer outra mulher, apenas adicionando, conforme o caso, a dominação de classe, o racismo ou a homofobia. Isso significava que não havia necessidade de entender as singularidades das diversas mulheres. Autoras como Angela Davis, Fiona Williams, bell hooks, Patricia Hill Collins e as diversas teóricas da interseccionalidade (Law, 2013) e da consubstancialidade (Kergoat, 2010) discordaram dessa perspectiva. Anna Julia Cooper pode ser incluída no rol de autoras que refletiram sobre a questão de gênero a partir de uma visão interseccional. Daí sua insistência na especificidade da vida das mulheres negras e pobres nos Estados Unidos.

Costuma-se dizer que o Sul permanece em silêncio em meio ao ruidoso embate do nosso Conflito Americano. Como a Esfinge, o Sul inspira uma disputa vociferante, mas ele mesmo pouco participa na controvérsia barulhenta. O negro foi e ainda é uma tensão abafada nesse Sul Silencioso, um acorde dissonante e uma cadência vaga e incompreensível. E entre as notas que compõem esse acorde abafado, a única que permanece muda, sem voz, é a da triste Mulher Negra, que ainda está em compasso de espera.

> Uma criança chorando à noite,
> Uma criança chorando por luz;
> E com nenhuma linguagem, senão o choro.

O desconcertante impasse da nação, o seu cerne sombrio, é saber o que compete ao homem de cor, qual é a sua herança e qual é o seu espólio. Ele é aquele esqueleto mudo no armário que gera debates intermináveis, mas ao mesmo tempo é pouco compreendido e raramente consultado. Advogados de acusação e advogados de defesa, em um *gaucherie* desajeitado, analisaram e dissecaram, teorizaram e sintetizaram os conselhos do seu cliente negro com uma ignorância sublime ou um equívoco patético. E uma testemunha importante ainda não foi ouvida. A síntese das evidências foi exibida, e a acusação foi apresentada ao júri — mas não se ouviu nenhuma palavra pronunciada pela mulher negra.

Acrescento essa voz baixa ao coro já completo por acreditar que o povo americano é conscienciosamente comprometido com o julgamento justo e com a evidência não deturpada, e por sentir que a verdade contida em cada ponto de vista apresentado no tribunal é essencial para um entendimento perfeito e um veredito imparcial. O "outro lado" não foi representado por alguém que "vive lá". Atentas, mas até o momento sem voz, as mulheres negras dos Estados Unidos são capazes de perceber com mais sensibilidade e relatar com mais precisão o peso e o tormento de uma dor profunda e prolongada. Poucas pessoas além delas podem fazê-lo.

A agitação febril, a energia intensa, a objetividade frenética da vida turbulenta de nossos homens serve, provavelmente e de alguma forma, ao mesmo tempo para nublar e para colorir a sua visão. A vida agitada deve aliviar os sábios e abrandar a sua dor. Como consequência, a voz desses homens não está sempre sóbria e calma? E não é também radicalmente terapêutica e tranquilizadora? De qualquer maneira, assim como nossos advogados caucasianos não têm culpa por não conseguirem se colocar no lugar do homem de cor, também não se deve esperar que o homem de cor consiga reproduzir de forma plena e adequada a exata Voz da Mulher Negra.

Delicadamente sensível em todos os seus poros às condições sociais, a sua capacidade de avaliação pode ser estudada em benefício da exatidão e da justiça [...]. Se essas minhas linhas mal traçadas puderem de alguma forma ajudar a alcançar uma visão mais nítida e uma pulsação mais verdadeira no estudo do problema da nossa Nação, então essa Voz de uma Mulher Negra do Sul não terá se elevado em vão.

Somos herdeiros de um passado que não foi moldado por nossos pais. A sentença "todo homem é o árbitro de seu próprio destino" não era verdadeira para o Negro Americano do passado: e não é sua culpa que no presente ele se veja diante de homens e mulheres empobrecidos e rebaixados por mais de dois séculos de pressão e degradação.

Apesar disso, as fraquezas e os defeitos que hoje são atribuíveis a um professor cruel e a um sistema pernicioso, serão, daqui a um século, convenientemente vistas como provas de uma corrupção inata e de uma radical inabilidade de cura [...]. A ação fundamental, sob Deus, para regenerar, capacitar a raça, e o trabalho de base e de construção do ponto de partida para o progresso deve ser da Mulher Negra.

Em virtude de todos os erros e negligências no seu passado, de toda a fraqueza, da depreciação, da escravização moral de seu presente, a Mulher Negra de hoje permanece calada enquanto reflete sobre a tarefa hercúlea que recai sobre si [...]. Mas as engrenagens esperam por ela. Nenhuma outra mão pode mover a alavanca. Ela precisa ser libertada das suas ataduras e começar a trabalhar.

O limite e a superficialidade dos resultados obtidos até agora provam a futilidade dos esforços passados. Toda tentativa de elevar o negro, seja através dele mesmo ou por meio da filantropia de outros, não será bem-sucedida a menos que utilize a indispensável ação de mulheres treinadas e elevadas em sua própria condição [...].

Frequentemente confundimos a honra de indivíduos específicos com o desenvolvimento da raça a que pertencem e, portanto, tendemos a enxergar belas realizações como substitutas para o bom senso e a sinceridade de propósito. [...]. Mas um riacho não consegue se elevar mais alto que sua fonte. A atmosfera de um lar não é mais rara, mais pura e mais doce do que a mãe presente naquele lar. Uma raça não é se não o total de famílias. E a nação é o agregado de seus lares. Assim como o todo é a soma das suas partes, também o caráter das partes determinará as características do todo.

ANNA JULIA COOPER

Sobre a especificidade da mulher negra

Neste trecho, Cooper se opõe à ideia de que a mulher negra possa ser representada pelos homens negros. Ao citar uma fala famosa de Martin R. Delany, médico, líder abolicionista e herói condecorado da Guerra Civil Americana, ela rechaça a noção de que um homem como ele possa ser legítimo representante da totalidade das pessoas negras: Cooper chama atenção para a família e a comunidade, lembra-se das mulheres negras — sobretudo a massa de mulheres negras pobres do Sul — e critica os homens negros que pensam que sua ascensão individual é o suficiente para elevar todo o grupo. É a mulher negra e o avanço de suas famílias e comunidades que militam verdadeiramente a favor da coletividade dos negros, defende.

Quando as honras de Estado lhe eram conferidas, o falecido Martin R. Delany, um autêntico homem negro, costumava dizer que quando ele entrava para o conselho dos reis, toda a raça negra entrava junto com ele. Suponho que quisesse dizer com isso que sua identidade racial não poderia ser ignorada e que as suas conquistas não poderiam ser atribuídas a alguma mistura com sangue saxão. Mas o nosso registro atual de homens [negros] eminentes, quando comparado ao status real da raça na América de hoje, prova que nenhum homem pode representar a raça. Quaisquer que sejam as realizações do indivíduo, a menos que seu lar tenha mudado *pari passu*, ele nunca poderá ser considerado idêntico ou representativo do todo.

Não é apontando para as montanhas banhadas pelo sol que provamos que Febo aquece os vales.* Devemos mirar nos lares, os lares típicos, os lares onde vivem os homens e mulheres trabalhadores do Sul (onde estão as massas). Quando esses estiverem iluminados e alegrados pelo bem, pelo belo e pelo verdadeiro — então, e somente então, todo o platô será erguido e elevado até a luz do sol.

Apenas a MULHER NEGRA pode dizer: "quando e onde eu entro na dignidade tranquila e incontestável da minha condição de mulher, sem violência e sem paternalismo, aí sim toda a raça negra entra comigo."

---

* Referência ao Deus da mitologia greco-romana Apolo, também conhecido como Febo, associado ao sol e à luz. [*N. da T.*]

> [...] Há um chamado para trabalhadores, para missionários, para homens e mulheres que consagrarem simultaneamente um amor fundamental à humanidade e ao desejo de sua melhoria através do Evangelho. Mais do que isso, exigimos uma compreensão inteligente e compreensiva dos interesses e das necessidades especiais dos negros [...].

Cooper aponta também algumas formas como os ideais de feminilidade são construídas de forma distinta para mulheres brancas e negras: a mulher negra, assevera, não é admitida na categoria de "dama", não é destinatária dos cuidados e do cavalheirismo devotados às mulheres brancas, assim como não é associada à moral e à respeitabilidade.

> As moças inglesas ficam desesperançosas e são esmagadas pelo preconceito. Esse preconceito é tão generalizado quanto o arrogante espírito de casta da América, que cinicamente presume que "uma mulher negra não pode ser uma dama". A condição da mulher inglesa não é atormentada pelas armadilhas que atingem a menina de cor do Sul, desprotegida e sem capacitação. O único crime e a fonte da terrível destruição da menina de cor costumam vir de uma admirável beleza da qual ela não tem nem sequer consciência. [...] "Eu sou o protetor da minha irmã!" deve ser a resposta do coração de todo homem e mulher da nossa raça, e essa convicção deve purificar e transformar os objetivos pessoais estreitos, egoístas e insignificantes da vida em um propósito nobre e sagrado. Precisamos de homens que possam permitir que seu interesse e galantaria se estendam para além da apreciação estética; homens que ajam como pais, irmãos, amigos de todas as meninas que lutam, frágeis e desprotegidas. Precisamos de mulheres com tanta certeza de sua própria base social que não tenham medo de se inclinar para ajudar uma irmã em perigo. [...]
>
> Hoje, a mulher de cor ocupa, digamos, uma posição única neste país. Em um período transitório e instável, dentre todas as forças que contribuem para nossa civilização, a sua parece uma das mais incertas e inconstantes. Ela é confrontada tanto pela questão da mulher quanto pelo problema racial, ambos fatores ainda desconhecidos ou negligenciados. Enquanto as mulheres da raça branca podem, confiantes, buscar o trabalho para o qual se sentem por natureza inclinadas, enquanto seus homens dão apoio leal e demonstram gratidão por seus esforços,

ANNA JULIA COOPER

reconhecendo na maior parte das vezes a adequação e a necessidade da distinta cooperação da mulher, a mulher de cor frequentemente se vê prejudicada e constrangida por um sentimento menos liberal e uma atitude mais conservadora por parte daqueles cujas opiniões mais importam. Admito com alegria que isso não é uma verdade universal. É possível encontrar tanto homens brancos intensamente conservadores como homens de cor extremamente liberais. Mas, de acordo com minha experiência, o homem padrão de nossa raça está menos propenso a admitir a necessidade real, entre as forças mais firmes do mundo, de contar com a ajuda ou influência da mulher. Ainda não está preparado para admitir que grandes questões sociais e econômicas aguardam a interferência dela, que ela poderia iluminar problemas de importância nacional, que o seu envolvimento poderia melhorar o gerenciamento do sistema educacional, ou aprimorar as instituições públicas, ou humanizar e abençoar as prisões e os reformatórios, que ela poderia melhorar o tratamento dos lunáticos e imbecis,* que ela tem algo importante a dizer sobre questões de economia política, que ela pode contribuir com sugestões sobre as relações de trabalho e capital, ou oferecer ideias sobre condutas de mercado honestas e honradas. Pode ser que [esse homem de cor] ainda não encare essas questões a partir da perspectiva correta por estar absorvido pelas necessidades imediatas de suas próprias complicações políticas.

Muito depende de onde colocamos ênfase neste mundo; e, talvez, não devamos culpar nossos homens por verem tudo tingido pela luz daquelas agitações em meio às quais vivem e se movem e existem. [...]

Nesta passagem do livro, Cooper faz um tributo a diversas mulheres negras notáveis de sua época, que compunham uma grande rede de intelectuais, escritoras, poetas, sufragistas, abolicionistas, educadoras, ativistas e trabalhadoras comunitárias engajadas na luta contra o racismo e o sexismo.

---

* No original: *lunatics and imbeciles*. Esses termos são usados aqui em sua acepção corrente à época em que o texto foi originalmente escrito. Não se tratava então de termos pejorativos, mas que descreviam pessoas de comportamento errático (*lunatic*) ou mentalmente fracas/instáveis (*imbecile*). Cf. *Webster's New International Dictionary of the English Language, de 1913*. [N. da R,T.]

Embora não seja anunciada de forma explícita, não passa despercebida a falta de reconhecimento pelo trabalho e impacto das mulheres de cor da América. Ouso dizer que a nossa lista de lideranças, apesar de não ser longa, não é inferior em força e excelência a qualquer outra que este país possa produzir.

Frances Watkins Harper, uma das pioneiras, sabia cantar com exaltação profética nos dias mais sombrios, quando ainda não se via uma brecha sequer de luz entre as nuvens que pairavam sobre o seu povo:

> Sim, que a Etiópia estenda
> Suas mãos sangrentas para o exterior;
> Seu choro de agonia alcançará o trono de Deus em chamas.
> Resgatados da poeira e libertados das correntes
> Que seus filhos levantem os olhos,
> De montanhas cobertas de neve e planícies verdejantes
> Que gritos de triunfo se ergam.

Entre aqueles que pregavam em defesa da integridade, deixando sem resposta os seus adversários e os sofistas, figurou Sojourner Truth. Um gênio único e áspero, ela parece ter sido esculpida da massa sólida da montanha, sem o uso das mãos ou do cinzel. Em agradável contraste, Amanda Smith, a mais doce das cantoras natas, é capaz de suplicar nos tons mais suaves pelas coisas de Deus e de Cristo.

Na sala de aula, Sarah Woodson Early e Martha Briggs, com sua personalidade incomparável e irresistível, possuem um ímpeto e inspiração que jamais morrerá enquanto viver e respirar o descendente mais remoto dos seus alunos e amigos.

Charlotte Forten Grimké é um espírito delicado cujos versos e vida a conectam com tanta beleza à maior poeta Quaker e reformadora amorosa da América* [...] Hallie Quinn Brown, narradora fascinante,

---

* Cooper provavelmente está se referindo à sufragista e abolicionista Lucretia Mott, de quem Grimké era próxima, e a quem Cooper se refere em outro capítulo de *Uma Voz do Sul* como "um espírito quacker gentil, que pregava com doce insistência a abolição da escravatura e sua substituição pela fraternidade". [*N. da T.*]

palestrante sincera, eficiente e devotada, além de trabalhadora de zelo inabalável e poder inquestionável de organização política [...] Fannie Jackson Coppin, professora e líder, notável entre mulheres de qualquer país ou raça por sua força em realizar e construir coisas.

Essas mulheres representam tantos tons de crença quanto campos de atividade, mas têm uma coisa em comum: a solidariedade e a dedicação de seus vários talentos em diferentes áreas à libertação e desenvolvimento da raça oprimida na América. [...] Nenhuma mulher pode colocar a si ou ao seu sexo à parte dos interesses que afetam a humanidade. Todos os campos da nova era devem lhe pertencer. Seus interesses estão em todo lugar e tudo perpassam; e cabe a ela se manter, com inteligência e solidariedade, em harmonia com todos os grandes movimentos do seu tempo e saber onde depositar o peso de sua influência. Ela está agora diante dos portões da nova era da civilização americana. São com as suas mãos que devem ser moldadas a força, a sagacidade, as qualidades de estadista, a moralidade, toda a força psíquica, as relações sociais e econômicas dessa era. Estar viva em um momento como esse é um privilégio, ser mulher então é sublime.

Sobre a educação, a independência e o casamento das mulheres

Ao advogar em prol da educação das mulheres, Cooper segue a argumentação de muitas de suas contemporâneas, sustentando que a elevação da condição intelectual feminina é benéfica para toda a sociedade. Para ela, a perspectiva das mulheres poderia colaborar para moderar o individualismo e o utilitarismo que tenderiam a prevalecer em sociedades dominadas por homens.

Há, então, uma influência real e especial da mulher. Uma influência sutil e com frequência involuntária, uma influência tão intrincadamente entrelaçada com a influência masculina, que frequentemente é difícil desembaraçar essas delicadas malhas e analisar e identificar fibras que se encontram tão intimamente ligadas. [...] Enquanto a mulher permaneceu com os olhos enfaixados e as mãos algemadas, presa nas garras da ignorância e da inação, o mundo do pensamento moveu-se na sua órbita como as revoluções da lua: com um rosto (o rosto do homem) sempre à mostra, de modo que o espectador não podia distinguir se [a lua] era um disco ou uma esfera.

Eu argumento que o que tem conferido simetria e completude às potencialidades do mundo é a prevalência da Educação Superior entre as mulheres, a transformação da razão, da reflexão e da expressão do pensamento em uma atividade cotidiana, assim como o treinamento e o estímulo que as encorajam a dar ao mundo o pão de que ele necessita, bem como o açúcar pelo qual ele clama. Em suma, é a tradução das forças potenciais de suas almas em fatores dinâmicos. Assim, é inevitável que a Misericórdia, a lição que ela ensina, e a Verdade, a tarefa a que os homens se dispõem, se encontrem: o ideal humano da integridade e o seu complemento indispensável, a paz, devem se abraçar. Devemos agradecer à instrução e à independência da mulher (que já podemos agora considerar um fato consumado) por ambas essas forças estarem agora atuantes no mundo. É justo exigir dela uma civilização de tipo mais elevado no século XX do que aquela que foi alcançada no século XIX. Religião, ciência, arte, economia — todas precisaram de um toque feminino; e na literatura, expressão do que é perene e melhor entre todas essas áreas, já se pode medir a força do ingrediente feminino. Não se verá, por exemplo, a teologia condenar crianças a lagos de fogo eterno depois que as mulheres tiverem a oportunidade de compreender, dominar e manejar os dogmas. Não se verá a ciência aniquilar a personalidade que governa o Universo e transformar Deus em uma força física ingovernável, ininteligível, cega e destrutiva. Não se verá a jurisprudência transformar em axioma a ideia absurda de que o marido e a esposa são um só, e que a mulher casada não pode possuir nem dispor de sua propriedade salvo sob as ordens do seu marido. Não se não verá economistas políticos declarando que o único acordo possível entre trabalhadores e capitalistas é o egoísmo e a ganância — e que cada um deve acumular tudo o que puder e conservar consigo tudo o que ganhar, enquanto o mundo clama pelo *laissez-faire* e os advogados explicam: "É a beleza da lei da oferta e da demanda em funcionamento". Por fim, não se verá a lei do amor excluída das relações humanas depois que a metade feminina da verdade do mundo for concluída. [...]

Agora, por favor, compreenda-me. Não peço que se acredite que essas vantagens e virtudes são posse exclusiva de mulheres ou ainda que as mulheres sejam suas principais e únicas defensoras. Um homem pode muito bem ser aquele quem as formula e as torna visíveis. Pode ser, e com frequência é, um homem quem lamenta as injustiças e luta por melhorias: mas esse homem absorveu esses impulsos de uma mãe, não de um pai, e está simplesmente materializando e devolvendo ao mundo de forma concreta o amor e a ternura ideais, a devoção e o cuidado que o acalentaram e o alimentaram durante o período de sua existência em que era indefeso. O que eu reivindico é que a verdade tenha tanto um lado feminino quanto um masculino; que esses se relacionem não como inferior e superior, não como melhor e pior, não como mais fraco e mais forte, mas como complementos — complementos em um todo necessário e simétrico. Assim como o homem é mais nobre na razão, a mulher é mais rápida na compreensão do outro. Assim como ele é incansável na busca pela verdade abstrata, ela também o é no cuidado dos interesses — esforçando-se, com ternura e amor, para que nem o último dos "pequeninos" pereça. Embora não seja raro vermos mulheres que raciocinam, por assim dizer, com a frieza e precisão de um homem, e homens que são tão conscientes do desamparo alheio como uma mulher, ainda há um consenso na humanidade de que um traço é essencialmente masculino e o outro peculiarmente feminino. É necessário que ambos participem da educação das crianças, de maneira que nossos meninos possam complementar sua virilidade com ternura e sensibilidade, e nossas meninas possam somar à sua delicadeza a força e a autoconfiança. Ambas as qualidades são, em igual proporção, necessárias para conferir simetria ao indivíduo. Da mesma forma, uma nação ou uma raça degenerará ou em mero sentimentalismo ou em pura opressão se for dominada exclusivamente por qualquer um dos lados. Por último, e mais importante, o fator feminino terá uma influência adequada apenas mediante o desenvolvimento e a educação da mulher, de forma que ela possa com propriedade e inteligência imprimir sua força sobre as forças da sua época e adicionar sua contribuição às riquezas do pensamento do mundo. [...]

Eu garanto que o desenvolvimento intelectual, com a autoconfiança e capacidade para garantir o seu sustento que dele advêm, torna a mulher menos dependente da relação matrimonial para o seu sustento físico (que, aliás, nem sempre é garantido pelo casamento). Ela também não é mais compelida a olhar para o amor sexual como a única sensação capaz de dar sabor e prazer, movimento e vitalidade à sua vida. Seu horizonte é expandido. Sua compreensão do outro é ampliada, aprofundada e multiplicada. Ela está em contato mais direto com a natureza. [...]

Será que isso destrói ou diminui sua capacidade de amar? Seus padrões, sem dúvida, são elevados. É provável que sinta necessidade de especular sobre as suas possibilidades. Não é mais responsabilidade da mulher se perguntar: "como faço para reprimir, podar, tornar-me simplória e me anular a ponto de me tornar elegível para a honra de ser engolida por um homenzinho?" O problema, suponho, está agora nas mãos do homem, que deve saber como desenvolver os seus poderes dados por Deus para alcançar o ideal de uma geração de mulheres que exigem as mais nobres, grandiosas e melhores conquistas de que ele é capaz; e esse certamente é o único ajuste justo e natural das possibilidades. A natureza jamais pretendeu que os ideais e padrões do mundo encolhessem e diminuíssem, e os homens deveriam nos agradecer por exigir deles os mais ricos frutos que eles são capazes de cultivar. Se isso os faz trabalhar, tanto melhor para eles. [...]

Dificilmente o que direi soa agradável, mas me parece verdade que embora nossos homens pareçam totalmente atualizados com o nosso tempo em quase todos os assuntos, quando se deparam com a questão da mulher, eles retornam para a lógica do século XVI [...].

O legado da escravidão

Ao tratar de racismo, Cooper salienta a grande influência da mentalidade sulista e escravista sobre a totalidade da sociedade norte-americana, acentuando seus efeitos culturais e apontando os efeitos nocivos do estigma de "escravo" associado às pessoas negras. Além de criticar a construção de um imaginário romântico e benevolente do passado escravagista, ela chama atenção para como a produção social de hierarquias entre as pessoas escravizadas fomentou uma divisão entre os negros nos Estados Unidos.

A Mulher Negra tentou compreender as dificuldades da mulher do Sul; tentou colocar-se em seu lugar e ser tão justa, caridosa e livre de preconceitos ao julgar suas antipatias quanto gostaria que agissem com ela. Ela ponderou com honestidade sobre a desculpa aparentemente sincera: "Mas você deve se lembrar de que essas pessoas já foram nossos escravos." E sobre a outra: "Mas a civilidade no trato com os negros nos levará à igualdade social com eles." [...]

Um dos fatores mais singulares da história não escrita deste país é como a influência do Sul, as ideias do Sul e os ideais do Sul comandaram e dominaram com habilidade o cérebro e a força desta nação do passado até os dias de hoje. Por duzentos e cinquenta anos o Sul se empenhou para dispor de um povo absolutamente seu, em corpo, mente e sensibilidade. Ele insinuou tantas diferenças e distinções no seio desse povo que isso foi mais forte do que a amizade entre os próprios irmãos e companheiros em sofrimento. Ele tornou crime dois ou três deles se juntarem em nome de Cristo sem a supervisão de um homem branco, e transformou em infração uma pessoa ensiná-los a ler, mesmo que fosse a Palavra da Vida. Ainda assim, eles [os negros] defenderiam seu interesse [do Sul] com o próprio sangue, pois seu sorriso era a sua felicidade e um tapinha no ombro era uma recompensa. Pequenas diferenças entre eles em termos de condições, circunstâncias, oportunidades se converteram em barreiras de vingança e desunião. Ele [o Sul] semeou a transmissão de seu sangue entre eles e depois colocou mulato contra negro, escravo contra livre, escravo da casa contra escravo da plantação, até mesmo o escravo de um clã contra escravo de outro clã; até que, totalmente alheios à sua capacidade de socorro mútuo e autodefesa, todos se tornaram vetores de inumeráveis sistemas de forças antagônicas, tendo apenas um sentimento em comum: a sujeição total à mão do mestre.

E ele [o Sul] não só dominou o homem negro como também enganou o homem branco, o turista e o pesquisador que visitou suas nobres propriedades. Os escravos iam bem; aliás, não poderiam estar mais felizes — tinham o suficiente para comer, para beber, estavam confortavelmente abrigados e vestidos —, e não seriam livres nem se tivessem essa opção. Em suma, com seu chapéu de abas largas e seu confortável robe aristocrático, fez com que se pensasse nele como um

A respeito do movimento sufragista norte-americano

Para Cooper, a mentalidade racista se reflete também naquelas "mulheres [brancas] que não parecem ter jamais respirado a atmosfera além dos confins das fazendas dos seus avós". A autora critica aqui o que identifica como uma dificuldade de muitas mulheres brancas em encarar as negras como iguais na luta pela emancipação feminina.

A mulher americana de hoje gaba-se de sua independência, mas tem tanto medo de perder seu senso de pertencimento a uma casta exclusiva quanto um brâmane na Índia. Essa é a lei sob a qual ela vive, esses são os preceitos que ela prega na própria testa para que sirvam como um ornamento, as regras que escreve no umbral da porta de sua casa, a lição que incute em seus filhos nos seus primeiros cafés da manhã e a ordem que impõe ao marido e amante através de sanções diretas [...].

Recentemente, depois de uma longa galantaria, um grande movimento nacional e internacional característico desta época e país, fundamentado no direito que cada alma possui ao seu mais elevado desenvolvimento — o movimento pela emancipação total, livre e completa da mulher — conquistou o gracioso sorriso da mulher do Sul — oh, me desculpe —, da senhora do Sul. Ela representa um sangue nobre e, obviamente, não se poderia esperar que abdicasse disso. Em primeiro lugar e acima de tudo, ela não deve, em qualquer organização que ela consinta a agraciar com sua presença, ser convidada a se associar com "essas pessoas que outrora foram suas escravas".

A mulher do Sul (peço licença, pois eu mesma sou uma delas) nunca foi famosa por seus poderes de raciocínio, e não é de surpreender que a menor alfinetada faça sua lógica se despedaçar imediatamente. Em primeiro lugar, ela imagina que o fato de seu avô ter tido escravos que eram negros faz com que todos os negros no mundo, de todas as tonalidades e matizes, tenham um dia sido seus escravos. Isso é tão ruim quanto o irlandês que quase matou um pacato judeu nas ruas de Cork, por ter acabado de saber que os judeus mataram o seu Redentor. A raça negra constitui um sétimo da população conhecida do globo; e há vários dos seus representantes, tanto aqui quanto em outros lugares, que nunca foram escravos em qualquer momento ou de qualquer homem, e cujo sangue é tão azul e a linhagem é tão nobre quanto a de qualquer outro, mesmo comparado ao da senhora branca do Sul. O fato de seus escravos terem sido negros e de ela desprezar seus escravos não deveria ser fundamento para sua antipatia por todas as pessoas e povos de cor. Da mesma maneira, o fato de Guiteau, um assassino, ter sido branco, e de eu odiar assassinos, não deveria me levar a odiar todas as pessoas mais ou menos brancas. A objeção demonstra um desejo de nítida discriminação.

A segunda falácia surge do uso ambíguo, como os lógicos o chamariam, ou a atribuição de um duplo significado ao termo "igualdade social" [...]. A "igualdade social" implícita na civilidade para com o Negro é muito diferente da associação social forçada com ele. De fato, parece-me que o simples bom senso mostraria que ambientes sociais hostis não podem, de maneira alguma, ser impostos a quem quer que seja. Não me associo e não posso ser obrigada a me associar com pessoas escuras simplesmente porque eu sou escura; e eu suponho que não seja difícil a senhora do Sul pensar em um punhado de pessoas cujo rosto é branco e do qual ela manteria o mesmo tipo de distância, se fosse possível, que ela mantém com relação a um verdadeiro "escurinho". Essas coisas devem ser e sempre serão deixadas a cargo da escolha individual. Nenhuma lei, humana ou divina, pode legislar a favor ou contra elas. Os iguais se atraem; e tenho certeza de que, com o estado atual das antipatias da senhora do Sul, ela poderia entrar em dez mil organizações repletas de mulheres de cor, e essas se esquivariam dela tanto quanto uma pessoa desvia de uma pedra que vem em sua direção. O medo da igualdade social, portanto, é uma farsa, não sei se consciente ou inconsciente. E se este não fosse um pensamento tão amargo para expressar aqui, eu acrescentaria que a proposta de uma associação forçada no passado dessas duas raças não partiu nem do homem negro algemado, nem da mulher negra silenciosa e sofredora! [...]

Os Estados Unidos e a questão racial

Em um manifesto contra o racismo, etnocentrismo, intolerância religiosa e outras formas de preconceito, Cooper faz uma crítica veemente do bordão "América para os americanos", que prega a exclusão e a marginalização de não brancos e estrangeiros. Por qualquer critério que se adote, diz ela, os Estados Unidos nunca foram um lugar racialmente "puro" ou uniforme. Sua descrição da formação do país se coloca na contracorrente das ideologias nacionalistas do século XIX, que associavam a ideia de Nação a ideais de pureza e homogeneidade cultural e racial.

América para americanos! Esse é o país do homem branco! Os chineses devem ir embora, grita aquele que deseja excluir. Expulsem os italianos! Construam colônias de negros no México ou os deportem para a África. Linchem, esmaguem, expulsem, matem! América para os americanos! "E quem são os americanos?", retrucam dez milhões de vozes. Quem vai empacotar e entregar as mercadorias? Quem são os conterrâneos e quem são os estrangeiros? Quem são os absolutos e originais proprietários? Os peles-vermelhas eram os proprietários do solo, mas estão quase sendo empurrados para o Oceano Pacífico. Eles provavelmente são quem mais tem direito de se denominar "americanos", conforme a lei da primogenitura. São ao menos os habitantes mais antigos de quem podemos, no presente, identificar qualquer traço. Se o que se tem em mente é apenas quem foram os primeiros colonizadores e se esta é meramente uma questão de direitos dos posseiros, então por que não o *Mayflower*, uma instituição bastante respeitável, que desembarcou no ano da graça de 1620? E por que não a primeira delegação vinda da África, que desembarcou um ano antes disso, em 1619?* Os primeiros colonizadores parecem ter sido

---

* O navio *Mayflower* transportou para o Novo Mundo a primeira leva de puritanos ingleses, que fugiam da perseguição religiosa na Inglaterra. Eles ficaram conhecidos como "peregrinos" e tornaram-se célebres na história dos Estados Unidos por fundarem a segunda colônia bem--sucedida no território. Em um dos últimos capítulos de *Uma Voz do Sul*, Cooper explica que um ano antes da chegada do *Mayflower*, um navio holandês atracou na Virgínia, trazendo 19 africanos escravizados. O capitão os vendeu aos habitantes da colônia, marcando o início da escravidão africana no território que viria a se tornar os Estados Unidos. [*N. da T.*]

quase tão misturados quanto somos no presente; e não parece óbvio, de maneira alguma, quem são os indivíduos de que falamos quando gritamos "América para americanos".

O fato é que essa nação estava fadada ao conflito desde o princípio. Seus elementos foram predestinados, desde o nascimento, a um choque irresistível seguido pelo equilíbrio estável da oposição. A posse exclusiva não pertence a ninguém. Nunca em sua história ela pertenceu a ninguém. Jamais houve um tempo, desde que a América se tornou uma nação, em que não existiu aqui mais de uma raça, mais de um partido, mais de uma crença lutando por supremacia. Consequentemente, ninguém tem ou pode ter supremacia. Todos os interesses devem ser consultados; todas as reivindicações, conciliadas. Onde uma centena de forças livres clama com veemência por reconhecimento e luta vigorosamente por dominação, as tiranias individuais devem ser inevitavelmente podadas, as intolerâncias individuais suavizadas e remodeladas, os preconceitos individuais ou obliterados ou ocultados. A América é republicana na forma e democrática na administração mais por necessidade do que por escolha.

Cultura, ciência, arte e a representação política

Cooper criticava perspectivas — fosse na cultura, artes, ciência, ou política — contaminadas pelo preconceito e alheias à diversidade. Para ela, as pessoas tendem a produzir generalizações sobre o mundo a partir das próprias experiências e localização social — sobretudo quando se isolam e se enclausuram em seu grupo. Na sua visão, isso só poderia ser mitigado pelo pluralismo político e pelo direito à autorrepresentação das pessoas marginalizadas. Daí a sua insistência na voz, na palavra e na escuta.

É possível que até mesmo a arte na América seja manchada por este espírito de casta debilitante? [...] Nenhum verdadeiro artista pode se permitir ser limitado e provinciano, mas isso é o que acontece quando se exclui deliberadamente qualquer conjunto de fatos ou assuntos em razão do preconceito contra os outros. A arte americana, a ciência americana e a literatura americana jamais poderão ser fundadas na verdade — a beleza universal — e jamais poderão aprender a falar uma língua inteligível em toda parte e por todas as idades, até que a garra paralisante do preconceito de castas se afrouxe e enfraqueça, e até que o olhar saudável e empático seja ensinado a mirar para fora, a enxergar o grande universo como algo que não guarda preferências nem feras obscuras, mas que carrega a caligrafia de Deus em cada uma das suas características mais adoráveis ou mais singelas. [...]

Soa tolo sempre que os líderes de uma grande reforma ou os precursores de um nobre avanço de pensamento e esforço se permitem corromper por uma visão estreita de seus próprios objetivos e princípios. Todos os preconceitos, sejam eles de raça, seita ou sexo, orgulho de classe e distinções de casta, são uma lamentável marca de distinção que rebaixa os esnobes e os pretensiosos. A mente filosófica imagina que seus próprios "direitos" são os direitos de toda a humanidade. [...]

A causa da liberdade não é a causa de uma raça ou de um grupo, de um partido ou de uma classe — ela é a causa da espécie humana, o próprio direito inato da humanidade. A menos que estejamos muito enganados, a Reforma de nossos dias, conhecida como o Movimento da Mulher, é essencialmente a encarnação do bem universal — se ao menos suas pioneiras se dessem conta disso. E é especialmente importante que não haja confusão entre suas líderes em relação ao seu alcance e universalidade. Para que a mulher se torne transmissora da moral e dos costumes, toda a névoa que nubla o seu olhar deve se dissipar: a moral tem suas raízes no indivíduo e seu treinamento e cultivo podem ser realizados por meio de ensinamentos; mas os bons costumes servem para lubrificar as articulações e minimizar o atrito na sociedade, e é importante e fundamental que o professor busque a nitidez e evite a distorção quando se deparar com a questão: "Quem é meu vizinho?" Não se trata da mulher inteligente contra a mulher ignorante; nem da branca contra a negra, a marrom e a vermelha — não se trata nem mesmo da causa da mulher contra o homem. Não.

ANNA JULIA COOPER

A maior justificativa da mulher para falar é que o mundo precisa ouvir sua voz. Seria contrário a todo interesse humano que o grito da metade da família humana fosse sufocado. [...] E a causa dela [da mulher negra] está ligada a toda agonia que foi silenciada — a toda injustiça que precisa de uma voz.

"O PROGRESSO INTELECTUAL DA MULHER DE COR NOS ESTADOS UNIDOS DESDE A PROCLAMAÇÃO DE EMANCIPAÇÃO", 1892*

Este texto, reproduzido aqui na íntegra, foi um discurso proferido por Anna Julia Cooper em 1892 no Congresso de Mulheres Representativas (Congress of Representative Women) na Feira Mundial de Chicago. A feira elegeu como tema daquele ano a comemoração de quatrocentos anos da chegada de Cristóvão Colombo às Américas e tornou-se uma oportunidade de exibição da pujança econômica e do rápido desenvolvimento tecnológico e industrial dos Estados Unidos: ela ocupou mais de 2,7 quilômetros quadrados de extensão e recebeu mais de 27 milhões de pessoas ao longo de seis meses (*Encyclopaedia Britannica*, 2018).

O complexo, composto por jardins e edifícios de fachadas brancas de estilo clássico, ficou conhecido como Cidade Branca (White City), o que foi interpretado por muitos afro-americanos como uma referência à dominação branca nos Estados Unidos. Quando feministas brancas se mobilizaram e conseguiram ser incluídas no programa oficial, mulheres negras protestaram e também exigiram participar.

---

* Cooper, Anna Julia. "Discussion of the Same Subject [The Intellectual Progress of the Colored Women of the United States since the Emancipation Proclamation] by Mrs. A. J. Cooper of Washington, D.C.". In: SEWALL, May Wright. *The World's Congress of Representative Women*. Chicago: Rand McNally, 1894, pp. 711-715. Disponível em: <www.womhist. alexanderstreet.com/socm/doc4b.htm>. Tradução de Verônica Toste Daflon. Revisão técnica de Ana Paula Soares Carvalho.

Fannie Barrier Williams e Anna Julia Cooper, então, proferiram discursos sobre a questão das mulheres negras (Lemert e Bhan, 1998). Em seu discurso, Cooper visitou e ampliou alguns dos temas de *Uma voz do Sul*.

Segundo a historiadora Giovana Xavier (2013), é importante olhar para autoras afro-americanas como Anna Julia Cooper, Mary Terrell, Josephine Yates, Sylvanie Williams, Josephine Bruce, entre outras, a partir da situação das mulheres negras nos Estados Unidos pós-abolição. Vistas pela sociedade branca como imorais, promíscuas e corrompidas, essas mulheres estavam excluídas da noção idealizada e hegemônica de feminilidade de raízes vitorianas.* Se cada sociedade e grupo possuem uma cultura que define os papéis e as regras da masculinidade e da feminilidade, determinando quem constitui ou não um homem ou mulher "legítimo" (Socolow, 2016), a escravidão marcou as mulheres negras como "ilegítimas". Isso porque o ideal vitoriano de feminilidade, baseado na negação da sexualidade da mulher, na exaltação da maternidade e da domesticidade entrava em contradição com a situação de exploração sexual e do trabalho das mulheres negras durante e após a escravidão (Davis, 2016).

Para Xavier (2013), textos de ativistas como Cooper refletem como elas se engajavam na produção da respeitabilidade da mulher negra e na sua inclusão na noção universal de feminino, ao mesmo tempo que exigiam para si um papel social, econômico e político específico na nova ordem. Em outras palavras, muitas vezes essas mulheres negras se esforçavam para aproximar a si e ao seu grupo do ideal de feminilidade hegemônica, baseada nos ideais da modéstia, da maternidade e da

---

* A Era Vitoriana foi o período do reinado da Rainha Vitória, no Reino Unido, de 1837 a 1901, e se notabilizou pelo puritanismo nos costumes, a patologização médica do prazer sexual feminino e a construção de padrões rígidos de feminilidade entre as classes médias e elites através de intervenções no corpo e intensa ritualização da vida. O ideal "vitoriano" associava feminilidade a delicadeza, passividade, dependência, fraqueza, natureza emotiva e sensível, aptidão para o cuidado, frivolidade etc.

castidade. No entanto, pondera Xavier, "a construção de uma feminilidade racializada tinha sim o seu quê de radicalismo, posto que, através dela, a feminilidade 'verdadeira', com suas noções de pureza, piedade, submissão e domesticidade brancas, estava sendo enegrecida" (Xavier, 2013, p. 279).

Os frutos mais nobres da civilização não surgem de forma espontânea, nem podem ser desenvolvidos normalmente no breve espaço de trinta anos. Tais frutos requerem o lento e doloroso crescimento das gerações. Ainda assim, a história ainda não escrita das mulheres de cor neste país está plena de lutas heroicas nos seus momentos mais sombrios. Trata-se de uma luta contra possibilidades aterrorizantes e esmagadoras, [uma luta] que frequentemente terminou em uma horrível morte para manter e proteger aquilo que para a mulher é mais caro que a vida. Renderia material para verdadeiras epopeias a labuta dolorosa, paciente e silenciosa das mães para obter o título de propriedade sobre o corpo de suas filhas, a luta desesperada, como a de uma tigresa aprisionada, para mantê-las honradas. Não chega a surpreender que aquelas que conseguiram deter a enchente tenham sido menos numerosas do que as tantas que foram carregadas pela correnteza. A maior parte de nossas mulheres não são heroínas — e não conheço qualquer raça de mulheres composta de uma maioria de heroínas. Basta saber que, embora aos olhos do mais alto tribunal da América, ela [a mulher negra] fosse considerada nada mais além de um item de propriedade, uma coisa sem consciência, um bloco a ser movido de um lado para o outro conforme a vontade de um dono, a mulher afro-americana manteve os ideais de sua condição de mulher que não deve nada a ninguém que já tenha sido concebido. Tais ideais permaneceram quietos, fermentando em mentes não orientadas, e não puderam reivindicar uma audiência no tribunal da nação. A mulher branca podia ao menos pleitear sua própria emancipação; a mulher negra, duplamente escravizada, não tinha o que fazer senão sofrer, lutar e ficar em silêncio. Falo pelas mulheres de cor do Sul, porque é lá que milhões de negros neste país regaram o solo com sangue e lágrimas, é lá que a mulher de cor da América construiu sua história particular, também é lá que seu destino está se definindo. Desde a emancipação, o movimento tem sido, às vezes, confuso e tempestuoso, de modo que nem sempre foi possível dizer se estávamos avançando ou andando em círculos. Mal sabíamos o que deveríamos priorizar, se educação e riqueza, ou liberdade e reconhecimento civis. Estávamos totalmente destituídas. Não possuíamos casas nem o conhecimento de como fazê-las, não tínhamos dinheiro nem o hábito de adquiri-lo, não tínhamos educação, nem status político e tampouco influência. O que poderíamos fazer? Mas, como Frederick Douglass disse nos dias mais sombrios: "Um com Deus é maioria", e nossa ignorância nos protegeu das teorias dos agnósticos. Ao menos tínhamos ainda a fé simples de que um Deus justo está sentado no trono do universo, e que de alguma forma — nós não podíamos ver, nem nos preocupamos em dizer como — ele iria ao seu próprio tempo corrigir tudo o que parecia errado.

Estabeleceram-se escolas, não apenas escolas públicas diurnas, mas também escolas técnicas e de educação domiciliar, em Hampton, em Fiske, Atlanta, Raleigh e em outras cidades grandes. Em seguida, com a energia das próprias pessoas de cor, foram criadas escolas como Wilberforce, Livingstone, Allen e Paul Quinn. Quase sem exceção, essas escolas eram mistas. Mesmo sendo considerado ideal que fossem separadas por sexo, o orçamento dessas escolas era limitado demais para que fossem divididas. Nossas garotas, assim como nossos garotos, vieram em abundância lutar por uma educação. Nem assim a mãe-escrava foi libertada do autossacrifício. Essa heroína paciente e discreta comeu muito pão seco enquanto desfrutava da satisfação secreta de ter conseguido com esforço retirar de sua situação de pobreza dinheiro suficiente para mandar seus jovens para a escola. "Eu nunca tive uma chance", ela diria, com lágrimas sobre as suas faces envelhecidas, "então queria que eles conquistassem tudo o quanto fosse possível". O trabalho nessas escolas [...] é como uma pitada de fermento escondida na porção de alimento. Ele se espalha sobre a vida em toda a extensão do Sul, elevando os ideais de lar e a condição de mulher, difundindo um anseio contagiante por uma vida melhor e um pensamento mais puro, inspirando na própria mulher um novo senso de dignidade no interior dos fins eternos da natureza. Hoje há 25.530 escolas para negros nos Estados Unidos, com 1.353.352 estudantes de ambos os sexos. Não se passaram ainda nem três décadas desde a emancipação e as pessoas de cor já possuem 25 milhões de dólares em terrenos para igrejas e escolas. Dois milhões e quinhentos mil crianças de cor aprenderam a ler e escrever, e 22.956 homens e mulheres de cor (especialmente mulheres) ensinam nessas escolas. De acordo com o doutor Rankin, presidente da Howard University, há hoje 247 estudantes de cor (com um grande percentual de mulheres) estudando em universidades da Europa. Entre as outras universidades que oferecem bacharelado para mulheres, e são abertas o suficiente para não barrar candidatos de cor, a Oberlin, a primeira a abrir suas portas tanto para a mulher quanto para o negro, já formou seis mulheres de cor. Uma dessas mulheres, a primeira e a mais célebre, Fannie Jackson Coppin, falará para nós esta noite. Ann Arbor e Wellesley formaram, cada uma, três de nossas mulheres; a Cornell University formou uma, que hoje é professora de ciências em uma escola de ensino médio em Washington. Um ex-estudante meu da Washington High School que foi esnobado pela Vassar conquistou honras em um concurso na Chicago University. Da mesma maneira, as universidades de medicina e de direito do país foram inundadas por mulheres de cor, e todo ano alguma irmã da raça escura conquista prêmios e distinções profissionais. A doutora Dillon e a doutora Jones se mostram eminentes em sua profissão. No mês passado, depois de ultrapassar uma turma inteira de homens na faculdade de medicina do Tennessee, uma pequena mulher de pele marrom partiu para a África. Nossas mulheres têm sido ativas também em esforços organizados de ajuda mútua e caridade. A Liga das Mulheres de Cor, da qual hoje sou secretária, tem filiais ativas e dinâmicas em funcionamento no Sul e no Oeste. A filial de Kansas, com um grupo de mais de 150 associadas, já iniciou, sob o comando da vigorosa presidenta sra. Yates, a construção de um edifício para meninas abandonadas. A própria sra. Coppin vai, espero, relatar a magnífica criação de uma sociedade industrial na Filadélfia. As mulheres da filial da Liga em Washington inscreveram-se para um financiamento de aproximadamente cinco mil dólares, a fim de construir um prédio feminino para trabalho educacional e industrial. Ele deverá também servir como sede para reunir e disseminar informação sobre os esforços de nossas mulheres. Essa é apenas uma amostra do que estamos fazendo.

Acho que, se eu pudesse sintetizar o sentimento do grupo que represento aqui e entregá-lo na forma de uma mensagem para esse congresso de mulheres, sairia algo assim: permitam que a reivindicação da mulher seja tão ampla no caso concreto quanto é em abstrato. Defendemos a solidariedade da humanidade, a unicidade da vida e acreditamos que todo tipo de favorecimento a um sexo, raça, país ou condição é antinatural e injusto. Se um único elo da corrente estiver quebrado, a corrente estará quebrada. Uma ponte não é mais forte que sua parte mais frágil, e uma causa não vale mais do que seu elemento mais fraco. E menos ainda pode a causa da mulher se permitir rebaixar os mais fracos. Na condição de quem luta para o triunfo universal da justiça e dos direitos humanos, queremos voltar para casa depois deste Congresso tendo exigido uma entrada não para nós mesmas, nossa raça, nosso sexo ou nossa seita, mas uma grande estrada para a humanidade. A mulher de cor sente que a causa da mulher é única e universal; e essa causa só terá sido vencida e essa lição ensinada quando a imagem de Deus, em porcelana ou em ébano, seja sagrada e inviolável; quando raça, cor, sexo e condição forem vistos como circunstâncias fortuitas e não substâncias da vida; e quando o direito universal à vida, à liberdade e à busca por felicidade seja visto como inalienável para todos. E não estamos falando aqui da causa da mulher branca, da mulher negra, da mulher pele-vermelha, mas da causa de todo homem e de toda mulher que já tenham se comovido diante de uma grande injustiça. As injustiças cometidas contra as mulheres estão assim indissoluvelmente ligadas a toda a miséria sem defesa, e a aquisição de seus "direitos" representará o triunfo final do direito sobre a força, o primado das forças morais da razão, justiça e amor no governo das nações da Terra.

Referências bibliográficas

COOPER, Anna Julia. *A Voice from the South: by a Black Woman from the South*. Oxford: Oxford University Press, 1988.

_____. *L'attitude de la France a l'egard de l'esclavage pendant la Revolution*. Tese de Doutorado, Faculté des Lettres de L'Université de Paris, [1925] 2017. Disponível em: <www.dh.howard.edu/ajc_published/25>.

_____. "Discussion of the Same Subject [The Intellectual Progress of the Colored Women of the United States since the Emancipation Proclamation] by Mrs. A. J. Cooper of Washington, D.C.". In: SEWALL, May Wright. *The World's Congress of Representative Women*. Chicago: Rand McNally, 1894, pp. 711-715. Disponível em: <www.womhist.alexanderstreet.com/socm/doc4b.htm>.

DAVIS, Angela. *Mulher, raça e classe*. São Paulo: Boitempo, 2016.

Enciclopaedia Brittanica. *World's Columbian Exposition*. Disponível em: <www.britannica.com/event/Worlds-Columbian-Exposition>. Consultado em: 1/06/2018.

GILROY, Paul. *O Atlântico Negro*. São Paulo: Editora 34, 2012.

JAMES, C.R.L. *Os Jacobinos Negros: Toussaint L'Ouverture e a Revolução de São Domingo*. São Paulo: Boitempo, 2000. C. R. L. *Os jacobinos negros: Toussaint L'Ouverture e a Revolução de São Domingo*. São Paulo: Boitempo, 2000.

KERGOAT, Danièle. "Dinâmica e consubstancialidade das relações sociais". *Novos Estudos*, n. 86, São Paulo, março de 2010, pp. 93-103.

LAW, Ian. *Racism and Ethnicity: global debates, dilemmas, directions*. Nova York: Routledge, 2013.

LEMERT, Charles e BHAN, Esme (orgs.). *The Voice of Anna Julia Cooper: including A Voice from the South and other important essays, papers and letters*. Lanham: Rowman and Littlefield Publishers, 1998.

MAY, Vivian M. *Anna Julia Cooper, visionary black feminist: a critical introduction*. Nova York: Routledge, 2007.

_____. "'It is never a question of slaves': Anna Julia Cooper's Challenge to History's Silences in Her 1925 Sorbonne Thesis". *Callaloo* 31, n. 3, Baltimore: Johns Hopkins University Press, 2008, pp. 903-918.

SOCOLOW, Susan. *Las Mujeres em la America Latina Colonial.* Buenos Aires: Prometeo Libros, 2016.

TRETAULT, Lisa. *The Myth of Seneca Falls: Memory and the Women's Suffrage Movement, 1848-1898.* Chapel Hill: The University of North Carolina Press, 2017.

WASHINGTON, Mary Helen. "Introducion". In: COOPER, Ana Julia. *A Voice from the South: by a black woman from the South.* Oxford: Oxford University Press, 1988, pp. XXVII–LI.

XAVIER, Giovana. "Esculpindo a 'Nova Mulher Negra': feminilidade e respeitabilidade nos escritos de algumas representantes da raça nos EUA (1895-1904)". *Cadernos Pagu,* n. 40, Campinas, janeiro-junho de 2013, pp. 255-287.

3. Pandita Ramabai Sarasvati
(Kanara, Índia, 1858-1922)

> — *O que é cruel?*
> — *O coração de uma víbora.*
> — *O que é mais cruel do que isso?*
> — *O coração de uma mulher.*
> — *O que é mais cruel do que tudo?*
> — *O coração de uma viúva sem um filho homem e sem dinheiro.*
>
> (Sermão religioso, citado por Pandita Ramabai Sarasvati,
> *A mulher hindu de casta alta*)

Uma indiana pobre, jovem, viúva e mãe de uma filha mulher: de acordo com o provérbio do século XIX indicado na epígrafe, Pandita Ramabai Sarasvati reunia todos os predicados para ser considerada a pior e mais cruel das criaturas. Mas foi precisamente contra esse estigma que vinha sendo projetado sobre ela, sobre as mulheres e, sobretudo, sobre as viúvas, que Ramabai lutou a vida inteira. No processo, ela conquistou respeito e notoriedade, tornou-se responsável por resgatar da opressão e da pobreza centenas de meninas, adolescentes e mulheres viúvas na Índia da virada do século XIX e redigiu o que é hoje considerado um dos primeiros manifestos políticos feministas escritos por uma indiana.

O fragmento citado foi retirado de um sermão religioso proferido por um estudioso hindu do século XIX e aparece em um pequeno e notável livro publicado por Ramabai em 1887, intitulado *A mulher hindu de casta alta* [*The High Caste Hindu Woman*]. O trecho figura em meio a textos sagrados, sermões e provérbios populares da época, compilados por ela com um único objetivo: demonstrar quão baixo era o lugar que estava sendo atribuído à mulher na cultura bramânica. "Víboras", "cruéis", "desleais", "ardilosas", "sedutoras", "falsas", "impuras", "indignas de confiança" — esses foram alguns dos adjetivos atribuídos às mulheres inventariados por Ramabai nesses textos.

Em um tempo em que o acesso ao sânscrito e às escrituras estava veementemente proibido às mulheres, publicar esse livro era uma dupla transgressão: não só demonstrava dominar conteúdos interditos, como também usava o seu conhecimento para contestar as representações negativas da mulher e contradizer, com estudo e propriedade, interpretações de religiosos e eruditos brâmanes a respeito das escrituras. Pensadora perspicaz e heterodoxa, Ramabai enxergava a religião na sua dimensão social e apontava as apropriações seletivas, as falsificações maliciosas, as pequenas distorções dos escritos sagrados que eram feitas pelos homens brâmanes com o objetivo de conferir justificativa religiosa às práticas de opressão das mulheres.

De fato, Ramabai teve uma vida marcada por transgressões, tornando-se uma figura altamente controversa na Índia. Estimulada por seu pai e sua mãe a aprender o sânscrito, ela se tornou uma erudita, sustentando-se por longos anos com sua memória extraordinária, sua oratória afiada e sua capacidade de recitar de cor em exibições públicas os Puranas — a literatura sobre mitos, lendas e cosmologia indiana. Depois que seus pais morreram em uma das ondas de fome que assolou a Índia por obra do colonialismo britânico, Ramabai se viu praticamente sozinha no mundo, tendo como única companhia seu irmão, que também veio a falecer dois anos depois.

Ramabai era de origem brâmane, isto é, nasceu na casta de status mais elevado na ordem estamental hindu. Na Índia pré-colonial, parte significativa da população não se organizava em castas. Contudo, à época do seu nascimento, as castas haviam se disseminado e se estabelecido como categorias fundamentais de diferenciação social em praticamente todo o território.

Para o senso comum, as castas são uma característica essencial da civilização indiana, remontando a tradições ancestrais e imemoriais. A história é mais complicada do que isso. Por um lado, a intervenção colonial britânica introduziu no subcontinente indiano práticas de sistematização de informações e administração de populações que contribuíram para a criação e enrijecimento das formas de classificação social que hoje conhecemos como castas. O olhar eurocêntrico sobre a Índia, a introdução dos censos demográficos — que registraram e catalogaram identidades — e as práticas administrativas do Estado — que se referia diretamente aos indivíduos como membros de "castas" — contribuíram sobremaneira para a formação desse sistema. Por outro lado, os britânicos não simplesmente inventaram as castas, mas transformaram e contribuíram para disseminar antigas formas de dominação preexistentes. As próprias elites locais indianas se empenharam em inventar uma tradição cultural local, que justificasse sua posição social superior diante dos demais colonizados, que delimitasse fronteiras entre grupos e que organizasse as formas de inclusão e exclusão em uma sociedade em rápida mudança (Veer, 2001).

Conforme essa leitura de mundo propalada, sobretudo, pela elite brâmane — e legitimada pelas práticas administrativas dos colonizadores britânicos —, a sociedade indiana dividia-se em castas, quatro categorias ligadas a diferentes partes do corpo de Brahma, o criador, e a diferentes atividades: os brâmanes (sacerdotes, filósofos e estudiosos) teriam vindo de sua cabeça; os xátrias (governantes e guerreiros) de seus braços; os vaixás (mercadores) de suas coxas; e os sudras (trabalhadores e camponeses) de seus pés. Fora e abaixo desse sistema de castas estavam ainda os intocáveis,* categoria de pessoas cujo toque ou sombra eram considerados ritualmente poluidores e cujas ocupações eram tidas como impuras e degradantes (Sharma, 2005).

Dadas a sua elevada posição social e condição de sacerdotes, os brâmanes possuíam os hábitos e rituais de pureza religiosa mais estritos e

---

* Hoje na Índia o termo "intocável" [*untouchable*] é considerado pejorativo e foi substituído no discurso público por "dalit", que significa "oprimido" na língua marathi.

rigorosamente observados entre todas as castas. No entanto, Ramabai recebeu uma criação marcadamente heterodoxa. Para o escândalo de todos, isso a levou a ignorar completamente o fato de que o homem com quem veio a se casar pertencia a uma casta inferior. Com a morte do marido apenas dois anos depois do casamento, já viúva, Ramabai tornou-se uma figura ainda mais perigosa aos olhos dessa elite.

Para os brâmanes, a viuvez feminina deveria significar uma vida de reclusão e penitência. Como ela descreve em seu livro, sobreviver ao marido era encarado como uma punição por um crime terrível cometido em uma vida passada e, por esse motivo, a viúva era castigada até o fim da vida. Tamanhas eram as restrições que eram impostas a essas mulheres, diz Ramabai, que elas sofriam uma verdadeira mortificação do corpo e da alma. Ao recusar-se a seguir esse roteiro e insistir na manutenção de uma vida pública, a autora rompeu definitivamente seus laços com a cultura bramânica.

Depois de uma breve permanência junto a um grupo de reformadores na Índia Ocidental, Ramabai desapontou-se com o conservadorismo dos seus compatriotas em relação às mulheres. Por esse motivo, resolveu buscar aliados de fora. Através de contatos com uma missão religiosa inglesa em Poona, ela viajou para a Inglaterra com a filha de 3 anos. Uma vez lá, conheceu as casas de acolhimento para mulheres dirigidas por freiras e converteu-se ao cristianismo.

Da Inglaterra seguiu para os Estados Unidos, onde aproximou-se do movimento sufragista e viajou pelo país palestrando sobre a condição das mulheres na Índia, a fim de recolher apoio e fundos para seu projeto de criar Sharada Sadans, casas de acolhimento para meninas e mulheres viúvas. Foi nesse contexto que Ramabai escreveu em inglês *A mulher hindu de casta alta* [The High-Caste Hindu Woman] dirigido a leitores americanos. Seu apelo foi bem-sucedido, e Pandita Ramabai abriu a primeira casa em 1889, em Bombaim, com o dinheiro obtido das doações. Nos anos seguintes, muitas outras casas semelhantes foram criadas. Além do êxito de sua empreitada, sua viagem aos Estados

Unidos também resultou em um dos raros registros do século XIX de uma pessoa do Oriente falando sobre o Ocidente: *Os povos dos Estados Unidos [Pandita Ramabai's American Encounter: The Peoples of the United States]* (1899), originalmente escrito em marathi.

Presa entre o colonialismo do Raj britânico e o nacionalismo religioso patriarcal, Pandita Ramabai foi difamada por líderes políticos, como Bal Gangadhar Tilak (1856-1920), como "traidora" e ainda hoje há certo desconforto em torno de sua figura. O principal motivo para o incômodo é sua conversão da religião hindu para a cristã — a religião do dominador colonial. No entanto, Uma Chakravarti (1996), feminista e historiadora indiana, afirma que a vida e as escolhas de Ramabai devem ser contextualizadas e interpretadas segundo a circunstância da disputa pela formação do projeto de nação da Índia, no qual o patriarcado brâmane se encontrava alinhado ao nacionalismo hindu.

Chakravarti demonstra como gênero e casta se ligaram de maneira profunda e inseparável na Índia. Isso porque as regras de casamento se tornaram absolutamente centrais para a construção e o controle de fronteiras entre os grupos, cujos membros deveriam casar-se entre si para manter sua posição social e de casta. O matrimônio envolvia transações econômicas entre as famílias por meio da prática do dote* e das alianças políticas criadas e sustentadas por laços de consanguinidade. As mulheres, portanto, se tornaram um fator fundamental na construção e na manutenção do sistema de castas.

Ainda, a época de Ramabai foi também um momento crítico para a afirmação dos brâmanes como líderes do nascente movimento de nacionalismo indiano e como guardiões do hinduísmo. Para se consolidar como os legítimos detentores do poder econômico e político daquela sociedade, eles precisaram justificar seu status ritual e moral superior em relação às outras castas — especialmente aos xátrias, com quem

---

* Dote é um valor pago em dinheiro, propriedades, presentes ou outros bens pela família da noiva ao noivo por ocasião do casamento.

disputavam o poder. Nesse jogo de legitimação, as mulheres desempenharam um papel fundamental. Os homens brâmanes reivindicaram sua superioridade sob a alegação de que "suas" mulheres eram mais virtuosas, puras e honradas que as demais. E, por seguirem rituais estritos de autoflagelação e reclusão, as viúvas brâmanes, por sua vez, forneciam demonstrações frequentes do quanto esse grupo era devoto e seguidor dos preceitos de pureza ritual da religião hindu.

Foi com essa manobra que o gênero veio a ocupar uma posição central na Índia: primeiro como forma de definir a identidade das castas e de operar transações econômicas e políticas entre famílias e, em seguida, como elemento fundador da identidade nacional. Com a dominação dos brâmanes, seu código de conduta passou a ser imposto ao conjunto das castas mais baixas e foram instauradas formas de vigilância estrita sobre os não brâmanes, principalmente sobre suas mulheres.

Na visão de homens como Bal Gangadhar Tilak, o patriotismo de uma mulher indiana deveria residir na sua quieta sujeição ao poder masculino (Chakravarti, 1996). Desse modo, não bastava que Ramabai fosse crítica ao domínio colonial britânico, como fica claro em vários dos seus textos. Em um momento em que o nacionalismo era igualado ao hinduísmo brâmane — algo que no século XX levaria à dolorosa Partição da Índia pela expulsão dos muçulmanos —, sua conversão à religião cristã era encarada como um ato antipatriótico. Diante dos ataques que sofria, Ramabai chegou a declarar: "É preciso grande coragem para dizer a verdade quando se sabe que toda a nação se voltará contra você, como um só homem, para derrubá-la. Portanto, ninguém deve se surpreender com a relutância das mulheres da Índia" (Ramabai, 1900).

Apresentamos neste capítulo trechos selecionados de *A mulher hindu de casta alta*. Esse pequeno livro, de linguagem direta e conteúdo aparentemente simples, é considerado hoje um dos primeiros estudos sobre família e parentesco na Índia (Sinha, 2017) e trata de forma complexa e nuançada questões de religião, gênero, casta, nacionalismo e colonialismo. Organizado em capítulos curtos, o livro avança pelas diferentes fases de vida de uma mulher hindu de casta alta, mostrando como, desde o nascimento, seu cotidiano era marcado por preconceitos e injustiças. Ramabai argumenta ainda que a união de preceitos da comunidade hindu ortodoxa com a estrutura político-econômica e o sistema legal instituídos pelos colonizadores britânicos foi prejudicial, sujeitando, por fim, as mulheres indianas a uma dupla jurisdição patriarcal.

Longe de constituir mero registro histórico do passado, há no texto de Ramabai insights importantes para a compreensão da sociedade indiana de hoje, como destaca a socióloga contemporânea Vineeta Sinha:

> O status das mulheres indianas continua a ser um tema poderoso no domínio público da Índia hoje — e os problemas do infanticídio feminino, a valorização dos filhos sobre as filhas, a negação de oportunidades educacionais para as meninas, os desafios de uma família patriarcal estendida para as mulheres continuam sendo relevantes. Isso atesta a habilidade de Ramabai de identificar uma problemática central no contexto indiano — o status das mulheres — e [...] reafirma que suas ideias têm uma permanência e aplicabilidade além do contexto em que ela estava escrevendo.

Para cientistas sociais, seu texto proporciona um relato importante contra visões estáticas das relações sociais e de gênero na Índia e outras sociedades não ocidentais.

TRECHOS DE *A MULHER HINDU DE CASTA ALTA*, 1887*

Na introdução ao livro *A mulher hindu de casta alta*, Ramabai se dirige a uma audiência estrangeira, explicando a religião e os costumes hindus e

---

* RAMABAI, Pandita. *The High-Caste Hindu Woman*. Filadélfia: Press ot The Jas. B. Roclgers Printing Co., 1888. Disponível em: <www.archive.org/details/highcastehinduwo025195mbp>. Tradução de Verônica Toste Daflon. Revisão técnica de Ana Paula Soares Carvalho.

destacando sua importância para a compreensão do status das mulheres na Índia. A autora demonstra ter uma visão dinâmica dos processos sociais, chamando atenção tanto para os mecanismos de invenção de tradições a partir da reiteração dos costumes, como também para as tentativas de reforma e transformação dos costumes e da religião no presente. Assim, se afasta da maior parte dos intelectuais brâmanes da época, que tratavam a história sob uma perspectiva sincrônica e estática, encarando a mudança e a diversidade como meros resíduos e lidando com textos sagrados como registros que transcendiam as vicissitudes do tempo (Das, 2006). É a visão crítica de Ramabai que a habilita, nas páginas que se seguem, a discutir e criticar a cultura bramânica a partir da perspectiva de gênero e pensar na sociedade indiana de forma dinâmica. Até hoje é comum encarar sociedades não ocidentais como homogêneas e estáticas, situadas fora da história e da mudança social. Seu texto contribui para pensar como a ordem de gênero se transforma em qualquer sociedade.

Uma concepção dinâmica e histórica da religião e do costume

É preciso que o leitor estrangeiro conheça um pouco da religião e dos costumes sociais da nação hindu para que possa compreender a vida de uma mulher hindu. A população do Hindustão soma 250 milhões de pessoas. [...] Mais de três quintos dessa vasta população professam alguma das formas do que se convencionou chamar de religião hindu. [...] Nas diversas partes do país, os costumes sociais diferem até certo ponto, mas no fundo há uma semelhança inequívoca entre eles. [...]

Os hindus acreditam na imortalidade da alma, na medida em que ela possui a mesma substância de Deus. O homem é recompensado ou punido de acordo com as suas ações, ele passa por diversas existências a fim de colher o fruto de sua conduta. [O homem] só se liberta das consequências dos seus atos quando conhece verdadeiramente o Grande Espírito e compreende a sua relação com ele. É então que ele cessa de ser um indivíduo e é reabsorvido no espírito — da mesma maneira que um rio deixa de ser algo distinto do oceano quando deságua no mar.

Conforme essa doutrina, um homem pode nascer 8.400.000 vezes antes de se tornar um brâmane (a primeira casta), e é apenas sendo um brâmane que ele está apto a ser reabsorvido no espírito. [...] É, portanto, necessário que todas as pessoas das outras castas tenham cuidado para não cometer algum ato imprudente que transgrida a lei, sob o risco de serem novamente obrigadas a nascer 8.400.000 vezes [...].

Esses, somados à crença nas castas, são os principais elementos do hinduísmo no presente. Há alguns hindus heterodoxos que negam tudo isso: são teístas puros que desconsideram todos os costumes idólatras. Conhecidos como Brahmos, eles estão fazendo muito bem ao purificar a religião nacional. [...]

Quanto aos costumes sociais, pode-se dizer que na Índia a religião exerce uma influência intensa na vida cotidiana e nos hábitos das pessoas. Não há um só ato que elas não executem de forma religiosa; um autor bem-humorado disse certa vez que "até quando pecam, os hindus o fazem religiosamente". Há uma dose de verdade nisso. [...] Todos os costumes que são praticados por tempo suficiente para serem intitulados "o modo dos antigos" assumem forma de religião e passam a ser observados escrupulosamente. Esses hábitos, em sua maior parte fundados na tradição, são totalmente independentes dos escritos canônicos, ainda assim, é verdade que uma pessoa é passível de ser punida, ou até mesmo excomungada, por praticar um ato que seja proibido pelo costume, mesmo que esse seja permitido pela religião.

Uma visão crítica da divisão social em castas

Neste trecho, Ramabai discute brevemente a divisão da sociedade em castas e suas consequências. Diferentemente da maior parte de seus contemporâneos, ela não inclui a hierarquia das castas no interior de uma ordem divina que transcende a história. Ao contrário, ela localiza as castas na ordem social, chamando atenção inclusive para as tentativas de subversão do sistema.

O filho de um brâmane tem a honra de estar acima de todas as castas, não por mérito pessoal, mas apenas pelo fato de ter nascido em uma família de brâmanes. O casamento entre pessoas de castas diferentes já foi lícito, mesmo depois de a casta ter se tornado uma característica herdada e, contanto que uma mulher de casta superior não se casasse com um homem de uma casta inferior, o casamento era permitido. Agora, no entanto, o costume prevaleceu sobre a lei. Os casamentos intercastas sempre geram sérias consequências e os infratores são marginalizados. [...] As quatro castas principais, por sua vez, são divididas internamente em diferentes clãs; e homens pertencentes a clãs superiores não devem dar suas filhas em casamento a homens de clãs inferiores. Transgredir esse costume implica perder a honra da família, os privilégios de casta e até mesmo o relacionamento com amigos e parentes. [...]

Embora a "casta" seja admitidamente um produto da ordem social, ela hoje se tornou a primeira grande norma da crença hindu em toda a Índia. Homens reflexivos como Buda, Nanak, Chaitanya e outros se rebelaram contra esse costume tirânico e proclamaram o evangelho da igualdade social entre todos os homens, mas a "casta" mostrou-se forte demais frente a eles. Seus discípulos de hoje são tão sujeitos ao sistema de castas quanto qualquer outro hindu ortodoxo. Nem os maometanos escaparam dessa tirania; eles também são divididos em várias castas e são tão rígidos quanto os hindus na sua observância. [...]

A respeito do valor social das mulheres na cultura brâmane

Com auxílio das escrituras sagradas, em especial o Código de Manu, a autora discute aqui como as regras sociais e religiosas que regem a vida familiar levam as meninas a serem preteridas em favor dos meninos. Ramabai descreve como a discriminação das meninas começa antes do nascimento e se prolonga por toda a infância, colaborando para modelar as identidades e produzir desigualdades e hierarquias de gênero.

[...] o ancestral Código [de Manu] estabelece a superioridade dos filhos do sexo masculino. Entre as bênçãos desejadas por um hindu, um filho [homem] é a mais cobiçada de todas, pois é com o nascimento de um filho na família que o pai é redimido.

> Através de um filho ele conquista os mundos, com o filho de um filho ele obtém a imortalidade, mas é através do neto de seu filho que ele ganha o mundo do sol (Manu, ix, 137).

> Não há lugar (no paraíso) para um homem destituído de descendência masculina (Vasistha, xvii, 2).

[...] Se, por algum infortúnio, uma mulher tiver apenas filhas e nenhum filho, [a lei de] Manu permite que no décimo primeiro ano do casamento o marido dessa mulher a troque por outra. [...] Em nenhum outro país a mãe é tão pressionada com cuidados e ansiedade quando da aproximação do parto. Na maioria dos casos, toda sua esperança de conquistar o marido é depositada exclusivamente na sua capacidade de gerar filhos homens.

As mulheres das famílias mais pobres e também das mais ricas são submetidas a essa provação quase invariavelmente. [...] Não raro se diz que o advento do nascimento de uma menina traz má sorte. E, para evitar tal catástrofe, pobres mães supersticiosas tentam converter o feto em menino, se por alguma infelicidade ele for menina. Buscam-se rosários já usados por mães de filhos meninos para rezar; consomem--se com avidez ervas e raízes conhecidas por suas virtudes; adoram-se com devoção árvores e deuses que dão filhos homens. [...]

Apesar de todas essas precauções, as meninas continuam a chegar aos lares hindus. E sua chegada é vista como sinal de azar ou como culpa da natureza. [...] Uma criança vem [então] ao mundo em um lar assombrado pelo costume cruel e pelo preconceito. A pobre mãe fica extremamente angustiada ao saber que aquele pequeno estranho é uma menina e os vizinhos torcem o nariz em todas as direções para manifestar seu desgosto e indignação diante da ocorrência de tal fenômeno. E, ao menos por algum tempo, o bebê inocente permanece alheio a tudo o que está acontecendo ao seu redor. [...]

Se uma menina nasce após a morte de seu irmão, ou se um menino da família morre logo após o nascimento dela, em ambos os casos ela é considerada por seus pais e vizinhos a causa da morte do menino. Ela passa então a ser constantemente chamada por algum nome desagradável, é insultada, espancada, amaldiçoada, perseguida e desprezada por todos. [...] Se ainda resta um menino na família, todas as carícias e palavras doces, o conforto e os presentes, as bênçãos e louvores são dedicados em abundância a ele pelos pais e vizinhos, e até mesmo pelos servos, que se compadecem da dor dos pais. [...] Obviamente, na maioria dos casos, os irmãos homens têm muito orgulho de seu sexo superior; afinal, é só isso que veem e ouvem a respeito de suas próprias qualidades e das qualidades de suas irmãs. Eles também aprendem a desprezar as meninas e as mulheres. [...]

Sujeitas a tal humilhação, a maioria das garotas se torna melancólica, mórbida e obtusa. [...] Exceto por algumas orações e canções populares para memorizar, as garotinhas recebem pouca ou nenhuma educação, são deixadas sozinhas e brincam da maneira que quiserem. Quando atingem os seis ou sete anos, geralmente começam a ajudar a mãe a realizar o trabalho doméstico ou a cuidar das crianças mais novas.

A sociedade hindu e a posição social das meninas

Nos trechos que se seguem, Ramabai associa as regras de parentesco, os hábitos de casta, o casamento na Índia e o sistema de dote à posição social das mulheres, demonstrando como essas práticas sociais se vinculavam a fenômenos como a poligamia, o infanticídio feminino e a negligência das famílias com relação à saúde e alimentação das meninas.

Já mencionei o rigor do moderno sistema de castas no tocante ao casamento. [...] Desde o primeiro instante após o nascimento da filha, os pais se veem atormentados por uma ansiedade persistente em relação ao futuro dela e às responsabilidades de sua posição. O casamento é a mais cara de todas as festividades e cerimônias hindus. O casamento de uma menina de uma família de casta alta envolve no mínimo um gasto de duzentos dólares.

A pobreza na Índia é tão grande que muitos pais não são capazes de assumir essa despesa; se houver mais de duas filhas em uma família, a ruína do pai é inevitável. É preciso lembrar que quem sustenta a casa na sociedade hindu não só tem de alimentar a própria esposa e filhos, como também os seus pais, os seus irmãos incapazes de trabalhar — por ignorância ou ociosidade — e suas famílias, assim como as viúvas mais próximas. Todos eles frequentemente dependem de um só homem para seu sustento. [...]

Mas isso não é tudo. A menina deve estar casada dentro de um período determinado, a casta do futuro marido deve ser a mesma que a sua, e o clã deve ser igual ou superior, nunca inferior, ao de seu pai. [...] Um brâmane de um clã superior chega a se casar com dez, onze, vinte, ou mesmo cento e cinquenta meninas. E ele faz disso um negócio. Percorre o território de ponta a ponta casando-se com garotas, recebendo presentes dos pais delas e, imediatamente depois, dispensando as noivas. Ao voltar para casa, ele nunca retorna para elas. O ilustre brâmane não precisa se preocupar em cuidar de tantas esposas, pois os pais se comprometem a sustentar as filhas por toda a vida, desde que elas permaneçam com eles na condição de virgens casadas até o fim. [...]

No entanto, essa forma de poligamia não existe entre os xátrias, porque a religião não permite que membros de castas não brâmanes mendiguem ou recebam presentes dos outros, exceto de amigos. Assim, ele [o xátria] não tem chances de sustentar muitas esposas ou muitas filhas. O preconceito de castas e clãs oprimiu os Rajputs do norte e do noroeste e da Índia Central, que pertencem à casta xátria ou guerreira, a tal ponto que eles foram levados a introduzir o costume desumano e irreligioso de infanticídio feminino na sua sociedade. Esse ato cruel era realizado pelos próprios pais, ou até mesmo pelas mães, ao comando do marido a quem devem obediência total. [...]

O pai calcula quantas meninas é seguro deixar viver e depois se defende da tirania das castas e dos clãs matando logo após o nascimento aquelas que sobram. Isso é realizado de forma tão banal como se mata um mosquito ou outro inseto irritante. Quem pode salvar um bebê se os pais estão determinados a matá-lo e esperam ansiosamente por uma oportunidade conveniente? O ópio é geralmente usado para manter quieta a criança que chora, e uma pequena pílula dessa droga é suficiente para realizar a tarefa cruel; uma pressão habilidosa sobre o pescoço [...] também cumpre o propósito. Há vários outros métodos ainda sem nome que são usados para sacrificar as inocentes diante do altar profano do sistema de castas e clãs.

O infanticídio feminino, embora não seja autorizado pela religião e nunca seja considerado correto por pessoas justas, foi, nas áreas da Índia que mencionei, silenciosamente ignorado pela sociedade em geral e ficou impune. [...] Os resultados do censo de 1880-1881 mostram que há mais de cinco milhões de mulheres a menos que homens na Índia. Entre as principais causas dessa surpreendente diferença numérica entre os sexos, pode-se citar, depois do infanticídio feminino em certas partes do país, o tratamento precário dado aos casos de doenças que acometem as mulheres em todas as partes do Hindustão, juntamente com a falta de cuidados higiênicos e atendimento médico adequado.

O casamento e a opressão da mulher

Depois de discutir o nascimento e a infância das meninas, Ramabai discorre sobre o casamento e seu efeito desumanizador sobre a mulher brâmane, destacando como a religiosidade e a própria existência eram mediadas pelo marido.

Não é fácil determinar quando termina a infância de uma garota hindu e começa a vida de casada. [...] De acordo com [o Código de] Manu, a idade mínima para que uma menina de casta alta se case é de oito e a máxima é de doze anos. [...] No entanto, sempre houve exceções a essa regra. Entre os oito diferentes tipos de casamentos descritos na lei, uma das formas consiste meramente em um acordo de fidelidade entre o casal. [...] Esse fato deixa claro que nem todas as meninas costumavam ser prometidas em casamento entre os oito e os doze anos, e também que nos tempos antigos o casamento não era considerado uma instituição religiosa pelos hindus. Todas as castas e classes podiam se casar dessa forma se assim escolhessem. Um dos aspectos mais dignos de atenção nessa forma de casamento é o seguinte: tanto as mulheres quanto os homens eram livres para escolher seu futuro cônjuge. [...]

Embora [o Código de] Manu determine claramente que a idade mínima para um homem jovem se casar é 24 anos, o costume popular desafia a lei. Meninos de dez e doze anos agora são condenados a casar com meninas de sete e oito anos. [...] Nem os meninos nem as meninas podem opinar na escolha de seus cônjuges no primeiro casamento. É apenas quando um homem perde sua primeira esposa e se casa uma segunda vez que ele tem influência nessa escolha. [...]

Embora isto não esteja escrito em nenhuma lei, a crença popular é que uma mulher não tem salvação a menos que seja formalmente casada. [...] Se o menino for rico ou de classe média, ele e sua família recebem uma quantia considerável de dinheiro [da família da menina] para garantir o casamento. [...] O casamento é o único "sacramento" ministrado a uma mulher de casta alta, ocasião em que são declamados os textos védicos. No entanto, é razoável supor que os textos são lidos [durante a cerimônia] em homenagem ao homem com quem ela se casa [e não em homenagem a ela]. Isso porque nenhum sacramento deve ser dirigido ao homem sem a observação dos ritos sagrados. Desse ponto em diante, a menina passa a pertencer o marido. Ela não apenas se torna sua propriedade, mas também de seus parentes mais próximos. "Pois eles (os antigos sábios) declaram que uma noiva é dada para a família de seu marido e não apenas para o marido" (Apastamba II, 10, 27, 3).

[Depois do casamento] a menina passa a pertencer ao clã do marido; ela torna-se conhecida pelo sobrenome dele, e em algumas partes

CLÁSSICAS DO PENSAMENTO SOCIAL

da Índia os parentes do marido não permitem que ela seja chamada pelo primeiro nome, isto é, aquele que foi dado a ela pelos pais; daí em diante ela se converte em um tipo de ser impessoal. Ela não pode mais ter qualquer mérito ou qualidade própria [...].

A família estendida e o espaço doméstico

Nessas passagens, Ramabai explica a organização da família estendida e do espaço doméstico, oferecendo ao leitor uma descrição detalhada do cotidiano de separação física e social entre homens e mulheres no interior da própria casa. Em seguida, ela discorre sobre o lugar que estava sendo atribuído à mulher na religião hindu e como isso também se reflete na família e na domesticidade feminina.

O sistema de família estendida, uma das peculiaridades dos países orientais, está profundamente enraizado no solo da Índia. Não é raro que quatro gerações vivam sob o mesmo teto. A casa é dividida em duas áreas distintas, a saber: a área externa e a interna. Geralmente as casas têm apenas algumas janelas, que costumam ser escuras. Comparativamente, a área dos homens é iluminada e boa. As casas no interior são melhores do que as casas nas cidades mais povoadas. E os homens e mulheres não têm quase nada em comum.

A área das mulheres fica localizada nos fundos da casa, onde a escuridão reina perpetuamente. A noiva-criança é criada para ficar confinada para sempre. Ela não ingressa na casa do marido para tornar--se a chefe de um novo lar, ela vai viver na casa do seu sogro para ocupar a posição mais humilde e se tornar o mais baixo dos membros da família. Uma parte essencial da disciplina nessa nova morada passa pela aniquilação do ânimo da jovem noiva. [...]

As sogras incumbem suas noras de todos os tipos de trabalho na casa, a fim de lhes transmitir um conhecimento minucioso dos deveres domésticos. Essas crianças de nove ou dez anos trabalham exaustiva-mente o dia inteiro sem qualquer esperança de ouvir da sogra uma palavra sequer de elogio. [...] E os erros que essas pequenas cometem frequentemente são tomados com ofensas intencionais. [...]

Em várias ocasiões eu vi jovens esposas serem espancadas de maneira vergonhosa por jovens maridos brutalmente cruéis, que não nutrem qualquer amor natural por elas. [...] A noiva não tem permissão para conversar ou se familiarizar com o marido até o fim da cerimônia de casamento. [...] Raramente os dois se encontram e se falam. Como as principais formas de desenvolver o afeto são proibidas, é fácil entender porque os dois membros do jovem casal são quase desconhecidos e em muitos casos não gostam do seu relacionamento. Além disso tudo, a sogra encoraja o jovem rapaz a atormentar a sua esposa das mais diversas formas e, portanto, não é surpreendente que um sentimento próximo ao ódio floresça entre eles. As mulheres da família geralmente fazem suas refeições depois que os homens já comeram, e, como regra, a esposa come o que o seu senhor desejar deixar no prato.

> Pois se a esposa não possuir uma beleza radiante, ela não produzirá atração no marido; e se ela não tiver atrativos para ele, nenhuma criança nascerá. [...] Se a esposa irradiar beleza, a casa inteira brilhará; mas se ela for destituída de beleza, tudo parecerá sombrio (Manu, iii, 55-62).

Esses mandamentos são muito significativos. Nossos hindus arianos honraram e ainda honram a mulher até certo ponto. A honra concedida à mãe não tem paralelo em qualquer outro país. [...] A mãe é a rainha da casa do filho. Ela exerce grande poder nesse espaço e geralmente seus filhos e suas noras a obedecem como se fossem a chefe da família. Mas há outro lado da moeda que não deve passar despercebido: a [...] lei determina que todos os parentes do sexo masculino privem as mulheres da casa de toda a sua liberdade. [...]

Ela é proibida de ler as escrituras sagradas e não tem direito de pronunciar uma única sílaba contida nelas. As maiores honras a que uma mulher hindu tem direito para aplacar seus desejos frívolos e não cultivados são as de receber adornos para se enfeitar e de ocasionalmente ganhar iguarias sem muito valor seguidas de um cumprimento formal.

Ela, a amorosa mãe da nação, a esposa devotada, a irmã carinhosa e a filha afetuosa, nunca é considerada apta para a independência, e é "tão impura quanto a própria falsidade". "Nunca se deve confiar nela; jamais se deve incumbi-la de assuntos importantes". [...]

Virtudes como sinceridade, paciência, firmeza, pureza de coração e retidão de caráter são comuns a homens e mulheres, mas a religião hindu, em seu senso comum, compreende a existência de duas naturezas distintas pela sua lei: o masculino e o feminino. A religião masculina tem seus próprios deveres, privilégios e honras. A religião feminina também tem suas peculiaridades. [...] A substância desta última pode ser resumida em poucas palavras: enxergar o marido como um deus, esperar pela salvação somente através dele, ser obediente a ele em todas as coisas, nunca desejar a independência, nunca fazer nada além daquilo que é aprovado pela lei e pelo costume. [...]

A esposa é declarada "propriedade conjugal do marido" e pertence à mesma classe de "vacas, éguas, camelos fêmeas, escravas, búfalas, cabras e ovelhas" (ver Manu ix, 48-51). [...] Antigamente essas leis eram reforçadas pela comunidade; o marido tinha poder absoluto sobre sua esposa, e ela não podia fazer nada além de se submeter à vontade dele, sem proferir uma única palavra contrária [...].

O colonialismo britânico e a situação da mulher indiana

A partir deste trecho, Ramabai comenta uma grande controvérsia legal que envolveu as mulheres indianas na época: a polêmica sobre a "idade de consentimento". Em 1884, uma mulher chamada Rakhmabai recusou-se a aceitar a validade do seu casamento, realizado quanto ela possuía apenas onze anos. O suposto marido acionou a justiça colonial a fim de obrigá-la a viver com ele. Esse caso gerou uma enorme polarização, que culminou na sanção do Ato de Idade de Consentimento, em 1891, que elevou dos dez para os doze anos a idade mínima para o consentimento em relações sexuais em todas as jurisdições. A lei foi encarada por conservadores hindus como uma intervenção indevida dos britânicos sobre as questões domésticas da Índia, o que por sua vez colaborou para reafirmar o poder patriarcal brâmane como uma questão de nacionalismo e resistência colonial.

Atualmente, sob o dito domínio cristão britânico, a mulher não está em melhores condições do que no passado. É verdade que o marido não pode, como nos anos dourados, pegá-la onde estiver e arrastá-la para casa, mas o seu poder absoluto sobre ela não foi perdido. Agora, se a mulher se recusar a sujeitar-se ao marido por outros meios, ele é obrigado a entrar com uma ação contra ela nos tribunais de justiça para reivindicar sua "propriedade conjugal". [...] Em todos os casos, exceto aqueles diretamente ligados à vida e à morte, o governo britânico está obrigado, de acordo com os trata- dos celebrados com os habitantes da Índia, a não interferir em seus costumes e leis sociais e religiosas. As decisões judiciais são dadas conforme essa regra [...].

Muitas mulheres põem fim a seus sofrimentos na Terra cometendo suicídio. São muito raras as ações judiciais nos tribunais britânicos na Índia envolvendo marido e mulher. Isso se deve à conduta submissa de tantas mulheres que sofrem em silêncio, pois elas sabem que os deuses e a justiça sempre favorecem os homens.

O caso de Rakhmabai, que nos últimos tempos agitou profun- damente a sociedade hindu, é apenas um dos milhares de casos semelhantes. [...] Assim que seu pai morreu, o homem que dizia ser seu marido processou-a na corte de Bombaim. A jovem se defendeu corajosamente, recusando-se a ir viver com o homem e alegando que um casamento realizado sem seu consentimento não tinha validade legal. [...] O partido conservador em toda a Índia se ergueu como um só homem pronto para a luta e denunciou a mulher indefesa e os seus amigos. Eles [os conservadores] incentivaram o suposto marido a permanecer firme e ameaçaram o governo britânico com sanções públicas se ele descumprisse o acordo de forçar a mulher a ir morar com o marido, conforme manda a lei hindu. Arrecadaram-se grandes somas de dinheiro em prol desse homem, Dadajee, para ajudá-lo a apelar contra a decisão em um tribunal superior. [...]

Tenho o doloroso relato da conclusão desse julgamento em uma correspondência escrita por minha querida amiga Rakhmabai, datada de 18 de março de 1887, Bombaim. Cito um trecho da sua carta: [...]:

> [...] Eles não apenas me mandaram morar com o homem, mas também me obrigaram a pagar os custos do processo. [...] Não há esperança para as mulheres na Índia, estejam elas sob o domínio hindu ou sob o domínio britânico. As sogras de coração de pedra estão agora bastante fortalecidas. Os filhos que por algum motivo demorarem a fazer valer os direitos conjugais serão induzidos por elas a processar as esposas nos tribunais britânicos, já que agora estão plenamente assegurados de que sob nenhuma hipótese o governo britânico agirá contrariamente à lei hindu.

Como aprendemos com as experiências do passado, não ficamos nem um pouco surpreendidas com a decisão do tribunal de Bombaim. O único fato surpreendente dessa história é uma mulher indefesa como Rakhmabai ter ousado levantar a sua voz diante da poderosa lei hindu, do poderoso governo britânico, dos 129 milhões de homens e dos 330 milhões de deuses hindus que conspiraram juntos para esmagá-la e reduzi-la a nada. [...].

A viuvez da mulher indiana

Nesse tópico, Ramabai adentra o principal objetivo de seu livro: sensibilizar o público para a situação das viúvas, sobretudo as crianças viúvas, na Índia. Reformadores da época defendiam a possibilidade de um novo casamento como forma de evitar que elas se tornassem párias sociais. Tal possibilidade encontrou enorme oposição entre os hindus ortodoxos. Ramabai, por sua vez, tinha uma proposta mais radical: o novo casamento deveria ser uma possibilidade entre outras, ao lado de medidas que promovessem a independência financeira das mulheres e sua participação na ordem pública e social. É com base nesse argumento que, no capítulo final de seu livro, ela defende a criação de casas para abrigar e profissionalizar as jovens viúvas indianas.

Em toda a Índia, a viuvez é considerada uma punição por um crime ou por crimes horríveis cometidos pela mulher em sua existência anterior. Se a viúva tiver filhos homens, geralmente ela não é vista com desprezo — sem dúvida ela é encarada como uma pecadora, mas o fato de ser mãe de seres superiores diminui significativamente o ódio e o abuso social. A próxima na lista é a viúva anciã. Uma viúva idosa e virtuosa que resistiu bravamente às mil tentações e suportou com coragem as perseguições dos membros do seu círculo agora impõe respeito às pessoas, mesmo que seja a contragosto. A isso se soma a honra concedida à senioridade, que independe do indivíduo. A viúva mãe de meninas é tratada com indiferença ou com puro ódio, sobretudo se as filhas não foram dadas em casamento enquanto o seu marido ainda vivia. Mas o abuso e o ódio da comunidade recaem de uma forma especial sobre a viúva criança e a jovem viúva sem filhos, pois elas são vistas como as maiores criminosas sobre quem os Céus pronunciaram a sua sentença. [...]

À exceção das províncias do noroeste, por toda a Índia as mulheres são submetidas à mais severa das provações concebíveis após a morte dos maridos. [...] Entre os brâmanes de Deccan, todas as viúvas devem ter a cabeça raspada a cada quinze dias. Algumas das castas mais baixas também adotam esse costume de raspar a cabeça das viúvas e têm muito orgulho em imitar os irmãos das castas superiores. [...] A viúva deve se vestir com uma única peça rústica e mal-acabada de cor branca, vermelha ou marrom. Ela deve fazer somente uma refeição durante as 24 horas do dia. Ela nunca deve participar de festas familiares e jubileus com os outros. Ela não deve se mostrar às pessoas em ocasiões auspiciosas. Homens e mulheres acreditam que dá azar ver o rosto de uma viúva pela manhã antes de qualquer outra coisa. [...] A viúva é chamada de coisa "não auspiciosa".

O propósito de desfigurá-la raspando-lhe a cabeça e proibindo-a de colocar enfeites ou roupas bonitas e brilhantes é torná-la menos atraente aos olhos do homem. Proibi-la de comer mais de uma vez por dia e obrigá-la a se abster totalmente da comida em dias sagrados é parte da disciplina através da qual se mortificam sua natureza e seu desejo de jovem. Ela fica estritamente confinada à casa, é proibida de se associar com suas amigas com a frequência que deseja; nenhum homem, exceto seu pai, irmão, tios e seus primos de segundo grau (que são considerados irmãos), pode vê-la ou falar com ela. Sua vida então, destituída também de um mínimo de conhecimento literário, é esvaziada de qualquer esperança, de qualquer prazer e vantagem social, e torna-se intolerável, uma maldição para si mesma e para a sociedade em geral. [...]

Não é incomum uma jovem viúva [...] escapar da casa onde é feita prisioneira. Mas quando ela foge, para aonde ela pode ir? [...] A fome e a morte encaram o seu rosto; nenhum raio de esperança penetra a densidade sombria da sua mente. O que ela pode fazer? A única alternativa que ela tem é cometer suicídio ou, pior ainda, contentar-se com uma vida de infâmia e vergonha [...].

A respeito da prática da imolação de viúvas (Sati)

Antigamente, quando o Código de Manu ainda representava apenas um futuro sombrio e quando a casta sacerdotal não havia mutilado a leitura original de um texto védico sobre as viúvas, o costume de se casarem novamente existia. [...] É evidente que a autoimolação das viúvas na pira funerária do marido falecido foi um costume inventado pelos sacerdotes depois da compilação do Código de Manu. As leis ensinadas nas escolas de Apastamba, Asvalayana e outras mais antigas que Manu não citam a autoimolação. Nem o Código de Manu a menciona. É o Código de Vishnu, que é comparativamente recente, que declara que uma mulher "após a morte de seu marido deve levar uma vida virtuosa ou subir à pira funerária de seu marido" (Vishnu, xxv, 2). [...]

É muito difícil determinar as motivações daqueles que inventaram o terrível costume conhecido como *Sati*, que já foi considerado um ato sublime e admirável. Como Manu, a maior autoridade próxima aos Vedas, não sancionou esse sacrifício, os sacerdotes viram a necessidade de produzir algum texto que ajudasse a viúva a superar os seus medos naturais e também silenciasse o crítico que se recusasse a autorizar um rito tão horrendo. [...]

Os sacerdotes e seus aliados retrataram o céu com as cores mais belas e descreveram vários prazeres de maneira tão vívida que deixaram a pobre viúva louca de ansiedade para chegar a esse lugar abençoado na companhia de seu marido falecido. Não apenas a mulher era assegurada de que iria para o céu através desse ato sublime, como também que com esse grande sacrifício ela asseguraria a salvação para si mesma e para o marido, assim como às famílias de ambos até a sétima geração. [...] Quem não se sacrificaria se tivesse certeza de que garantiria tal resultado para si e para seus entes queridos? Além disso, ela estava ciente das misérias e da degradação a que seria submetida agora que havia sobrevivido ao marido. O ato deveria ser totalmente voluntário, [...] [mas] tão logo sentiam o calor das chamas, [essas mulheres] tentavam descer e escapar do terrível destino, porém era tarde demais. Elas tinham feito o juramento solene que nunca deve ser quebrado, e os sacerdotes e outros homens estavam ali à disposição para forçá-las a voltar para a pira. [...]

O costume permaneceu inalterado até o primeiro quarto do século atual, quando um homem hindu, Raja Ram Mohun Roy, se opôs e declarou que ele não era sancionado pelos Vedas, como afirmavam os sacerdotes. Ele escreveu muitos livros sobre o assunto, demonstrando a maldade do ato e, com a nobre cooperação de alguns amigos, finalmente conseguiu fazer com que o governo abolisse esse costume [...].

Conclusões gerais sobre a mulher hindu de casta alta e um apelo aos leitores

Confinadas às quatro paredes da casa e privadas de oportunidades de respirar ar fresco saudável ao longo da vida, [as mulheres] tornam-se mais e mais fracas de geração em geração. Sua estatura física atrofiou, seu ânimo foi esmagado sob o peso de superstições e preconceitos sociais, sua mente morreu de fome por falta absoluta de literatura que a alimentasse e de oportunidades de observar o mundo. [...]

Como se pode esperar dessas mães aprisionadas que produzam crianças melhores do que elas? Afinal, os frutos possuem a mesma qualidade da árvore e do solo em que crescem. [...] As principais lições que as crianças aprendem junto às mães, desde a primeira infância até o sétimo ou oitavo ano de idade, são as trocas de acusações com os vizinhos, os sentimentos amargos manifestados em palavras e ações com relação aos parentes tiranos, os interesses egoístas em questões pessoais e de família. [...] No decorrer dos anos, a submissão completa das mulheres à lei hindu converteu-as em criaturas que amam a escravidão.

Depois de muitos anos de cuidadosa observação e reflexão, cheguei à conclusão de que as principais necessidades das mulheres hindus de casta alta são: primeiro, a autoconfiança; segundo, a educação; terceiro, professoras nativas. [...] A situação das mulheres das classes trabalhadoras é melhor do que a de suas irmãs de casta alta na Índia, pois em muitos casos elas são obrigadas a contar consigo mesmas, e então se beneficiam dessa oportunidade para cultivar a autoconfiança. Enquanto isso, as mulheres de casta alta, a menos que a família esteja realmente desprovida de meios para sustentá-las, permanecem fechadas entre as quatro paredes de casa. [...]

Missionárias americanas e inglesas atuantes nas missões zenanas* estão fazendo todo o possível para erguer e educar as filhas da Índia. [...] Mas o efeito é quase insignificante se tomamos em conta a vasta multidão da população feminina no Hindustão. [...] Para que ocorra uma difusão geral da educação entre as mulheres na Índia é necessário, portanto, que um grupo de pessoas como elas assumam como sua missão de vida ensinar às suas compatriotas por princípio e exemplo. [...] Nosso desejo mais urgente que deve ser atendido de imediato é ter professoras de nossa própria nacionalidade. [...]

---

* De acordo com Kent (1999), as missões zenanas eram organizações missionárias, surgidas em meados do século XIX, voltadas para educação e evangelização das mulheres na Índia. Por meio da alfabetização e do ensino de trabalhos manuais como bordado, a intenção era transformar as mulheres indianas em boas mães e esposas para uma nova geração de homens indianos "civilizados". A autora aponta as missões como uma resposta à necessidade de conter o potencial subversivo dessas mulheres.

Quando os maridos a quem estavam prometidas morrem, meninas de nove, dez ou treze anos tornam-se viúvas virgens. Quando são oriundas de famílias de casta alta, elas são obrigadas a permanecer solteiras para o resto da vida. Muitos eventos terríveis poderiam ser evitados se houvesse instituições educacionais adequadas, onde as jovens viúvas que desejassem ser independentes de seus parentes e adquirir um ofício honesto pudessem ir para aprender a trabalhar e a ensinar. Da mesma maneira, essas viúvas se provariam uma verdadeira bênção para as outras mulheres de seu país. [...] Deve-se abrir casas para acolher as jovens e infantes viúvas de casta alta, onde elas possam receber abrigo sem medo de perder sua casta ou de sofrer interferências nas suas crenças religiosas. É importante que tenham total liberdade com relação às regras de casta que envolvem a produção de comida e outros aspectos, desde que com isso não violem as regras ou perturbem a paz da casa em que se instalaram.

Nessas casas, a fim de ajudá-las a ter uma vida honrada e independente, as viúvas devem receber educação para que se tornem professoras, tutoras de crianças, enfermeiras e governantas; e devem desenvolver habilidades em outras formas de trabalho manual, conforme seu gosto e suas capacidades pessoais. [...] Mães e pais, comparem a condição de suas doces meninas em seus lares felizes com os milhões de meninas da mesma idade na Índia, já sendo sacrificadas no altar profano de um costume social desumano. E então, se perguntem, se podem ajudar a resgatar as pequenas viúvas das mãos de seus algozes.

Referências bibliográficas

CELARENT, Barbara. "The High Caste Hindu Woman by Pandita Ramabai Sarasvati and Pandita Ramabai's America: Conditions of Life in the United States". *American Journal of Sociology*, vol. 117, n. 1 (julho de 2011), pp. 353-360.

CHAKRAVARTI, Uma. "The Myth of 'Patriots' and 'Traitors': Pandita Ramabai, Brahmanical Patriarchy and Militant Hindu Nationalism". In:

Kumari JAYAWARDENA, Kumari & ALWIS, Malathi de. *Embodied Violence: Communalizing Women's Sexuality in South Asia*. Londres: Zed Books, 1996, pp. 190-239.

CHAKRAVARTI, Uma. *Gendering Caste: Through a Feminist Lens*. Nova Délhi: Sage, 2018.

DAS, Veena. "The Antrophological Discourse on India: Reason and its Other". In: KARE, R. S. (org.). *Caste, Hierarchy and Individualism: Indian Critiques of Louis Dumont's contributions*. Nova Délhi: Oxford University Press, 2006. pp. 192-205.

KENT, E. F. "Tamil Bible Women and the Zenana missions of colonial South India". *History of Religions*, vol. 39, n. 2, 1999, pp. 117-149.

RAMABAI, Pandita. "Introduction". In: Mrs. Marcus B. Fuller. *The Wrongs of Indian Womanhood*. Nova York: The Caxton Press, 1900.

_____. *The High-Caste Hindu Woman*. Filadélfia: Press of The Jas. B. Roclgers Printing Co., 1888.

SHARMA, Arvind. *Reservation and affirmative Action. Models of social integration in India and the United States*. Nova Delhi: Sage Publications, 2005.

SINHA, Vineeta. "Pandita Ramabai Saraswati (1858–1922)". In: Syed Farid Alatas, Vineeta Sinha. *Sociological Theory: Beyond the Canon*. Londres: Palgrave Macmillan, 2017.

VEER, Peter Van Deer. *Imperial encounters. Religion and modernity in India and Britain*. Princeton: Princeton University Press, 2001.

4. Charlotte Perkins Gilman
(Hartford, Estados Unidos, 1860-1935)

Deve o lar ser o nosso mundo... ou o mundo o nosso lar?

(Charlotte Perkins Gilman,
O lar: seu funcionamento e influência)

A segunda onda feminista, dos anos 1960, é conhecida como um grande momento de despertar de consciência das mulheres no contexto euro-americano. Sob o impacto de *O segundo sexo* (1949), de Simone de Beauvoir, e *A mística feminina* (1963), de Betty Friedan, muitas mulheres norte-americanas, sobretudo as de classe média, questionaram papéis tradicionais de mãe, esposa e dona de casa. Além disso, denunciaram as inúmeras injustiças que se escondiam sob a superfície da igualdade jurídica formal entre os sexos. Se os anos de 1850 a 1930, auge do movimento sufragista, acabaram marcados pela luta pelo voto, educação e igualdade de oportunidades, as décadas de 1960 a 1980 se caracterizaram pela reflexão e ação política de mulheres contra as barreiras invisíveis que as impediam de transformar tais direitos em conquistas reais.

Duras críticas foram dirigidas à família tradicional hierárquica e ao ideal dominante de mulher dócil e doméstica. Cada esfera de produção de desigualdades de gênero — a família, a cultura, a política, o mercado, a sexualidade e o controle do corpo — foi objeto de análise. Assim, esse momento deixou como legado diversos conceitos teóricos e políticos do feminismo de hoje: gênero, patriarcado, teto de vidro e

CLÁSSICAS DO PENSAMENTO SOCIAL

divisão sexual do trabalho* são alguns dos conceitos que pertencem ao léxico do feminismo de segunda onda. No entanto, essa discussão não era totalmente inédita: em meados de 1890, Charlotte Perkins Gilman, uma importante intelectual e socióloga norte-americana, já escrevia, discursava e ensinava extensamente sobre esses temas.

Embora hoje seja mais conhecida pelo seu trabalho de ficção, Gilman produziu obras sociológicas influentes, como *Mulheres e Economia: um estudo da relação econômica entre homens e mulheres como fator da evolução social* [*Women and Economics: A Study of the Economic Relation Between Men and Women as a Factor in Social Evolution* (1898)], *O lar: seu funcionamento e influência* [*The Home: Its Work and Influence* (1903)] e *O mundo feito pelo homem; ou Nossa cultura androcêntrica* [*The Man--Made World; Or, Our Androcentric Culture* (1911)]. A autora abordou diversos temas, como a família, o casamento, a maternidade, o trabalho doméstico e o mercado, sempre em busca de entender a relação entre eles e os mecanismos de produção social de desigualdades de gênero.

Escritora talentosa, Gilman atravessava com desenvoltura as fronteiras entre o texto acadêmico e as diferentes modalidades de ficção, como o romance, o conto, a crônica e a poesia. Era capaz de produzir textos cheios de ironia e humor, como é o caso do conto "When I Was a Witch" [Quando eu era uma bruxa] (1910) , até utopias de conteúdo sério como *Terra das mulheres* (1915), ou ainda explorar o terreno do horror gótico, como no famoso conto *O papel de parede amarelo* (1892). Apesar de transitar entre gêneros tão diferentes, o fio que atravessou quase toda a sua obra foi a preocupação em transformar diferentes aspectos da subordinação feminina em matéria literária.

---

* De acordo com o *Dicionário Crítico do Feminismo* (Hirata *et al.*, 2009), "gênero" possui diversas definições diferentes no interior da literatura acadêmica e da prática política feminista. De modo geral, contudo, o conceito de "gênero" coloca em relevo a construção social das diferenças e questiona visões essencialistas sobre "homens" e "mulheres". "Patriarcado", por sua vez, é um termo que desde os anos 1970 passa a designar uma formação social em que homens detêm poder sobre mulheres. "Teto de vidro" descreve as barreiras invisíveis que impedem mulheres de ascender aos níveis mais altos na carreira ou emprego. Por fim, "divisão sexual do trabalho" descreve de maneira crítica "a destinação prioritária das mulheres à esfera reprodutiva e, simultaneamente, a ocupação pelos homens das funções de forte valor social agregado (políticas, religiosas, militares etc.)" (Kergoat, 2009, p. 67).

CHARLOTTE PERKINS GILMAN

Charlotte Anna Perkins* nasceu em Connecticut, Estados Unidos, em 1860. Na infância, viu o abandono paterno empobrecer sua família e sobrecarregar sua mãe com o cuidado com a casa, os filhos e a sobrevivência financeira. Isso tornou sua mãe uma mulher pouco afetuosa e fortemente disciplinadora, fato que as distanciou por toda a vida. A família paterna, por sua vez, era composta de um sem-número de ativistas, sufragistas, educadores e escritores. Por esse motivo, ela se cercou desde cedo de intelectuais como as tias-avós Isabella Beecher Hooker, uma proeminente sufragista, e Harriet Beecher Stowe, abolicionista e autora do famoso livro *A cabana do Pai Tomás*.

Na adolescência, Gilman se tornou leitora voraz de livros de filosofia, história e antropologia e estudou arte na Rhode Island School of Design. Embora com relutância, aos 23 anos se casou com o artista Walter Stetson e um ano depois deu à luz uma menina, Katherine Beecher. Logo após o parto, Gilman desenvolveu uma depressão severa, e seu marido buscou a ajuda de um famoso médico "de nervos", Dr. S. Weir Mitchell, que a diagnosticou com neurastenia — ou exaustão nervosa. O tratamento consistia em isolamento social e repouso absoluto, sucedido por uma dedicação total ao lar e à filha e abstenção de atividades intelectuais, como a leitura e a escrita. As recomendações médicas agravaram sua situação mental e, após um período de afastamento da família, ela pediu o divórcio. Depois que seu ex-marido se casou novamente, Gilman autorizou que a filha passasse a viver com ele e a nova esposa.

A experiência a inspirou a escrever o famoso *O papel de parede amarelo*. O conto, que trazia ácidos comentários sobre os discursos das autoridades masculinas — o médico e o marido — a respeito da mulher, a lançou para a fama como escritora. Somado à sua reputação como ativista política e feminista, esse reconhecimento lhe rendeu diversos convites profissionais. Em 1900, após o fim de um relacionamento amoroso com a jornalista e ativista pela causa feminina Adeline Knapp, Gilman casou-se novamente, dessa vez com seu primo George Houghton

---

* O sobrenome Gilman foi adquirido em seu último casamento.

CLÁSSICAS DO PENSAMENTO SOCIAL

Gilman, de quem ficaria viúva três décadas depois. Seu maior sucesso editorial foi *Mulheres e Economia*, livro que lançou as bases fundamentais do seu pensamento sobre o tripé família-Estado-mercado. Em 1909, ela lançou a revista independente *Forerunner*, da qual foi a editora e única colaboradora durante sete anos. Em 1932, foi diagnosticada com câncer de mama. Três anos depois, em estado terminal, se suicidou com clorofórmio. Em um artigo sobre a eutanásia, declarou: "Se as pessoas já não são mais úteis, não oferecem nenhum serviço ou conforto para ninguém, elas têm o direito de ir embora."

Gilman foi uma autora extremamente prolífica e discorreu sobre diversos assuntos. Com esta seleção de textos, procuramos destacar ao menos dois pontos: suas contribuições a uma economia política das relações entre casamento, maternidade, família, casa e mercado e suas percepções a respeito de como processos cotidianos de socialização e interação social produzem e reforçam diferenças presumidas entre os sexos. Ela argumentava que o casamento, a família e a própria estrutura física da casa eram construções humanas que, no seu presente estado, criavam condições estruturais para a exploração do trabalho de mulheres — uma exploração ainda mais insidiosa, alegava, porque sua compensação econômica não guardava nenhuma relação com a quantidade e a qualidade do trabalho exercido no lar. Em *Mulheres e Economia*, Gilman apontou que as mulheres que mais labutavam na casa geralmente eram aquelas de status socioeconômico mais baixo e, independentemente do trabalho realizado, a classe e o status social da mulher derivavam da situação econômica do marido.

Ao afirmar isso, ela chamava atenção para uma problemática que viria a ser levantada nos anos 1970 por autoras como Christine Delphy, Danièle Kergoat, Joan Acker e outras: qual é a classe social das mulheres donas de casa? As teorias norte-americanas tradicionais sobre classe e hierarquias ocupacionais tendiam a deduzir automaticamente a classe social das mulheres a partir do ofício de seu pai ou marido, naturalizando a ficção legal da unidade conjugal e ignorando as desigualdades econômicas dentro da família. Outras até levavam em conta o trabalho feminino remunerado, mas assimilavam a classe das mulheres à dos maridos, quando eles tinham uma ocupação superior, o que reforçava a ideia de que o trabalho feminino era apenas "complementar" ao do homem e irrelevante para a determinação de suas chances de vida e de sua própria situação de classe. Até hoje o lugar das donas de casa e o status de diversas ocupações femininas são alvo de debates dentro das teorias sociológicas sobre classe e estratificação social.

Na época em que Gilman escreveu, milhares de mulheres norte--americanas de classe média e alta já se defrontavam com o dilema de ter que "escolher" entre família e trabalho, o que para ela não era verdadeiramente uma escolha. Isso porque para muitas o trabalho incessante de cuidado do lar e das crianças inviabilizava sua participação em atividades profissionais remuneradas. Como consequência, ela entendia que a mera mudança no status legal das mulheres na sociedade seria incapaz de modificar sua situação de fato. No artigo "A morte do matrimônio" (1906) [The Passing of Matrimony], aqui reproduzido, Gilman argumenta que às mulheres que aspirassem a carreiras profissionais só restava o celibato.

Para ela, a resposta a esses problemas estava em desnaturalizar a ideia de que a família, a maternidade, o matrimônio e o lar eram instituições "sagradas" que, por esse motivo, estariam fora da história e do controle humano. Assim, era necessário reestruturar as próprias condições físicas e materiais de existência das pessoas. A casa, por exemplo, deveria assumir uma nova arquitetura e travar outra relação com seu entorno, de modo que atividades como o preparo da comida e o cuidado das crianças passassem a ser realizadas no espaço público, sujeitas a regras de competição e especialização.

Gilman propunha creches-escola e grandes refeitórios que retirassem de cada mulher individual a tarefa cotidiana de reprodução da vida. Seu argumento assumia matizes econômicos liberais e evolucionistas: a casa, tal como existia, produzia desperdício econômico e limitava o progresso social. Isso porque as tarefas domésticas esterilizavam metade da mão de obra da sociedade — as mulheres — e as obrigava à consecução individual e ineficiente de atividades que poderiam ser levadas para o mercado e executadas por mão de obra treinada, especializada e remunerada. Gilman argumentava, enfim, que a relação tradicional homem provedor/mulher dona de casa era problemática para o desenvolvimento geral da sociedade.

Em sua obra, ela ora propôs soluções de mercado, ora sugeriu soluções comunitárias para a redistribuição dos trabalhos realizados no lar. Isso se explica ao menos em parte por sua adesão ao socialismo fabiano e sua longa participação no Partido Nacionalista, que advogava por um socialismo que envolvia ações coletivas, habitações cooperativas e um reformismo gradual da sociedade. Tal como os demais integrantes do partido, Gilman tinha uma visão excludente, xenófoba e racista com relação aos imigrantes, negros e judeus (Miskolcze, 2000; Knight, 2000). Ao falar de "mulheres", a autora se referia a mulheres brancas e anglo-saxãs como ela e, ao se referir a "sociedade", projetava ideias de raça e nação que não incluíam grupos que encarava como não nacionais. Não raro seus escritos fizeram alusões a ideias relacionadas a temas como raça, eugenia e evolução, altamente em voga na virada do século XIX ao XX.

Gilman teve diversos *insights* interessantes com relação à produção das diferenças sexuais, produzindo intuições perspicazes sobre como a cultura pode atuar sobre corpos. É o que vemos no ensaio "A beleza que as mulheres perderam" (1910) ["The Beauty Women Have Lost"] e em alguns trechos de *Mulheres e Economia*. Suas posições políticas e uma forte influência de discursos biologicistas e racialistas do século XIX a cegaram para o fato de que aquela que ocupou o centro das suas análises era um tipo específico — e não universal — de mulher. Esse viés limitou o alcance das suas teorias. No entanto, Gilman permanece sendo uma pioneira na articulação sociológica da economia, política e instituições para a interpretação das desigualdades de gênero.

CHARLOTTE PERKINS GILMAN

Trechos de "A morte do matrimônio", 1906*

Nas primeiras décadas do século XX, muitas mulheres norte-americanas optavam por não se casar para poder trabalhar e ter acesso à vida social e intelectual. Em "A morte do matrimônio", Charlotte Perkins Gilman questiona por que o casamento e a profissão eram uma equação inviável para as mulheres — e apenas para elas. A questão permanece atual. Nos anos 1980, quando quase 60% das mulheres americanas estavam em ocupações remuneradas (U.S. Bureau of Labor Statistics, 2015), muitas se deram conta de que a realização profissional tinha um custo muito alto: para trabalhar, a maioria delas tinha que renunciar à maternidade e à vida familiar. Essa geração, então, passou a reivindicar as condições para poder "ter tudo" [have it all].

Muitas décadas se passaram, e em 2012 a cientista política Anne-Marie Slaughter (2012) ainda perguntava "Why Women Still Can't Have It All?" [Por que as mulheres ainda não podem ter tudo?]. No texto publicado na revista The Atlantic, Slaughter apontava as extremas dificuldades enfrentadas por mulheres do século XXI para conciliar casamento, maternidade e trabalho. Em sua obra, Gilman mergulha nas raízes do conflito entre a esfera familiar e do mercado e enxerga casamento como uma instituição que afeta as relações sociais. Ao fazê-lo, retira a ênfase dos indivíduos, suas biografias e inclinações pessoais, para demonstrar a existência de estruturas de produção das desigualdades.

Suponhamos que todo homem tivesse que escolher entre se casar com a mulher de sua preferência e tornar-se um criado para o resto da vida ou permanecer solteiro e realizar o trabalho que mais ama, contribuindo para sua comunidade e sendo recompensado com lucro e honras. [...] Os grandes homens, aqueles de cujo trabalho nós mais precisamos, hesitariam. Ofereça um casamento feliz a um Washington,

---

* GILMAN, Charlotte Perkins. "The Passing of Matrimony". In: Harper's Bazaar vol. 40, n. 6, junho de 1906. Fonte consultada: Site do arquivo do Harper's Bazaar. Tradução de Verônica Toste Daflon. Revisão técnica de Ana Paula Soares Carvalho.

a um Dickens, a um Edison, e *nada mais* — não se desenvolver em nada, não oferecer grandes contribuições ao mundo, não desfrutar da alegria de superar seus limites, nem obter o reconhecimento de seus pares ou viver a vida humana em sua amplitude — e imagine esses homens satisfeitos com a esposa, a casa e esse mundo perdido.* Diga a Dickens, "abandone a escrita"; a Washington, "desista de ser um estadista"; a Edison, "abra mão da invenção da eletricidade" — "Renuncie a tudo em troca do casamento, venha ser o pai de meus filhos e meu cozinheiro!" Será que eles entenderiam isso como uma honra? Não seria o chamado para um trabalho maior e mais poderoso do que o instinto natural?

"Ah, mas eles não precisam fazer isso!", diz o observador comum. "Um homem pode fazer ambas as coisas. Ele pode ser marido, pai e também um membro da sociedade. A mulher é que tem que escolher. Ela é quem deve renunciar ao sonho vazio e inútil da autorrealização em favor do grandioso dever da maternidade — é o sacrifício materno." É assim que a banda toca. A mulher sempre deve "desistir" e "renunciar". [...] Os sacrifícios foram todos jogados sobre a mulher não como decorrência da maternidade, mas simplesmente porque essa é uma característica de um método masculino de matrimônio. Felizmente, métodos de matrimônio podem mudar. Eles têm mudado com tanta frequência, tão rápido e de forma tão ampla que é evidente a falta de visão das pessoas que não reconhecem mais oportunidades de progresso.

Planejamos a vida de um modo que o homem pode ter casa, família, amor, companheirismo, vida doméstica e paternidade, e ainda assim ser um cidadão ativo em seu tempo e seu país. [...] Por outro lado, a mulher deve "escolher"; deve ou morar sozinha, sem amor, sem companheirismo, sem alguém que cuide dela, sem um lar, sem crianças, tendo como único consolo seu trabalho no mundo; ou pode desistir de todo o trabalho no mundo em troca da alegria do amor, da maternidade e do serviço doméstico. [...] A maioria das mulheres ainda prefere essa última alternativa; mas um número cada vez maior tem optado pela outra. [...] No entanto, o problema não está na mulher

---

* No original "*the world well lost*", uma referência à peça teatral *All for Love or, the World Well Lost* [Tudo por amor, ou mundo bem perdido], do dramaturgo inglês John Dryden. [*N. da T.*]

pecadora e arrogante, nem nas crueldades e infidelidades do homem, mas na própria instituição que nós temos tanto medo de modificar.

[...] nossos atuais medos em relação ao casamento não estão dirigidos aos homens solteiros, mas às mulheres solteiras e à dolorosa incidência de divórcios. [...] O que tanto nos alarma hoje é a recusa da mulher em se casar e a impaciência da mulher com o casamento, pois a imensa maioria de nossos divórcios é solicitada pela esposa.

Para ambos os fatos há uma mesma explicação: as características de nossas mulheres estão mudando mais rápido do que as características do matrimônio. As mulheres do passado pareciam crianças se comparadas às mulheres de hoje. [...] Essa mudança não é, como alguns pensadores afirmam, uma mórbida demanda por poder masculino e privilégio. E não tem nada a ver com o sexo. Não representa a masculinização das mulheres, mas o desenvolvimento da sua humanidade. Essa é uma diferença que deve ficar clara para qualquer observador razoável. Existem distinções de sexo, que compartilhamos com outros animais e até mesmo com as plantas. E há distinções de espécie que nada têm a ver com sexo. [...]

As mulheres do nosso tempo estão desenvolvendo rapidamente poderes e aptidões, interesses e aspirações que foram proibidos por muito tempo. [...] Para garantir a saúde da alma, elas precisam exercitar plenamente as potencialidades humanas. [...] Enquanto isso, o matrimônio tal como existe continua exigindo da mulher não somente o amor de esposa, a função de mulher, mas também a dedicação ao serviço doméstico. [...] Quando a menina afirma que deseja uma carreira, nós a acusamos de ser egoísta [...].

As mulheres não hesitarão em se casar quando estiverem seguras de que poderão usufruir do conforto do lar sem ficarem aprisionadas no seu interior, de que terão amor sem perder a liberdade, de que poderão ser mães felizes e orgulhosas sem serem levadas à exaustão nervosa ao tentar realizar formas de trabalho e cuidado aos quais não estão adaptadas. Permita que a menina ambiciosa tenha sua carreira o mais cedo possível. Quanto mais cedo ela se estabelecer na sua profissão, mais rápido ela perceberá que nenhuma mulher possui uma vida completa sem amor, casamento e maternidade.

Não temo que essas necessidades básicas continuem a ser negadas pela maioria. É pena que, no presente, muitas das melhores mulheres devam desistir delas, porque o chamado do serviço à comunidade é ainda mais forte do que do sexo. Permitam que as mulheres alcancem seu pleno desenvolvimento nas relações humanas, e seus filhos serão os cidadãos mais nobres [...] Um matrimônio mais satisfatório nos aguarda.

TRECHOS DE *MULHERES E ECONOMIA: UM ESTUDO DA RELAÇÃO ECONÔMICA ENTRE HOMENS E MULHERES COMO FATOR DA EVOLUÇÃO SOCIAL*, 1898*

A publicação de *Mulheres e Economia: um estudo da relação econômica entre homens e mulheres como fator da evolução social* foi um sucesso estrondoso, tornando a autora uma intelectual celebrada. No trecho a seguir, Gilman critica a condição excessivamente sexualizada das pessoas na sua sociedade e explora as dinâmicas sociais e culturais que produzem ou "exageram" as diferenças entre os sexos.

As concepções e estereótipos que atribuímos comumente ao "feminino" e "masculino" não são universais, mas sim produtos de transformações que se deram em diferentes sociedades e no contato entre elas. Embora colocada em termos universais, a crítica de Gilman às formas de diferenciação sexual dirige-se sobretudo aos ideais de feminilidade vitorianos** que vigiam à época e produzem consequências até os dias de hoje. Conforme esses pensamentos, a mulher exemplar e legítima era casta e dedicada à família e ao lar.

Além de se esperar um comportamento passivo, dependente e emotivo, ela deveria cultivar e exibir marcadores físicos como brancura,

---

* GILMAN, Charlotte Perkins. *Women and Economics: A Study of the Economic Relation Between Men and Women as a Factor in Social Evolution*. Berkeley, Los Angeles, Londres: University of California Press, 1998 (orig. 1898). Disponível em: <www.archive.org/details/womenandeconomi01gilmgoog>. Tradução de Verônica Toste Daflon. Revisão técnica de Ana Paula Soares Carvalho.

** A Era Vitoriana refere-se ao reinado da Rainha Vitória, no Reino Unido, de junho de 1837 a janeiro de 1901. Trata-se de um período de intensificação da repressão sexual da mulher, de forte coerção moral sobre as famílias e valorização do lar e da domesticidade feminina que instituiu formas idealizadas de feminilidade no Ocidente (Monteiro, 1998).

CHARLOTTE PERKINS GILMAN

delicadeza, higiene e ausência de marcas que denunciassem a realização de trabalhos físicos. Entre as classes médias do século XIX, a mulher vitoriana tornou-se símbolo de status do pai e do marido, encarregada de representar no seu próprio corpo, roupas e comportamento o conforto material da família proporcionado pelo homem provedor bem-sucedido nos negócios (McClintock, 2010).

A prevalência da distinção sexual se faz mais explícita nas nossas relações sociais mais banais. [...] O status da mulher foi tão completamente aceito como sexual que o movimento da mulher do século XIX foi obrigado a devotar grandes esforços à afirmação polêmica de que as mulheres são pessoas! Que as mulheres são tanto pessoas quanto mulheres — uma afirmação inédita!

Desde o momento em que nossas crianças nascem, usamos todos os recursos possíveis para acentuar a distinção sexual tanto no menino como na menina; e a razão pela qual o menino não é marcado tão irremediavelmente como a menina é que ele possui todo o campo da expressão humana aberto para si. Em nossa firme insistência em proclamar a distinção por sexo, crescemos acreditando que a maioria dos atributos humanos são masculinos, pelo simples fato de que eles foram autorizados para os homens e proibidos para as mulheres. [...]

Todas as atividades variadas de produção e distribuição econômica, todas as artes e negócios, trabalhos manuais e comércio, todo o nosso desenvolvimento em termos de ciência, descoberta, governo, religião dizem respeito à nossa autopreservação e são, ou deveriam ser, comuns a ambos os sexos. [...] No entanto, a distinção de sexo da raça humana é tão excessiva que todo o campo do progresso humano tem sido considerado uma prerrogativa masculina. De quantas provas mais precisamos para demonstrar o exagero da distinção sexual da raça humana? Basta dizer que essa diferença ultrapassa todas as suas fronteiras naturais para se expressar em todos os atos da vida, de tal modo que em cada um dos seus passos a criatura humana é marcada como "macho" ou "fêmea".

Pouco a pouco, lenta, gradualmente, e contra a mais injusta e cruel das oposições [...], diversos martírios vêm estabelecendo que o trabalho humano pertence tanto à mulher quanto ao homem. Harriet

Martineau precisava esconder sua escrita por trás da costura quando a visitavam, porque "costurar" era um verbo feminino e "escrever" um verbo masculino. Mary Somerville precisava se esforçar para esconder seu trabalho até mesmo dos parentes, porque a matemática era uma atividade "masculina". O sexo foi criado para dominar todo o mundo humano. Todas as principais avenidas da vida trazem a sinalização "homem", enquanto à mulher resta ser uma mulher e nada mais.

[...] É inegável o quanto a fêmea do gênero *homo* é exageradamente definida pelo seu sexo, seja pelas roupas, cujo principal propósito é anunciar de forma inequívoca o seu sexo, seja pela tendência de usar enfeites para mostrar uma energia sexual em ebulição, seja por um corpo tão modificado para servir ao sexo que acaba sendo gravemente privado de suas atividades naturais. Ainda [deve-se mencionar] modos e comportamento tão voltados para produzir vantagem sexual que frequentemente atrapalham qualquer conquista humana, um campo de atuação rigidamente confinado às relações sexuais, a sensibilidade exacerbada, a famosa modéstia, o "eterno feminino".

A nossa posição no processo de seleção sexual não é somente excessiva: ela é invertida e peculiar. As provas disso podem ser vistas nos hábitos comuns de outras espécies, em que o macho é enfeitado e a fêmea tem aparência simples e apagada. Nas outras espécies, são os machos que competem em ornamentos, e as fêmeas selecionam. [...] [Na nossa,] espera-se de meninos e meninas [...] que se comportem diferentemente um do outro, e também na relação com as pessoas em geral. Esse comportamento pode ser descrito sucintamente em duas palavras: para o menino dizemos "faça", para a menina, "não faça". O menininho deve "cuidar" da garota, mesmo quando ela é maior que ele. "Por quê"?, ele pergunta. Porque ele é um menino. Por causa do sexo. [...]

Desde o início, os meninos são incentivados a mostrar os sentimentos que se supõe serem apropriados para o seu sexo. Quando nosso filho pequeno bate, berra, quebra coisas, dizemos com orgulho que ele é um "menino normal"! Quando nossa filha pequena flerta com as visitas, ou lamenta em uma agonia maternal o fato de o irmão ter quebrado sua boneca, de cujos cacos ela zela com um cuidado comovente, dizemos com orgulho que "ela já é uma mãezinha perfeita"! O que uma menina pequena tem a ver com os instintos da maternidade? Não mais do que um menino pequeno tem com os instintos da paternidade. Esses são instintos do sexo que não deveriam se manifestar antes da adolescência. A forma mais normal de garota é a *tomboy** — cujo número entre nós vem aumentando nesses tempos mais sábios —, uma criatura jovem e saudável que é completamente humana e não se torna feminina até que chega o momento apropriado. O menino mais normal possui calma e gentileza, e também vigor e coragem. Ele é uma criatura humana, tanto quanto é uma criatura macho, e não é agressivamente masculino até o momento certo. A infância não é o momento para essas manifestações marcadas pelo sexo. O fato de exibirmos, de admirarmos e de incentivarmos essas manifestações apenas demonstra a nossa condição exageradamente "sexuada".

O trabalho feminino e a classe social da mulher

Neste trecho de *Mulheres e Economia*, Gilman se interroga a respeito do trabalho realizado por mulheres no lar, sua relação com a produção de riqueza e com a determinação da sua posição social. Além de afirmar o valor econômico do trabalho doméstico não remunerado, ela chama atenção para as injustiças produzidas tanto pela falta de reconhecimento desse tipo de labor como pela ideia do senso comum de que ser mãe e esposa tornariam a mulher inapta para o trabalho assalariado.

Em qualquer nação, em qualquer tempo, o status econômico da raça humana é determinado pelas atividades do homem; é só através dele que a mulher obtém sua cota no avanço da raça. [...] Seja no caso do trabalhador assalariado ou do milionário, é a habilidade econômica do marido que determina se a esposa usa um vestido surrado ou joias

---

* *Tomboy* é substantivo em inglês que tem em sua formação dois outros substantivos: "tom", que, além de apelido para o nome Thomas, designa o macho de algumas espécies, por exemplo, tomcat é gato macho; e "boy", substantivo que significa menino. O termo é utilizado para designar meninas "duronas", cheias de energia, que brincam, têm comportamento e se vestem de maneiras consideradas típicas de um menino. [*N. da T.*]

brilhantes, se a sua casa tem um pé-direito baixo ou se é grandiosa, se ela tem os pés fatigados ou uma rica carruagem. [...] E quando a mulher, sozinha, sem nenhum homem para sustentá-la, tenta satisfazer as próprias necessidades econômicas, as dificuldades que a confrontam são a demonstração conclusiva do status econômico geral da mulher. [...]

No entanto, a opinião comum contesta de imediato que, apesar ser admissível afirmar que são os homens que produzem e distribuem a riqueza do mundo, ainda assim as mulheres ganham sua parte na condição de esposas. Com isso se supõe ou que o marido está em uma posição de empregador e a esposa é uma empregada, ou que casamento é uma "sociedade" e a esposa é um fator igual ao marido na produção de riqueza. [...]

Contudo, um empresário, um doutor ou um advogado que se casa e obtém uma parceira para constituir família não está incluindo uma sócia no seu negócio, a não ser que a esposa também seja uma empresária, doutora ou advogada. [...] Portanto, se a esposa não é de fato uma sócia nos negócios, como ela ganha das mãos do marido o alimento, as roupas e o abrigo? "Por meio dos serviços domésticos", é a resposta pronta. Em geral, essa é a ideia nebulosa que se tem sobre o assunto — a crença de que as mulheres ganham tudo — e mais — através da realização de serviços domésticos. Aqui nós chegamos a um fundamento econômico bastante prático e preciso. Apesar de não serem produtoras de riqueza, as mulheres servem nos processos finais da preparação e da distribuição. O trabalho delas no lar tem valor econômico genuíno.

Não se deve ignorar a contribuição de certo percentual de pessoas que servem às outras para que aquelas que são servidas possam produzir ainda mais. O trabalho das mulheres na casa certamente permite aos homens produzir mais riqueza do que eles conseguiriam em outra situação; e, por consequência, as mulheres são fatores econômicos na sociedade. [...] [Mas] o trabalho executado pela esposa no lar é considerado parte de sua tarefa funcional e não um emprego.

[...] o fato mais importante nesse debate é que, seja qual for o valor econômico do trabalho doméstico das mulheres, elas não recebem por ele. As mulheres que mais realizam trabalho são as que recebem menos dinheiro, e as mulheres que têm mais dinheiro são as que realizam menos trabalho. Seu trabalho nem é prestado nem recebido como um fator na troca econômica. [...]

Quando a ideia de que as mulheres se sustentam com o trabalho doméstico é deixada de lado, [as pessoas] passam então a dizer que elas obtêm seu sustento como mães. Essa [a maternidade] é uma função peculiar. Falamos muito dela, frequentemente com sentimentos profundos, mas sem a devida análise. [...] Se isso fosse verdade, e a maternidade fosse uma mercadoria negociável que as mulheres entregam em troca de roupas e alimento, deveríamos, obviamente, encontrar alguma relação entre a quantidade ou qualidade da maternidade e a quantidade e qualidade do pagamento. [...] [Além disso,] as mulheres que não são mães não deveriam ter nenhum status socioeconômico; e deveria ser possível demonstrar a relação entre o status econômico daquelas que são [mães] e a maternidade. E isso é claramente absurdo. [...]

O que resta [de argumento] às pessoas que negam que as mulheres são sustentadas por homens? Isso [...]: que a função da maternidade torna a mulher inapta para produção econômica e, portanto, é justo que ela seja sustentada pelo marido. [...] A fêmea humana é considerada incapaz de obter o próprio sustento em razão das suas obrigações maternais. Como os deveres maternos de outras fêmeas não as incapacitam para obter o seu sustento nem o das suas crias, a impressão que se tem é de que as obrigações maternas humanas requerem a dedicação de todas as energias da mãe durante toda a sua vida adulta a serviço da criança, ou pelo menos uma proporção tão grande dessa energia que não sobra o suficiente para a mãe dedicar aos seus interesses individuais [...].

Será essa a condição da maternidade humana? Será que a mãe humana, em razão da maternidade, perde controle do cérebro e do corpo, perde poder, habilidade e anseio por qualquer outro tipo de trabalho? [...] Não. [...] Não é a maternidade que mantém a dona de casa de pé, do amanhecer até alta noite; é o serviço doméstico, não o serviço à criança. As mulheres trabalham mais duro e por mais tempo do que a maior parte dos homens, e não apenas nos seus deveres maternos. [...] Mesmo agora, muitas mães são assalariadas e sustentam a família. [...] Apesar da sua suposta limitação às tarefas maternais, em todo o mundo a fêmea humana trabalha tempo suficiente em tarefas extramaternais para obter uma vida independente. E, no entanto, nega-se sua independência sob a alegação de que a maternidade a impede de trabalhar!

Gilman dedicou boa parte da sua obra sociológica à reflexão sobre como as estruturas de desigualdade de gênero estavam embutidas na instituição da família e no mercado de trabalho. No trecho de *Mulheres e Economia* a seguir, ela critica o confinamento de mulheres ao lar e argumenta que as tarefas realizadas na casa deveriam ser levadas para o mercado, onde estariam sujeitas à concorrência e especialização. Na sua opinião, isso permitiria que quem as executa aprimorasse suas habilidades e recebesse uma remuneração justa.

De fato, à exceção do exército crescente de mulheres assalariadas que estão mudando o mundo com seu avanço constante em direção à independência econômica, até hoje o lucro pessoal das mulheres tem uma relação muito estreita com o seu poder de conquistar e manter o outro sexo. Da odalisca ornada com mais braceletes à debutante com mais buquês, a relação ainda se mantém; o lucro econômico da mulher vem do poder da atração sexual.

Quando confrontamos esse fato de maneira franca e direta no livre mercado do vício,* ficamos enojados de horror. Mas quando vemos essa mesma relação econômica tornada permanente, estabelecida por lei, sancionada e santificada pela religião, coberta com flores, incensos e sentimentalismo, a enxergamos como [uma relação] amorosa, inocente e correta. Encaramos as negociações transitórias como más. As definitivas, para toda a vida, como boas. Mas o efeito biológico continua sendo o mesmo. Em ambos os casos a fêmea ganha o alimento do macho em virtude de seu relacionamento sexual com ele. Nos dois casos, e provavelmente ainda mais no casamento, graças à perfeita aceitação da situação, a fêmea do gênero *homo*, ainda vivendo sob a lei natural, é modificada de maneira inflexível e em grau crescente para as finalidades do sexo. [...]

A restrição às suas impressões e o seu confinamento às quatro paredes da casa tiveram, de forma evidente, efeitos significativos na limitação das suas ideias, suas informações, seus processos de pensamento e seu poder de julgamento. Eles conferiram uma importância e intensidade desproporcionais às poucas coisas sobre as quais ela sabe. Mas isso

---

* Gilman refere-se aqui à prostituição, conhecida à época como "vício". [*N. da T.*]

chega a ser inócuo quando comparado à restrição da sua expressão, a negação da sua liberdade para agir. [...] Ela viveu completamente alijada do impulso humano sempre crescente de criar, do poder e do desejo de fazer, de expressar o espírito de novas maneiras. O mais provável é que trabalhe como fez desde o início — nos trabalhos primitivos do lar. Entretanto, nos esforçamos para atrapalhá-la até mesmo na inevitável expansão dessas mesmas atividades para um nível profissional. O que foi permitido — sim, forçado — foi que trabalhasse com as próprias mãos, em troca de nada, em um serviço direto do seu corpo à sua própria família. Mas ser e fazer qualquer coisa além disso foi proibido. [...]

Nosso aprimoramento nos negócios não foi somente de tipo, mas também de classe. O padeiro não está no mesmo patamar de negócios que uma cozinheira do lar, apesar de ambos produzirem pão. Especializar qualquer tipo de trabalho é dar um passo à frente: o passo seguinte é organizá-lo. Especialização e organização são as bases do progresso humano, são os métodos orgânicos da vida social. E esses [métodos] foram quase absolutamente proibidos para as mulheres. A maior e mais benéfica mudança desse século é o progresso das mulheres nessas duas frentes.

Casamento e independência econômica

Gilman criticava a maneira como a sociedade pressionava mulheres a constituir suas subjetividades e dirigir suas energias para a única finalidade do casamento. Para ela, a ênfase excessiva nas funções de mãe e esposa estreitavam os horizontes, desperdiçavam talentos e potencialidades das mulheres. Sua análise aponta para a ideia de que a instituição social do casamento "faz" gênero — isto é, que a obsessão em tornar a mulher apta a concorrer no mercado matrimonial tem impactos sobre sua subjetividade e seu corpo.*

---

* Embora Gilman não a tenha citado em seu trabalho, a escritora inglesa do século XVII Mary Wollstonecraft fez considerações semelhantes no clássico *Reivindicação dos direitos da mulher*, de 1792, apontando como a preparação para o casamento consumia as energias e dirigia o desenvolvimento das meninas com tanta intensidade que era difícil dizer quais eram as *verdadeiras* diferenças entre homens e mulheres.

A coação exercida sobre o comportamento da mulher em relação ao casamento é outro exemplo de um mal tão injusto, tão palpável e tão generalizado que até a nossa consciência limitada chegou ocasionalmente a contestá-lo. Para a moça [...] o casamento é a única via para a fortuna, para a vida. Ela nasce altamente especializada em ser uma fêmea: é educada e treinada cuidadosamente para conhecer os seus prós e contras sexuais de todas as formas. Mesmo quando criança, é através de truques e charmes femininos que ela ganha as coisas. Suas leituras, tanto de história como de ficção, conferem a mesma posição às mulheres; e o romance e a poesia dão a essa posição predomínio absoluto. A pintura, a música, o teatro, a sociedade, tudo, diz a ela quem ela é, e que tudo depende de com quem ela se casar. Enquanto os rapazes planejam o que vão conquistar e garantir, as moças planejam quem elas vão conquistar e garantir. [...]

Como as mulheres são vistas inteiramente como criaturas de sexo, até mesmo entre si, e como é feito de tudo para incrementar o seu jovem poder de atração sexual, como só são passíveis de casar sob essas bases, a não ser que "uma fortuna" tenha sido adicionada ao seu charme — não conseguir se casar é tomado como evidência clara do seu fracasso em atrair, uma falta de valor sexual. E, já que [as mulheres] não têm outro valor, salvo na ordem rebaixada do serviço doméstico, essas são naturalmente desprezadas. Para o que mais serve a criatura quando falha nas funções para as quais foi criada? [...].

Uma reengenharia das relações sociais

Um dos pontos centrais da obra de Gilman é demonstrar as conexões entre a esfera pública e a privada, entre a casa e o mercado de trabalho, e apontar como as relações sociais em ambas as esferas criavam e recriavam desigualdades entre os sexos. No lugar de supor que bastaria remover as proibições legais para que as mulheres se tornassem profissionais independentes e bem-sucedidas, a autora entendia que seriam necessárias mudanças estruturais na família, no mercado e até mesmo na arquitetura das casas e no desenho das cidades para que o trânsito entre as funções de mãe, esposa e trabalhadora se tornasse possível.

Na sociedade vislumbrada por Gilman, praticamente todo trabalho desempenhado individualmente pelas mulheres no lar seria profissionalizado e submetido à competição econômica. Influenciada pelas teorias da evolução e do progresso da virada do século XIX ao XX, ela questionava por que a esfera privada e o trabalho doméstico não estavam sendo racionalizados e especializados no mesmo ritmo que a esfera pública e o mercado de trabalho. Gilman imaginou uma forma alternativa de divisão social do trabalho nas sociedades modernas, defendendo uma diluição das fronteiras que dividem trabalho assalariado das tarefas "do lar".

A independência econômica das mulheres envolve necessariamente uma mudança na casa e nas relações familiares. E como essa mudança é vantajosa para o indivíduo e para a raça, não é necessário temê-la. Ela não envolve modificação na relação conjugal, exceto pela exclusão do elemento da dependência econômica; nem envolve mudança na relação mãe e filho, salvo para melhorá-la. Mas envolve, sim, o exercício das faculdades humanas nas mulheres para além do serviço doméstico, em serviços à sociedade e trocas sociais. Isso, obviamente, exigirá que seja introduzida uma forma alternativa de viver, diferente da atual. Tornará inviável o presente método usado para alimentar o mundo e criar as crianças à custa de milhões de criadas particulares. [...]

Se hoje um conjunto amplo e bem servido de apartamentos para mulheres profissionais com crianças fosse construído e inaugurado em qualquer uma das nossas grandes cidades, ele seria ocupado imediatamente. Esses apartamentos não teriam cozinha individual, mas apenas uma única cozinha pertencente ao conjunto de onde refeições poderiam ser servidas às famílias em cada apartamento ou em um refeitório comum, conforme a preferência. A limpeza do conjunto seria realizada por trabalhadores eficientes, não por pessoas contratadas individualmente pelas famílias, mas pela administração do estabelecimento; um jardim no terraço, uma creche e um jardim de infância que contasse com cuidadores profissionais e professores bem treinados assegurariam uma atenção adequada para as crianças. A demanda por esse tipo de serviço aumenta a cada dia e é preciso que seja atendida o quanto antes [...] por uma solução permanente que atenda às necessidades das mulheres e das crianças, que reúna a privacidade da família às vantagens do coletivo. Isso deve ser oferecido como um serviço comercial a fim de demonstrar o sucesso substancial desse tipo de negócio — e demonstrará, pois atende a uma necessidade social crescente.

Somente em Nova York há centenas de milhares de mulheres assalariadas, que também possuem família; e esse número está aumentando. Isso se aplica não apenas às pessoas pobres e sem qualificação, mas cada vez mais às mulheres de negócios, às profissionais, às cientistas, às artistas, às mulheres das letras. [...] Ter apenas um abrigo não satisfaz as necessidades de uma alma humana. Essas mulheres querem um lar, mas elas não querem a confusão desajeitada das relações rudimentares que acompanham o lar. [...] O tipo de construção descrito poderia manter a privacidade do lar tão bem como qualquer casa, quarto ou apartamento sob o método atual. A comida seria melhor e custaria menos; e isso seria igualmente verdadeiro para o serviço e para todas as utilidades em comum.

[...] Há uma necessidade social crescente por um estudo das tarefas realizadas dentro da casa e de um atendimento mecânico apropriado para elas. A limpeza exigida para cada casa seria bastante reduzida pela remoção dos dois principais elementos que causam sujeira: a gordura e as cinzas. [...]

Há várias profissões envolvidas em nosso método desastrado de cuidar da casa. Um bom cozinheiro não é, necessariamente, um bom administrador, nem um bom administrador é, obrigatoriamente, um faxineiro preciso e minucioso, nem um bom faxineiro é um bom comprador. Sob o livre desenvolvimento dessas atividades, uma mulher poderia escolher sua função, treinar para tal e se tornar a mais valiosa funcionária do seu ramo. Ao mesmo tempo, ela moraria na sua própria casa, da mesma forma como um homem mora na sua casa, passando algumas horas do dia no trabalho e outras no lar.

A divisão de trabalho doméstico exigiria o serviço de menos mulheres por menos horas do dia. Se hoje vinte mulheres em vinte casas trabalham em tempo integral e não conseguem cumprir satisfatoriamente as diferentes tarefas, o mesmo trabalho nas mãos de especialistas poderia ser feito em menos tempo e por menos pessoas; e as demais seriam deixadas livres para realizar outro trabalho para o qual estejam mais bem preparadas, aumentando assim o poder produtivo do mundo.

Harriet Martineau (1802-1876) foi socióloga, jornalista e romancista britânica. Escreveu sobre teoria social, epistemologia das ciências sociais e fez diversas pesquisas empíricas sobre tópicos como a democracia norte-americana, as religiões do Oriente Médio, o sentido social da doença física, a escravidão, o espaço doméstico, a maternidade, a infância e a situação das mulheres.

© Library/Fotoarena

Nota do jornal *Alexandria Gazette*, Washington, D.C., de 1838, anuncia publicação de *Como observar a moral e os costumes* [*How to Observe Morals and Manners*], de Harriet Martineau, nos Estados Unidos. O livro é o primeiro manual de pesquisa sociológica de que se tem registro. Discute os desafios epistemológicos e metodológicos do estudo das sociedades e apresenta a pesquisa sociológica como uma construção intencional e controlada.

© Library of Congress

Folha de rosto da primeira edição de *Como observar a moral e os costumes*, de Harriet Martineau. Publicada quase sessenta anos antes de *As regras do método sociológico* (1895), de Émile Durkheim, a obra de Martineau é um primor de introdução aos métodos das ciências sociais.

© Domínio Público

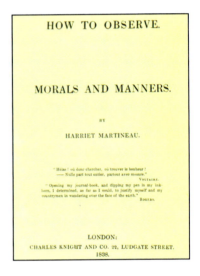

Folha de rosto do livro *Sociedade na América* [*Society in America*]. A obra resultou de uma viagem de dois anos (1834-1836) que a britânica Harriet Martineau fez aos Estados Unidos, coletando dados, observações e entrevistas. O livro discute as diversas instituições e a cultura política norte-americana, dando particular atenção aos temas da escravidão e da subordinação feminina.

© Projeto Gutenberg

Foto de Anna Julia Cooper (1858-1964), feita pelo renomado fotógrafo Charles Milton Bell, entre 1901 e 1903. Cooper foi professora, diretora de escola e uma das primeiras mulheres a conquistar o diploma de ensino superior nos Estados Unidos. Aos 64 anos, obteve o título de doutora na França pela Universidade Sorbonne, com a tese premiada "A atitude da França a respeito da escravidão durante a Revolução".

© Library Of Congress/Science Photo Library/Fotoarena

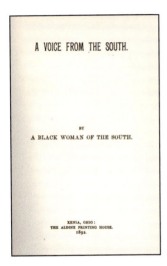

Folha de rosto da primeira edição de *Uma voz do Sul, por uma mulher negra do Sul* [*A Voice from the South by a Black Woman from the South*] (1892). A autora, Anna Julia Cooper, é considerada uma pioneira do feminismo negro por refletir sobre as especificidades da exploração e opressão baseadas simultaneamente na raça e no sexo.

© The University of North Carolina at Chapel Hill University Library

Selo postal norte-americano celebra a intelectual, acadêmica, ativista e educadora Anna Julia Cooper. A vida de Cooper atravessou mais de um século. Sua trajetória, seus projetos profissionais, suas atividades políticas e sua produção intelectual são um conjunto rico que ilustra e exemplifica as múltiplas dimensões do que foi ser mulher, negra e nascida pobre nos Estados Unidos em um período de grandes transformações – e também de muitas continuidades –, em relação ao passado escravista.

© Sinopics/Getty Images

Pandita Ramabai (1858-1922) perdeu o marido apenas dois anos depois do casamento, tornando-se a única responsável pela filha pequena. Na fotografia, a jovem Ramabai usa os trajes brancos típicos das viúvas brâmanes.

© Domínio Público

Selo postal indiano de 1989 presta homenagem a Pandita Ramabai e mostra a autora com uma Sharada Sadan, casa de acolhimento de viúvas, ao fundo. Ramabai trabalhou ativamente pela criação dessas instituições, que oferecem abrigo e educação a mulheres e meninas viúvas.

© Tristan tan/Shutterstock.com

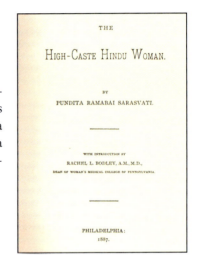

A mulher hindu de casta alta [*The High Caste Hindu Woman*], de 1887, é considerado hoje um dos primeiros estudos sobre família e parentesco na Índia. Para sociólogas como Vineeta Sinha e Uma Chakravarti, o livro é também uma análise pioneira sobre a relação entre castas e gênero.

© Domínio Público

Nota no *The Indianopolis Journal*, de 24 de janeiro de 1888, anuncia palestra de Pandita Ramabai ao público norte-americano sobre as condições de vida das mulheres indianas. Ramabai fez uma turnê nos Estados Unidos, proferindo palestras a fim de recolher apoio e fundos para seu projeto de criar casas de acolhimento para meninas e mulheres viúvas na Índia.

© Domínio Público

Charlote Perkins Gilman (1860-1935) foi romancista e socióloga norte-americana. Autora de vasta obra, investigou temas como a família, o casamento, a maternidade, o trabalho doméstico e o mercado, sempre em busca de entender a relação entre eles e os mecanismos de produção social de desigualdades entre homens e mulheres.

© Everett/Fotoarena

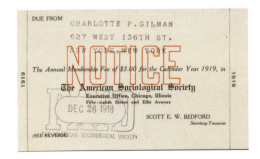

Recibo de anuidade da American Sociological Society, de 1919. Além de ser membra da associação norte-americana de sociologia, Charlotte Perkins Gilman publicava artigos no *American Journal of Sociology* e era respeitada por seus colegas e reconhecida pelo público geral.

© Schlesinger Library/Radcliffe Institute/ Harvard University

Ingresso para palestra de Charlotte Perkins Gilman, em 1891, na Women's Press Association. Em meados da década de 1890, Gilman escrevia, discursava e lecionava sobre temas relacionados a mulheres, trabalho e domesticidade.

© Schlesinger Library/Radcliffe Institute/Harvard University

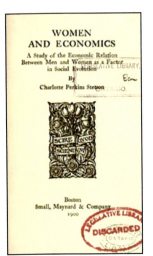

Folha de rosto da primeira edição de *Mulheres e Economia* [*Women and Economics*] (1900), de Charlotte Perkins Gilman. A publicação teve um sucesso estrondoso, tornando a autora uma intelectual celebrada. O livro analisa a relação entre Estado, mercado e vida doméstica, discutindo suas imbricações.

© Domínio Público

Olive Schreiner (1850-1920), em 1910. Schreiner foi romancista de sucesso e intelectual pública ativa em prol dos direitos das mulheres, contra o imperialismo britânico e contra as políticas de segregação racial na África do Sul.

© Album/AKG-images/Archiv Peter Rühe/Album/Fotoarena

Artigo do jornal britânico *Sunderland Daily Echo*, de 17 de julho de 1901, que relata com perplexidade a prisão de Olive Schreiner pelas tropas inglesas na África do Sul. Transportada a um lugar desconhecido, incomunicável e vigiada por guardas armados, foi nessa ocasião que Schreiner teve sua casa invadida e os originais de *Mulher e trabalho* [*Woman and Labor*] foram destruídos.

© The British Library Board. Agradecimento ao The British Newspaper Archive (www.britishnewspaperarchive.co.uk)

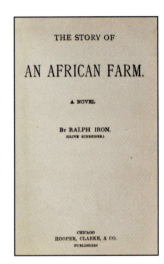

À direita, folha de rosto de *A história de uma fazenda africana* [*The Story of an African Farm*] (1883), na edição de 1910. O livro foi publicado originalmente sob o pseudônimo masculino Ralph Iron. Aqui, aparecem os nomes Iron e Olive Schreiner. O romance foi um enorme sucesso e, até hoje, é considerado um clássico da literatura sul-africana.

© Domínio Público

Em 2 de janeiro de 1914, o jornal *Votes for Women* relatou o discurso de Olive Schreiner em Londres: "Eu não tenho dúvida sobre o que o século XX vai nos trazer, por causa das belas jovens e dos belos rapazes que estão crescendo."

© Detentor dos direitos autorais desconhecido. Agradecimento ao The British Newspaper Archive (www.britishnewspaperarchive.co.uk)

Alexandra Kollontai (1872-1952) aos 28 anos. Ao longo de seus 80 anos de vida, Kollontai produziu um impressionante volume de panfletos, artigos, livros e contos e se dedicou intensamente à organização política das mulheres da classe operária na Rússia e em vários países da Europa Ocidental.

© Sovfoto/UIG via Getty Images

Pôster de 1915 anunciando palestra de Alexandra Kollontai nos Estados Unidos. O assunto: "Nacionalismo ou internacionalismo?" Kollontai foi a liderança intelectual da revolução bolchevique que mais se destacou na luta pela emancipação feminina.

Creative Commons

Primeira edição do primeiro livro de Alexandra Kollontai, *A vida dos trabalhadores finlandeses* (1903). Com mãe finlandesa, Kollontai fez diversos estudos sobre o país na ótica da economia política marxista.

© Domínio Público

Foto de reunião do Conselho dos Comissários do Povo, Petrogrado, 1918. Alexandra Kollontai é uma das únicas mulheres presentes. Na fotografia, entre outros, estão Vladimir Lênin e Joseph Stalin.

© ITAR-TASS/TASS via Getty Images

Ercília Nogueira Cobra (1881-?), no Rio de Janeiro, em 1929, num raro registro fotográfico. Sua vida é envolta em mistério. O paradeiro de Ercília e os detalhes dos seus últimos anos de vida são desconhecidos.*

© Domínio Público

Nesta foto, sem data conhecida, Ercília Nogueira Cobra usa roupas masculinas. Em sua produção escrita, lidou com vários temas, como educação, trabalho, pornografia e prostituição, tratou com naturalidade a relação sexual entre mulheres e antecipou muitas questões que se tornariam bandeiras da segunda onda feminista no Brasil: a defesa da liberdade sexual e do divórcio, a denúncia da violência doméstica e do assassinato de mulheres pelo companheiro.

© Domínio Público

---

*A falta de registros da trajetória de Ercília Nogueira Cobra é tamanha que há dificuldade para encontrar informações precisas sobre ela e também fotografias adequadas. Mesmo sem a resolução ideal para impressão, optamos por publicar essas fotos porque acreditamos que apresentar às leitoras e aos leitores o rosto de Ercília Nogueira Cobra é uma forma de honrar sua memória. [N. da E.]

Monteiro Lobato publicou a primeira edição do livro *Virgindade anti-higiênica: preconceitos e convenções hipócritas*, de Ercília Nogueira Cobra, pela sua editora, a Companhia Graphica. Nesta resenha, Lobato apresenta o livro ao público, ressaltando as qualidades da autora: "Estamos face a um temperamento originalíssimo, de uma escritora como poucas se encontram em nosso país."

© Biblioteca Digital Unesp

Capa da segunda edição de *Virgindade inútil e anti-higiênica*, de 1924, Rio de Janeiro. A escrita provocadora, crítica e mordaz de Ercília Nogueira Cobra despertou simultaneamente curiosidade e repulsa em diversos setores da sociedade brasileira do início do século XX.

© Domínio Público

Em 1924, a Câmara Municipal de São Paulo proibiu a venda do livro *Virgindade anti-higiênica*, de Ercília Nogueira Cobra. Ao noticiar o fato, o jornal *A Gazeta* descreveu a obra como "um livro imoral". Nos anos seguintes, a autora enfrentou a censura e a repressão política devido a seus escritos – críticos em relação à moral sexual brasileira e à negação de direitos às mulheres.

© Fundação Cásper Líbero

Alfonsina Storni (1892-1938) foi jornalista e poeta consagrada que participou do emergente movimento feminista argentino. Sua produção jornalística e literária colaborou para forjar uma nova subjetividade feminina, ligada a uma identidade política feminista e a um ideal de mulher livre.

© Album/Oronoz/Album/Fotoarena

Capa do livro de poemas *Ocre* (1925), obra de Alfonsina Storni de maior sucesso e que a tornou uma autora conhecida em toda a América Latina.

© Domínio Público

Selo dos correios argentinos em homenagem a Alfonsina Storni. Ainda hoje seus poemas são estudados e declamados de cor por argentinas e argentinos.

© Domínio Público

As tentativas de cooperação feitas até agora foram apenas esforços para diminuir o trabalho realizado atualmente pelas mulheres, sem reconhecer a necessidade destas de terem outra ocupação, e essa é uma razão para as repetidas falhas. [...]

A organização dos trabalhos domésticos simplificará e centralizará os processos de limpeza, permitindo a introdução de várias facilidades mecânicas e a aplicação de perícia e meticulosidade científicas. Ficaremos mais limpos do que nunca. Haverá menos trabalho e muito mais meios para realizá-lo. [...] O lar deixaria de ser para nós uma oficina de trabalho ou um museu e se converteria na expressão pessoal de seus ocupantes — um espaço de paz e descanso, de amor e privacidade — mais do que é possível nas condições atuais de estagnação do desenvolvimento desse trabalho. [...]

Ao deixar o serviço doméstico e tornar-se uma prestadora de serviços à sociedade, a mãe não ficará em falta com as verdadeiras obrigações maternais. Ela vai amar sua criança da mesma forma, talvez ainda mais, quando não estiver permanentemente em contato com ela, quando passar da vida da criança à sua própria, e de volta da sua vida para a da criança, com um prazer e uma energia renovados. Ela manterá a alegria profunda e excitante da maternidade mais acesa no seu coração, terá a voz e os olhos mais vívidos e abertos e as mãos mais carinhosas quando dedicar uma parte do seu dia ao trabalho individual. Do trabalho, [...] ela poderá retornar à vida doméstica, à vida da criança, com um prazer ardente e sem fim, livre de toda irritação, atrito e cansaço que hoje causam a sua ruína.

Trechos de *O lar: seu funcionamento e influência*, 1910[*]

Em sua obra, Gilman se empenhou para desnaturalizar instituições e práticas sociais que traziam prejuízo para o desenvolvimento físico e intelectual de mulheres e que limitavam suas chances de vida e de realiza-

---

[*] GILMAN, Charlotte Perkins. *The home: its work and influence*. Nova York: Charlton Company, 1910. Disponível no projeto Gutemberg: <www.gutemberg.org/files/44481/44481--h/44481-h.htm>. Tradução de Verônica Toste Daflon. Revisão técnica de Ana Paula Soares Carvalho.

CLÁSSICAS DO PENSAMENTO SOCIAL

ção pessoal e profissional. O livro *O lar: seu funcionamento e influência* é inovador em diversos sentidos: além de construir nos primeiros capítulos uma história social do "lar" — demonstrando, assim, seu caráter mutável e sua relação estreita com as práticas sociais e com as diferentes ordens de gênero ao longo da história —, Gilman evidenciou como a estrutura física, as formas de administração e a organização das relações sociais dentro da casa refletem, constroem e reforçam divisões e desigualdades.

O lar deve ser todo o nosso mundo... ou o mundo todo deve ser nosso lar? É preciso dar uma explicação às pessoas a quem esse estudo se dirige, um público acostumado a aceitar sem questionamento a ideia de que o lar é perfeito, sagrado, acima de qualquer discussão. [...] O lar é uma instituição humana. E todas as instituições humanas estão abertas à melhora. No entanto, essa antiga e querida instituição foi mantida encerrada, e por esse motivo não melhorou como as outras.

O lar é um fator da vida humana importante demais para ser deixado à parte da marcha dos acontecimentos; sua influência é muito ampla, muito profunda, muito geral, para ser ignorada. [...] É impossível não perceber o poder da influência do lar, mas nos curvamos diante dele em idolatria cega como se ele fosse pura benevolência, em vez de estudá-lo com o zelo e cuidado necessários para que uma força tão grande como essa seja guiada e contida com sabedoria. [...]

Em todo o longo período de progresso o mundo se manteve em movimento enquanto mantinha o lar estático; o homem livre, a mulher confinada; o homem especializado em milhares de áreas de trabalho, a mulher ainda limitada às suas funções domésticas. Acreditamos que essa era a verdadeira forma de viver, o jeito natural, a única maneira. Enquanto tudo mais podia mudar — e todas as coisas mudaram —, a casa não deveria mudar. [...] Ainda nos apegamos à ideia de que o lar — nosso ambiente mais universal — é perfeito e acima de qualquer crítica.

[...] A síntese do presente estudo é a seguinte: o lar não se desenvolveu na mesma proporção de nossas outras instituições, e sua condição rudimentar atrasa o desenvolvimento das demais. Além disso, há dois problemas principais no ajuste correto do lar à nossa vida no presente: a conservação de atividades primitivas no interior de uma comunidade industrial moderna, e a restrição das mulheres a essas atividades e sua respectiva área limitada de expressão. Não se está criticando o lar ou a vida em família em si. O que se argumenta é que muito do que consideramos essencial a esse lar e a essa vida familiar não é apenas desnecessário, mas categoricamente prejudicial. [...]

Se você está confinada em casa, não consegue andar muito — logo, precisa sentar-se —, principalmente se a tarefa que realiza for imóvel. Assim, a mulher confinada na casa passa muito tempo sentada. [...] Isso a distancia cada vez mais de ossos fortes, músculos firmes e dos movimentos livres que tornam uma esposa robusta. [...]

Nossos lares, graças a outras ideias e hábitos, não são acolchoados em excesso. Nossas mulheres ainda conseguem se sentar eretas, na maioria das vezes, de preferência em cadeiras estofadas. E entre as classes trabalhadoras mais normais, felizmente predominantes, nem o sentar nem o estofar são tão óbvios. Uma mulher que realiza trabalho em um lar comum raramente se senta, e quando o faz, qualquer cadeira é suficiente. [...]

Se o lar é um espaço protegido, isso acontece por consequência do progresso social — por meio de saneamento básico garantido por lei e pelos guardiões públicos da paz. Se conseguíssemos nos livrar das limitações primitivas desses conceitos ultrapassados, deixando de imaginar o lar como um lugar seguro e transferindo para a cidade e para o Estado nossas ideias de abrigo, segurança, conforto e tranquilidade, seríamos então capazes de assegurar ainda mais a realização desses anseios em nossas habitações particulares. [...]

[...] O crescente poder da individualidade desenvolvido pelo homem em grandes processos sociais é herdado pela mulher. E ela se empenha na sua expressão individual ainda confinada ao lar. Cedo ou tarde, [a mulher] sairá em busca do único campo normal para a expressão do poder humano da especialização: o mundo. [...]

O mundo se move — e o lar também.

Mitologia doméstica

A obra *O lar* costuma ser comparada em vários aspectos com *A mística feminina*, de Betty Friedan, publicada em 1963 e considerada por muitas pessoas a bíblia do feminismo de segunda onda nos Estados Unidos. Isso porque ambos os livros têm como tema central a crítica a um ideal de feminilidade doméstica que "mistifica" as relações de desigualdade e poder na família e confina as mulheres donas de casa a uma vida restrita e insatisfatória. No trecho a seguir, Gilman refuta algumas das principais justificativas dadas para a manutenção das mulheres em casa e fora do mercado de trabalho. Além disso, trata de alguns dos temas centrais da sociologia de sua época: a racionalização, a individualização e a diferenciação social. Em um tempo em que rápidas transformações sociais vinham permitindo que homens se diferenciassem em ocupações especializadas e cultivassem interesses específicos, Gilman aponta que a dinâmica da vida doméstica impedia que mulheres desenvolvessem a sua individualidade.

Comecemos com um mito doméstico especialmente dominante, aquela cara ideia popular da "privacidade do lar". Mas quem tem privacidade dentro de casa? Privacidade exige um isolamento razoável do indivíduo, o direito de fazer o que deseja sem ser observado, criticado ou impedido. Nem o pai, a mãe ou a criança têm esse direito em casa. O jovem rapaz que se retira para os seus aposentos, a jovem mulher que se instala em um quarto no dormitório da faculdade, esses descobrem o que é privacidade, pois finalmente têm o direito de ficar sozinhos. O lar proporciona alguma privacidade para a família como um amontoado de pessoas — mas ela continua sendo um amontoado —, não há privacidade para o indivíduo. Quando os lares e as famílias começaram, isso era suficiente, as pessoas eram simples, não especializadas, seus gostos e desejos eram semelhantes. Isso não é mais suficiente nos dias de hoje.

A socialização progressiva da humanidade dá origem a indivíduos; e essa individualidade crescente sofre cruelmente na intimidade bruta da vida doméstica. [...] A mãe — essa pobre alma invadida — percebe que nem a porta do banheiro detém as mãozinhas que batem. Do hall de entrada à cozinha, da adega ao sótão, ela está à mercê de crianças, criados, comerciantes e visitantes. Ela é tão perseguida e oprimida que a própria ideia de privacidade se dissipa na sua mente; ela nunca teve, não sabe o que é e sequer entende por que o marido possa querer

CHARLOTTE PERKINS GILMAN

um momento reservado, um espaço ou tempo, um pensamento ou sentimento apenas para si. [...] Nossas crianças crescem com um dano permanente no caráter por estarem privadas de um dos mais preciosos direitos da humanidade: a privacidade. [...]

A sacralidade do lar é outro mito doméstico dominante. É bom e é uma atitude saudável da mente reverenciar os processos da natureza como leis de Deus. Mas por que reverenciar alguns processos mais do que outros, e os mais baixos em detrimento dos mais elevados? [...] Os processos domésticos são aqueles que mantêm o indivíduo saudável e confortável, ou que se propõem a isso; e são aqueles que reproduzem o indivíduo. Eles são processos vitais, saudáveis, naturais, indispensáveis. Mas por que seriam sagrados?

Outro mito doméstico em que se acredita com devoção é o da "economia" do lar. [...] Quando fatos financeiros óbvios são expostos com clareza, quando as leis econômicas são explicadas, fica demonstrado que a nossa "economia doméstica" é o departamento da vida que mais causa desperdício. [...] O sistema doméstico de alimentação, vestimenta e limpeza da humanidade custa mais tempo, mais força e mais dinheiro do que poderia custar sob qualquer outra forma, exceto pelo caso do absoluto isolamento individual. Quando cada indivíduo faz tudo sozinho, obtêm-se os menores resultados com os maiores esforços. O menor esforço e os melhores resultados são obtidos com o maior grau de especialização e troca. [...] Um método de vida que desperdiça metade do tempo e da força do mundo não é econômico. [...]

TRECHOS DE "A BELEZA QUE AS MULHERES PERDERAM", 1910*

Assim como muitas feministas e sufragistas da virada do século, Gilman foi uma contundente crítica da moda feminina, dos espartilhos que deformavam o corpo, das roupas que restringiam os movimentos, dos adornos e maquiagens que consumiam horas de arrumação e dos chapéus

---

* GILMAN, Charlotte Perkins. "The beauty women have lost". In: *Forerunner*, vol. 1, n. 11, setembro de 1910. Disponível em: <www.catalog.hathitrust.org/Recora/000544186>. Tradução de Verônica Toste Daflon. Revisão técnica de Ana Paula Soares Carvalho.

que limitavam o campo de visão. Contudo, ela ia além: ao refletir sobre os corpos femininos, Gilman argumentou que as mulheres tinham sua própria constituição física modelada por ideais masculinos de beleza.

As dietas constantes, os sapatos apertados, a rejeição aos exercícios físicos que pudessem "embrutecer" ou "masculinizar" as mulheres eram, para ela, exemplos de como uma norma cultural era capaz de enfraquecê-las e debilitá-las fisicamente. Além de um apelo para que as mulheres não cedessem a esses ideais, "A beleza que as mulheres perderam" traz a interessante ideia de que os corpos são alterados pela cultura e pela sociedade, no lugar de simplesmente "expressarem" características inatas e naturais.

Sabemos o quanto é arbitrário, mutável e inevitavelmente associativo o "senso de beleza". Chamamos de "beleza" aquilo que nos dá um sentimento peculiar de prazer profundo ao ser recebido pelos vários sentidos — seja uma cor, forma, som, aroma ou toque. No entanto, não há uma sensação mais instável do que essa.

Entre os selvagens, a mutilação é considerada bonita; entre pessoas parcialmente civilizadas, como nós, o confinamento e a deformação em nosso corpo e no dos animais domésticos ainda são considerados bonitos; em questões de moda ou de comida, todos nós conhecemos o ditado popular "gosto não se discute". [...]

[...] [No entanto], o campo de possibilidades de apreciação da beleza das mulheres se tornou extremamente limitado. A beleza tem sido medida unicamente de um ponto de vista masculino, que a avalia primariamente como uma característica sexual e apenas secundariamente como atributo de uma criatura com atributos específicos [...]

Em outras criaturas, a beleza da fêmea é sobretudo a beleza representativa da raça como um todo. [...] Em nosso caso, a fêmea dependente acrescentou à beleza natural da sua raça os atributos inconstantes da atração sexual. Ela alcançou um alto grau [de beleza] no campo que os homens mais admiram, e perdeu a beleza natural da humanidade. [...]

Não há nenhum motivo, em condições civilizadas, para um homem e uma mulher se diferenciarem tanto no tamanho. [...] Certa vez conheci uma garota cuja vaidade fez com que recusasse um trabalho em um ginásio esportivo, com o argumento de que o trabalho faria suas mãos ficarem maiores. Caso conhecesse a beleza de um corpo bem-proporcionado, vigoroso e ativo, ela teria aceitado. Ela leu e ouviu falar da atração feminina exercida por mãos pequenas e macias, e nunca de um pescoço suave e forte, de uma cabeça firme, de um tronco sólido, elástico e musculoso, e de como há membros que só são bonitos quando são fortes. [...] "Delgada", "carnuda", "arredondada", "graciosa" — essas palavras sugerem beleza em uma mulher, mas a palavra "forte", não. No entanto, a fraqueza — em um adulto saudável — é incompatível com a verdadeira beleza — a beleza da raça —, a beleza que as mulheres perderam.

Por causa das restrições a que são forçadas, elas perderam a beleza da expressão que vem de uma vida rica e plena, sentida em sua totalidade e plenamente manifestada. [...] Elas [as mulheres] são classificadas antes de tudo e o tempo inteiro como mães: futuras mães, mães no presente, mães no passado. [...] Ela [a maternidade] certamente faz parte da beleza. A beleza de uma mulher não seria completa se inimiga da maternidade, mas ela não é tudo.

[...] Se conhecêssemos a beleza — a beleza humana; se fôssemos familiarizados, desde a infância, com as verdadeiras proporções do corpo; se estivéssemos acostumados com imagens da figura humana e só depois nos mostrassem a mesma imagem, a da mulher, com seus pés sem estabilidade e artificialmente modificados na forma, com sua cintura distorcida, com sua cabeça obscurecida, com todas as suas ações dificultadas e confinadas —, enxergaríamos a feiura dessas coisas de uma forma que não enxergamos agora. [...] A mulher humana, que agora se desenvolve tão rapidamente, recuperará a beleza natural saudável que lhe pertence como ser humano.

Referências bibliográficas

EDLES, Laura Desfor e APPELROUTH, Scott. "Charlotte Perkins Gilman (1860-1935)". In: *Sociological Theory in the Classical Era: text and readings*. Califórnia: Pine Forge Press, 2010, pp. 193-240.

FRIEDAN, Betty. *A mística feminina*. Rio de Janeiro: Rosa dos Tempos, 2020.

HILL, Mary A. "Charlotte Perkins Gilman: A Feminist's Struggle with

Womanhood". *The Massachusetts Review*, vol. 21, n. 3 (outono de 1980), pp. 503-526.

GILMAN, Charlotte Perkins. *The Home: Its Work and Influence*. Nova York: Charlton Company, 1910.

_____. "The Beauty Women Have Lost". In: *Forerunner*, vol. 1, n. 11, setembro de 2010.

_____. "The Passing of Matrimony". In: Harper's Bazaar, vol. 40, n. 6, junho de 1906.

_____. *Women and Economics: A Study of the Economic Relation Between Men and Women as a Factor in Social Evolution*. Berkeley, Los Angeles, Londres: University of California Press, 1998 (orig. 1898).

HIRATA, Helena, LABORIE, Françoise, LE DOARÉ, Hélène e SENOTIER, Danièle (orgs.). *Dicionário crítico do feminismo*. São Paulo: Editora Unesp, 2009.

KERGOAT, Danièle. "Divisão sexual do trabalho e relações sociais de sexo". In: HIRATA, Helena, LABORIE, Françoise, LE DOARÉ, Hélène e SENO-TIER, Danièle (orgs.). *Dicionário crítico do feminismo*. São Paulo: Editora Unesp, 2009, pp. 67-80.

KIMMEL, Michael e ARONSON, Amy. "Introduction to the 1998 Edition". In: GILMAN, Charlotte Perkins. *Women and Economics. A Study of the Economic Relation Between Men and Women as a Factor in Social Evolution*. Berkeley, Los Angeles, Londres: University of California Press, 1998, pp. VII–LXX.

KNIGHT, Denise D. "Charlotte Perkins Gilman and the snadow of racism". *American Literary Realism*, vol. 32, n. 2 (Inverno de 2000), pp. 159-169.

MCCLINTOCK, Anne. *O Couro Imperial: raça, gênero e sexualidade no embate colonial*. Campinas: Editora da Unicamp, 2010.

MISKOLCZE, Robin. "Charlotte Perkins Gilman (3 July 1860-17 August 1935)". In: HARRIS, Sharon M. *et al.* (orgs.). *American Women Prose Writers, 1870-1920*, vol. 221, Gale, 2000, pp. 148-158.

MONTEIRO, Maria Conceição. "Figuras errantes na Época Vitoriana: a preceptora, a prostituta e a louca". *Fragmentos*, vol. 8, n. 1, julho-dezembro de 1998, pp. 61-71.

SLAUGHTER, Anne Marie. "Why Women Still Can't Have It All". *The Atlantic*. Julho/Agosto 2012. Disponível em: <www.theatlantic.com/magazine/toc/2012/07/>.

U.S. Bureau of Labor Statistics. "Women in the labor force: a databook". *BLS Reports*. Dezembro 2015. Disponível em: <www.bls.gov/opub/reports/womens-databook/archive/women-in-the-labor-force-a-databook-2015.pdf>.

5. Olive Schreiner
(Colônia do Cabo, África do Sul, 1855-1920)

Eu gostaria de dizer aos homens e mulheres das gerações que virão depois de nós: "Vocês vão nos olhar com espanto!" Vocês ficarão surpresos com as lutas apaixonadas que alcançaram tão pouco, com a frequência com que deixamos de perseguir caminhos óbvios para atingir nossos objetivos, com a nossa aparente passividade diante de males intoleráveis, com as grandes verdades que nos olharam fixamente no rosto e que fracassamos em enxergar, com as verdades que chegamos a perceber, mas com as quais nunca chegamos a lidar. Vocês vão se espantar com tanto trabalho que deu tão pouco resultado. Mas o que vocês nunca saberão é como foi pensando em vocês e como foi para vocês que lutamos dessa forma e realizamos o pouco que pudemos, que foi ao imaginar uma vida mais plena e realizada para vocês que encontramos consolo para a futilidade da nossa própria. Aquilo que desejei ser e não fui é o que me conforta.

(Olive Schreiner, *Mulher e trabalho*)

Olive Schreiner é uma das personagens mais intrigantes da história do pensamento feminista. Desde a década de 1980, quando começou a ser recuperada como precursora, há uma enorme polêmica em torno da maneira apropriada de descrevê-la: enquanto algumas comentadoras a celebram como uma feminista anti-imperialista e uma voz pós-colonial precoce, outras a acusam de endossar as visões coloniais e deterministas de seu tempo. O problema, é claro, não está em Schreiner, mas no hábito de ler uma pensadora sem situá-la no seu contexto. Nas palavras sábias da antropóloga Mariza Corrêa (2007, p. 76), "o fato de que ela tenha se tornado uma ativista de oposição às políticas racistas de seu país [a África do Sul] é bem uma prova de sua lucidez".

Curiosamente, a própria Schreiner intuiu que a recepção futura do seu trabalho seria controversa. Em sua principal obra, *Mulher e trabalho* (1911) [*Woman and Labour*], ela admitiu com uma franqueza e humildade surpreendentes que sabia que a sua luta política e seu trabalho intelectual eram limitados pelos horizontes históricos da experiência. É possível que seu ponto de vista singular e sua consciência histórica fora do comum tenham relação com sua própria biografia. Schreiner testemunhou os principais conflitos e convulsões da sua época, circulando entre Império e colônia e lidando com sua dupla identificação com a Inglaterra e a África do Sul (Heidenreich, 2016).

Olive Emilie Albertina Schreiner nasceu em 1855 na Colônia do Cabo, filha de um pastor luterano alemão e uma dona de casa inglesa. A família, pobre e numerosa, passou anos se mudando constantemente entre missões religiosas e vivendo no limite da sobrevivência. Ainda jovem, ela passou a viver e trabalhar como governanta na casa de famílias inglesas e bôeres.* Em 1872, reuniu-se novamente aos irmãos nos campos de diamantes e observou o início dos impactos violentos que a mineração teria na África do Sul. Nesse período, escreveu o romance *A história de uma fazenda africana* (1882) [*The Story of an African Farm*]. Publicado inicialmente sob um pseudônimo masculino, Ralph Iron, o livro foi um sucesso imediato (Burdett, 2001).

Aclamada como romancista na Europa, Schreiner realizou o antigo sonho de viajar à terra natal de sua mãe, a Inglaterra, onde foi recebida com distinção em diversos círculos intelectuais e viu um país tomado pelas crises da Segunda Revolução Industrial, a pobreza das favelas e dos cortiços proletários, as insurreições operárias e os protestos das

---

* "Bôer" ou "africâner" é o nome usado para designar as pessoas provenientes da Holanda, Alemanha e França que se estabeleceram como colonos na África do Sul entre os séculos XVII e XVII.

mulheres (McClintock, 2010). Nesse período, frequentou o *Clube dos Homens e das Mulheres*, uma sociedade científica fundada por Karl Pearson, famoso cientista e colaborador de Frances Galton. Pearson tinha uma visão ambivalente sobre a emancipação feminina e criou o clube a fim de discuti-la com suas defensoras. Por um lado, ele acreditava que a independência feminina pela qual elas advogavam poderia produzir casamentos "melhores" e "eugênicos", visto que as mulheres passariam a escolher seus parceiros com liberdade. Por outro, Pearson temia a "degeneração racial" que acreditava que ocorreria caso elas se tornassem "promíscuas". Schreiner ficou decidida a refutar as teses de Pearson e a produzir uma demonstração científica dos benefícios do trabalho e da independência feminina para toda a sociedade (Burdett, 2001).

De volta à África do Sul, reuniu-se ao irmão Will, que investia então numa carreira política. Por intermédio dele, conheceu Cecil Rhodes, o famoso colonizador britânico e magnata da mineração responsável pela invasão de vastos territórios da África Subsaariana e pela opressão e genocídio das suas populações originárias. Rhodes fazia uma defesa aguerrida da superioridade racial anglo-saxã e da colonização como um método para a civilização das "raças bárbaras", posição essa que convenientemente justificava seus próprios interesses econômicos no continente. Schreiner tornou-se adversária de Rhodes por toda a vida e publicou uma infinidade de artigos de oposição na imprensa local (Burdett, 2001).

Aos 40 anos, casou-se com Samuel Crownright. Ambos se envolveram ativamente na política sul-africana, condenando o imperialismo britânico e o capitalismo monopolista no país. A despeito da origem inglesa, Schreiner fez lobby pela causa dos bôeres* (Burdett, 2001). Os bôeres eram os mais pobres dentre as populações brancas que viviam na África do Sul; os ingleses os consideravam incivilizados, arcaicos e sujos. Na linguagem

---

* O conflito anglo-bôer opôs os colonos de origem holandesa, francesa e alemã ao Império Britânico, decidido a se apoderar das minas de diamantes descobertas na África do Sul no fim do século XIX.

racialista da época, chegava-se a dizer que após décadas vivendo no continente africano, os bôeres haviam sofrido um processo de degeneração racial e de regressão das suas capacidades intelectuais e morais (Krebs, 1997). Tudo isso contribuía para justificar a suposta missão civilizatória dos ingleses na África do Sul. Quando a Guerra Anglo-Bôer terminou, ela passou a se dedicar à questão dos africanos nativos, fazendo intensa oposição pública à segregação racial nas escolas e às restrições crescentes de acesso das populações negras à terra e ao voto. Schreiner afirmou que a África do Sul não teria futuro se não fosse capaz de lidar com a sua diversidade e debochou da hipocrisia daqueles que defendiam a exclusão ou o extermínio das populações nativas (Schreiner, 1909). Ela denunciou:

> Não apenas não podemos exterminá-lo [o africano nativo] — como não podemos nem sequer realocá-lo, porque nós o queremos! Nós o desejamos [...]. Queremos mais e sempre mais dele — para trabalhar nas nossas minas, construir nossas estradas, trabalhar nos nossos campos, realizar os trabalhos domésticos, e para comprar nossos produtos (Schreiner, 1909, p. 43).

Schreiner alegou que a população negra era a verdadeira classe trabalhadora da África do Sul, que não podia ser reduzida a máquina e privada de direitos civis e políticos. E advertiu que uma sociedade não era capaz de se sustentar na base da força e da coerção física (Schreiner, 1909). Convocada por outras mulheres brancas sul-africanas a integrar a *Liga pelo Sufrágio Feminino*, ela deixou o grupo ao saber que as participantes eram contra o voto da população negra. Em 1911, finalmente publicou sua réplica às teses antifeministas de Karl Pearson, a que deu o título *Mulher e trabalho*, livro que se tornou enorme sucesso entre as feministas europeias e norte-americanas e foi saudado como a bíblia do movimento de mulheres no início do século XX.* Embora hoje suas

---

* A história da própria produção de *Mulher e trabalho* dá uma amostra dos eventos dramáticos que marcaram a biografia da autora: Schreiner teve que reconstituir o livro de memória,

principais teses pareçam obsoletas, visto que são baseadas na linguagem e parâmetros da ciência biológica do século XIX, o livro fez enorme sucesso por apresentar uma crítica sólida à ciência racial e sexual da época a partir dos seus próprios parâmetros epistemológicos de verificação, replicabilidade e falsificação de teorias.

Olive Schreiner morreu em 1920, aos 65 anos, deixando diversas obras de ficção e inúmeros textos de análise social e política. Para compreender seu trabalho, é fundamental entender o seu tempo e considerar a enorme complexidade do seu esforço. O fim do século XIX viu a crescente tensão e competição econômica entre nações dar impulso a uma nova fase de colonialismo e expansão imperial. Na Europa e nos Estados Unidos, as mulheres e a classe operária demandavam direitos e justiça econômica. As tensões da urbanização e o medo das "classes perigosas", do trabalho das mulheres e das mudanças nos costumes sexuais produziam inseguranças profundas com relação ao futuro (Stepan, 2014).

Esse foi um terreno fértil para cientistas como o próprio Karl Pearson, que alegavam ter descoberto supostas leis naturais da evolução que permitiam criar instrumentos para a racionalização, o controle e o progresso de sociedades que se encontravam em convulsão política e social. A ciência desenhou uma nova geografia do mundo, descrevendo diferenças e hierarquias que refletiam o status pretensamente mais avançado de povos europeus dominantes e justificavam seus esforços de dominação global. Os cientistas buscaram pistas na aparência, nas formas dos corpos, no clima e na geografia para corroborar o senso comum e descrever e hierarquizar diferentes "raças" humanas, associando características físicas a atributos mentais como a inteligência e a qualidade moral. Nessa hierarquia, as "raças" não europeias eram consideradas inferiores e "degeneradas" (Sansone, 2014).

---

pois o original foi destruído uma década antes, quando tropas inglesas invadiram sua casa na África do Sul e a fizeram prisioneira por defender os bôeres.

Contudo, a preocupação com a "degeneração" não ficou restrita às ditas "raças inferiores": dentro da própria Europa, pobres, deficientes, criminosos, prostitutas, homossexuais, imigrantes, mulheres independentes eram também encarados como ameaças potenciais à pureza dos "estoques" raciais nacionais e, portanto, incluídos nos discursos sobre raça. Emergia assim a ideia da "eugenia", de que Frances Galton, Walter Weldon e Karl Pearson foram os principais expoentes. "Eugenia" foi o nome dado à ciência que visava ao melhoramento da "raça" por meio de políticas públicas de controle da reprodução humana. Se as mulheres já eram então vistas como o sexo inferior, a atenção à sexualidade e à reprodução humana propalada pela ótica da eugenia colocou-as sob um olhar e controle ainda mais estritos (Stepan, 2014; Laqueur, 2001).

Para esses cientistas, as mulheres brancas tinham uma relação ambígua com o projeto de modernidade: por um lado, eram o centro dos esforços de aprimoramento "racial", dado que eram encaradas como reprodutoras biológicas do corpo social; por outro, eram vistas como uma força contrária ao progresso, por consequência da sua suposta inferioridade biológica e propensão à irracionalidade (Burdett, 2001). Com frequência, as teorias sobre raça se misturavam às teorias sobre gênero, determinando que mulheres e não europeus eram os estratos mais baixos da humanidade (Story, 2010).

Nesse sentido, é notável a forma criativa e transgressora com que Schreiner lidou com tais ideias: em um tempo em que a ciência estabelecia que as mulheres possuíam uma inferioridade biológica essencial e que pertenciam naturalmente à esfera da reprodução — e não da produção social, isto é, do mercado, da política e da vida pública —, ela se propôs a fazer um estudo científico sobre a posição da mulher. Em *Mulher e trabalho*, Schreiner trabalha o tempo todo *com* e *contra* as ideias de diferença sexual, *com* e *contra* o discurso biológico e racialista. Seu argumento principal é que a exclusão continuada das mulheres da cidadania e do trabalho remunerado produzia uma situação de "parasitismo sexual" das fêmeas em relação aos machos humanos, isto é, uma redução da mulher à realização passiva das funções sexuais. Essa restrição, alegava, tornava inúteis os próprios esforços de progresso e de evolução tão defendidos pelos cientistas, posto que corroía as capacidades físicas e mentais de metade da sociedade.

Schreiner fez referência à história das grandes civilizações do passado que conheceram o apogeu e a decadência, e argumentou que esse declínio foi consequência tanto do "parasitismo sexual" como da escravidão. Para ela, ambas as práticas levavam ao ócio de determinados grupos sociais, o que acabava por retirar dos indivíduos a iniciativa e o desejo pela atividade produtiva, destruindo seu intelecto, seu físico e sua fibra moral. Se havia risco de "degeneração", argumentava, ele era resultado da exclusão das mulheres do trabalho e do trabalho compulsório realizado pelas pessoas escravizadas, pois esse tornava o grupo dominante ocioso e indolente. Talvez, afinal, ela quisesse sugerir que a "degeneração" não tinha relação alguma com corpos ou biologia, mas com as dinâmicas sociais de poder.

Na seleção a seguir destacamos outro tema: ao longo de *Mulher e trabalho*, Schreiner assume uma postura crescentemente cética com relação às teses científicas da diferença intelectual, moral ou mesmo física entre os sexos. Ao mencionar como as vestimentas modernas exageravam "grotescamente" as diferenças entre os corpos, por exemplo, ela deu relevo à cultura como um elemento explicativo para as diferenças e defendeu a plasticidade dos seres humanos acima de um destino inato. Schreiner também fez analogias muito perspicazes entre sexo e raça. Mesmo que acreditasse na existência de diferenças entre grupos divididos em raças ou nações, ela considerava impossível determinar se essas diferenças eram produto da cultura ou da biologia. Para a grande contrariedade de Pearson, que lhe endereçou uma carta furiosa, Schreiner afirmou que era um erro primário buscar identificar "atitudes mentais" na aparência física das pessoas. E "pode ser que ocorra com os sexos o mesmo que ocorre com as raças", sugeriu em determinado ponto.

Suas teses a respeito da operação cotidiana das desigualdades de poder na produção social das diferenças ficam mais nítidas nos trechos de *Pensamentos sobre a África do Sul* [Thoughts on South Africa] (1923) aqui apresentados. Embora tenha se apoiado sob o sistema de classificação racial vigente na África do Sul — ingleses, bôeres, bosquímanos, hotentotes, bantos e mestiços (ou *half-caste*) —, Schreiner teve *insights* brilhantes sobre o fenômeno social da mestiçagem na África do Sul, associando-o à dupla dominação racial e sexual. Cientistas da época afirmavam que a "miscigenação" produzia tipos raciais "degenerados" ou "atávicos", indivíduos "mestiços" frágeis e desequilibrados do ponto de vista físico e mental.* Assim, esses cientistas davam uma explicação biológica para a situação de exclusão social dos "mestiços" constatada na África do Sul e em determinadas partes do mundo colonial.

A autora refutou essa tese ao olhar para a posição social vulnerável do mestiço sul-africano, quase sempre filho de uma mulher negra dominada e um homem branco dominador. Se os mestiços eram vistos como pessoas suspeitas, imorais, desviantes naquela sociedade, argumentou, isso se devia às suas condições concretas de vida, e não a atributos biológicos inatos. Pessoas "sem uma família, sem uma nacionalidade, sem um grupo estável ao qual possa se aliar e cujos ideais possa aceitar" (Schreiner, 1923), eles acabavam habitando as franjas da sociedade e sendo alvo dos piores estigmas. Schreiner encontrou uma explicação sociológica para a recorrente situação de dupla exclusão dos mestiços do mundo dos brancos e do mundo dos negros naquela sociedade.**

Ainda que tenha elaborado parte das suas teses na linguagem da diferença sexual e racial, do progresso e do evolucionismo, Schreiner a colocou sob dúvida constante. No tempo das certezas científicas sobre a inferioridade biológica das mulheres e das "raças" não europeias, a incerteza, a reflexividade e o olhar analítico foram seus instrumentos

---

* "Atavismo" era o nome dado pelos cientistas para um fenômeno resultante da miscigenação. Segundo eles, o "híbrido racial" tendia a regredir às piores características primitivas de ambas as suas "raças" constitutivas.

** Cabe aqui lembrar que décadas depois, na África do Sul do *apartheid*, os mestiços (ou *colored*) seriam alocados em uma categoria racial própria para fins de segregação e discriminação oficial pelo Estado.

de trabalho mais importantes. Assim, ela colocou uma lupa sobre as ideias mais correntes da época, questionou o senso comum traduzido em linguagem científica, apontando suas inconsistências lógicas e a fraqueza da sua sustentação empírica. Schreiner produziu, enfim, um olhar pioneiro sobre as relações sociais de gênero e raça e suas interseções, elegendo frequentemente a cultura e as relações sociais como chaves de explicação mais plausíveis do que a natureza e a biologia.

Nos anos que se seguiram à sua morte, a Europa e os Estados Unidos viveram uma escalada de racismo e sexismo. Os repertórios do racismo científico, da eugenia e da degeneração racial e sexual circularam amplamente. O genocídio continuado de populações originárias na África, Ásia e Américas não convenceu os líderes europeus de quão perniciosas eram essas ideias: seriam necessárias a ascensão de Hitler na Alemanha e a perda de incontáveis vidas humanas no coração do Império durante a Segunda Guerra Mundial para que as ideias de diferença e hierarquia racial finalmente perdessem credibilidade no meio científico. Ainda assim, Estados, *experts* e corporações continuam ainda hoje a alimentar a imaginação do público com ideias essencialistas e biologizantes sobre "raça" (Morning, 2011).

As diferenças sexuais, por sua vez, são alvo de debates e controvérsia até o presente. O campo da biologia segue em grande parte resistente à discussão sobre os fundamentos culturais e sociais das diferenças de gênero, apesar da produção brilhante de biólogas como Anne Fausto-Sterling e Donna Haraway. No que toca as intersecções entre "raça" e gênero, ainda é muito comum que se encarem as mulheres como reprodutoras biológicas de coletividades étnicas, raciais ou nacionais, à maneira dos cientistas do século XIX. Dada a importância da natalidade para alguns projetos étnicos ou nacionais, é frequente a pressão cultural e institucional para que as mulheres tenham ou não filhos em nome da perpetuação da nação ou da "raça" (Anthias e Yuval-Davis, 1992). Por todos esses motivos, Olive Schreiner ainda lança interrogações que não foram satisfatoriamente enfrentadas pela ciência, mantendo-se relevante até hoje.

TRECHOS DE *MULHER E TRABALHO*, 1911[*]

Mulher e trabalho foi idealizado como um grande tratado científico sobre a evolução e a crise da questão da mulher. Entre a segunda metade do século XIX e meados da década de 1920, o positivismo científico conheceu seu apogeu, prometendo não apenas revelar a verdade, antes inacessível a uma humanidade ignorante e supersticiosa, como também tornar esse saber disponível para os esforços de racionalização, progresso e evolução das "raças" ou nações "mais avançadas" do globo. A seleção a seguir privilegia as passagens em que a autora demonstra seu ceticismo quanto a supostas diferenças inatas entre os seres humanos defendidas pelas teorias científicas da época.

[...] Apesar de ser altamente improvável e de não haver nada que indique esse fato, é possível que, de alguma forma misteriosa e hoje incompreensível, haja uma correlação sutil entre a forma particular da função reprodutiva do indivíduo e a condição do cérebro e o sistema nervoso que dirige as suas habilidades para alguma modalidade moderna de trabalho social. Por mais inexplicável que pareça, é possível que um dia se descubra alguma conexão entre aquela condição do cérebro e o sistema nervoso, que torna um indivíduo apto ao estudo da matemática avançada, digamos, e a natureza dos seus atributos sexuais. O mero fato de que, entre as poucas mulheres que, até o presente, receberam treinamento e permissão para se dedicar ao estudo abstrato, várias se destacarem na matemática avançada não necessariamente comprova uma predisposição do sexo feminino em direção à matemática, se comparada ao trabalho nos campos dos negócios do Estado, na administração ou no direito. Isso porque não houve praticamente nenhum acesso de mulheres a essas áreas. É comum se dizer que deve haver alguma conexão inerente entre o cérebro humano, a função do ovário e a arte da ficção, já que várias mulheres geniais dos tempos modernos encontraram expressão para seus poderes criativos na arte da ficção.

---

[*] SCHREINER, Olive. *Woman and Labor*, 1911. Disponível em: <www.gutenberg.org/files/1440/1440-h/1440-h.htm>. Tradução de Verônica Toste Daflon. Revisão técnica de Ana Paula Soares Carvalho.

OLIVE SCHREINER

Mas o fato é que as mulheres foram levadas a encontrar na ficção moderna a única válvula de escape possível para seus poderes, visto que a ficção é uma descrição da vida humana em suas muitas fases e a única forma de arte que pode ser exercida sem um treinamento especial e sem ferramentas específicas. Além disso, pode ser produzida naqueles breves momentos roubados entre as numerosas e diversas tarefas que destroem o cérebro e ocupam a vida comum de uma mulher. Mesmo as próprias mulheres só podem saber parcialmente o quão longe poderiam ter ido os seus talentos se tivessem podido expressá-los naturalmente. Ninguém jamais saberá o que o mundo perdeu com a expressão compulsória desse talento em uma forma que não necessariamente é a mais natural. Mesmo naquela romancista de terceira categoria, cujas obras são de baixíssima qualidade, podemos divisar uma figura patética ao reconhecermos que, sob essa falha em uma arte complexa e difícil, pode estar escondida uma legisladora sensata, uma arquiteta competente, uma pesquisadora científica original ou uma boa juíza. Do ponto de vista científico, há provas tão escassas de que há uma relação orgânica entre o cérebro da mulher e a produção de arte na forma de ficção como de que há uma relação orgânica entre a mão da mulher e a máquina de escrever. Tanto a escritora quanto a datilógrafa, em suas respectivas áreas, estão apenas encontrando caminhos para expressar seus talentos na direção de menor resistência. O fato de que as mulheres, no presente, tendem a realizar certas formas de trabalho não prova nada: demonstra apenas que essas são as linhas de ação mais viáveis sob as condições desagradáveis, confinadas e limitadas que as cercam atualmente. [...]

Até o presente, não dispomos de dados científicos adequados para chegar a qualquer conclusão. Portanto, qualquer tentativa de determinar as ocupações às quais homens e mulheres devem dedicar o seu intelecto e os seus desejos não passa de uma divisão artificial e arbitrária: uma distinção tão irracional e anticientífica como a tentativa de determinar se um garoto deveria ser astrônomo ou escultor pela cor dos seus olhos e pelo formato e força das suas pernas. Na humanidade, aquelas diferenças físicas que dividem raças e nações [...] frequentemente parecem estar associadas a certas diferenças sutis nas aptidões intelectuais. No entanto, mesmo nesse caso é quase impossível determinar cientificamente em que medida elas são resultado das tradições

CLÁSSICAS DO PENSAMENTO SOCIAL

nacionais, do ambiente e da educação ou são resultado de diferenças reais na estrutura orgânica. (Ao refletir sobre diferenças físicas de sexo, o homem civilizado da era moderna deve ter cautela para não se deixar enganar pelas diferenças sexuais externas tão exageradas pelo nosso método antinatural de vestir e pentear o cabelo. Os corpos humanos femininos e masculinos nus e naturais não são mais distintos um do outro do que os corpos do leão e da leoa. Nossos remotos ancestrais saxões, com seus corpos brancos, grandes, quase nus e seus cabelos longos e soltos pouco diferiam uns dos outros, ao passo que seus descendentes modernos homens possuem cabelos curtos, vestimentas escuras e calças que separam suas pernas, se distinguindo por completo das mulheres, que usam cabelos compridos, saias e cores chamativas. [...] Apenas uma mente extremamente alerta e analítica consegue escapar de ser enganada pela nossa representação visual habitual tão equivocada. Provavelmente, na vida moderna não há sequer um homem ou mulher em vinte mil que não seja poderosamente influenciado pelos exageros grotescos dos trajes modernos e dos modos artificiais e não forme [a partir deles] suas concepções sobre diferenças físicas e intelectuais que dividem homens e mulheres humanos).

Nenhum estudo das simples diferenças físicas entre indivíduos de diferentes raças nos permite chegar a qualquer conhecimento sobre suas aptidões mentais. Da mesma maneira, o fato de que determinados indivíduos de uma determinada variedade humana têm certas aptidões não proporciona uma base racional para forçá-los a realizar um tipo de trabalho específico. [...] Sempre é possível que estejamos confundindo o resultado de um treinamento e de circunstâncias externas com uma tendência inata. [...] E pode ser que ocorra com os sexos o mesmo que ocorre com as raças, e que a diferença física mais sutil entre eles possua correspondência com um atributo mental fino; mas, no nosso atual estágio de conhecimento, não é possível fazer nenhuma consideração abstrata sobre o corpo humano no tocante às suas funções sexuais para demonstrar que as capacidades intelectuais variam com a estrutura sexual. Nada na condição presente ou passada dos homens e mulheres proporciona qualquer mínima indicação da relação entre suas aptidões intelectuais e suas funções sexuais. [...] Há sempre uma tendência entre as mentes que não são profundamente analíticas em atribuir à mera aparência uma sequência causal.

A fim de determinar as aptidões orgânicas de um sexo ou classe é essencial que haja liberdade no mercado de trabalho e igualdade de treinamento físico e intelectual. E nossa demanda hoje é que sejam as condições naturais e não as restrições artificiais que venham a determinar quais serão os trabalhos realizados pelo indivíduo. [...] É comum supor que os hindus possuem uma incapacidade natural para esportes de caça. Mas não é necessário impedi-los por lei de praticá-los: se eles não tiverem capacidade, eles simplesmente falharão. E, mesmo a despeito da suposta inépcia dos hindus para o esporte, ainda assim é possível que um deles se torne um batedor extraordinário. Da mesma maneira, não é necessário criar legislação para restringir as opções de atividade laboral para as mulheres, pois, se existir alguma incapacidade orgânica do indivíduo, essa será uma juíza mais poderosa do que qualquer impedimento artificial, legal ou social [...].

Da cadeira do juiz à do legislador, do gabinete do político ao escritório do comerciante, do laboratório do químico ao observatório do astrônomo, não há posto de trabalho a que não desejamos tentar nos incorporar; e não há nenhuma porta fechada que não temos a intenção de empurrar; e não há fruto no jardim do conhecimento que não pretendemos comer. Sabemos que a natureza, agindo em e através de nós, irá expor de forma impiedosa nossas deficiências e revelar nossos poderes nos campos do trabalho humano. Por ora, reivindicaremos todos os trabalhos como nossos!

Nas próximas passagens, Schreiner discorre sobre a participação política das mulheres. A maior parte das sufragistas da virada do século XX fez demandas em prol do seu sexo a partir da alegação essencialista de que as mulheres seriam dotadas de uma moralidade "superior" e orientadas por fins melhores e mais "nobres" que os homens. Aqui a autora apresenta um argumento diferente e original, lidando com determinadas diferenças estruturais entre homens e mulheres em sociedade como justificativa para a importância e a legitimidade da participação política feminina.

Cada um dos sexos desempenha um determinado papel — que o outro não pode exercer em seu lugar — particularmente naquelas esferas de atividade social que envolvem [...] sua relação diversa ou complementar com a produção da vida. Cada um tem um conhecimento conquistado pelas fases da experiência humana que o outro não pode suprir. A mulher enquanto mulher possui algo radicalmente distinto a somar à totalidade do conhecimento humano, e sua atividade possui uma importância que não é apenas individual, mas coletiva, enquanto classe.

A demanda de participação nos deveres eleitorais, legislativos e executivos de governo que vem sendo feita pelas mulheres em todos os países democráticos e autogovernados baseia-se em duas justificativas: a mais ampla, e mais importante, é que não há nada na natureza da função sexual das mulheres que as desobrigue, enquanto seres humanos, do dever de participar no trabalho de direção e governo do Estado; o mais específico, mas ainda assim importante, é que pelo menos em um sentido, na forma especial que a sua função sexual assume, elas diferem do homem, formando uma classe que tem a obrigação de representar os seus interesses e proporcionar ao Estado o benefício do seu conhecimento.

[...] Visto que o homem enquanto homem e a mulher enquanto mulher têm cada qual seu conjunto de percepções e experiências, que não são idênticas, um sexo não pode representar o outro adequadamente. [...] Hoje, reivindicamos todos os trabalhos como nossos! Buscamos adentrar todos os campos do trabalho físico e intelectual porque não vemos nenhum muro erigido pelo sexo que deva nos excluir.

Nos próximos trechos, Schreiner discorre sobre como as formas de diferenciação material e cultural nas sociedades modernas criaram verdadeiros abismos emocionais e culturais entre diversos casais de homens e mulheres. Ela prevê que as mudanças sociais e os avanços políticos e intelectuais das mulheres podem acentuar e criar conflitos nas relações íntimas e familiares. Para solucionar esses problemas, a autora sugere que homens e mulheres realizem as mesmas atividades laborais, construindo interesses comuns e novas formas de solidariedade e entre si.

Os dois sexos não são de espécies distintas, mas constituem duas metades de um todo, sempre agindo e interagindo um com o outro através da herança, e reproduzindo e se misturando um com o outro a cada geração. A fêmea humana está organicamente ligada aos homens da sua sociedade: eles são seus companheiros e coprogenitores da raça; mas ela é também a mãe dos homens de cada geração que se sucede, nutrindo, modelando e imprimindo neles sua personalidade. [...] Se novos ideais, novas concepções morais, novos métodos de ação passam a habitar as mentes das mulheres de uma geração, eles vão reaparecer nos ideais, concepções morais e métodos de ação dos homens trinta anos depois.

[...] Se o ideal de mulher moderna se torna cada vez mais inconsistente com a existência passiva da mulher em situação de remuneração pelo homem em troca dos seus atributos sexuais, e se o casamento se torna para ela uma comunhão de camaradas em vez de um relacionamento entre dono e propriedade, guardião e protegida, então o ideal do homem moderno pode se distanciar daquele dos seus antepassados. Ele pode passar a buscar uma mulher para com ela travar uma relação de companheirismo e cooperação ativos, em vez de [uma relação de] submissão passiva.

Nunca é demais reafirmar, mesmo correndo o risco de ser repetitiva, que nossas sociedades estão em estado de rápida evolução e mudança. A mudança contínua das condições materiais de vida, com suas repercussões em aspectos intelectuais, emocionais e morais das relações humanas, torna nossas sociedades as mais complexas e provavelmente as mais mutáveis e instáveis que o mundo já viu. Como resultado dessa rápida mudança e complexidade, ocorrem formas de descoordenação em grande escala e, consequentemente, de sofrimento. [...]

Em sociedades que se encontram em tal estado rápido de mudança como as nossas sociedades modernas não são as décadas, mas cada ano e praticamente cada dia que traz novas forças e condições que produzem impactos sobre a vida. A mudança rápida, excessiva e súbita de um organismo traz um volume inevitável de sofrimento e de ruptura social. No entanto, as novas condições agem também sob diferentes ângulos e intensidades sobre os diferentes membros que compõem a sociedade, conforme suas posições e inteligências, o que produz uma sociedade de complexidade espantosa e com enormes dessemelhanças entre as diferentes partes individuais. A ruptura e descoordenação intensa entre os indivíduos são inevitáveis. E os ideais e relacionamentos sexuais compartilham dessa condição universal.

CLÁSSICAS DO PENSAMENTO SOCIAL

[...] Também é preciso observar que a linha que separa os setores progressistas, que buscam se adaptar às novas condições de vida, daqueles setores retrógrados das nossas comunidades não correm paralelas às linhas do sexo. Uma George Sand e um Henrik Ibsen* pertencem mais essencialmente à mesma classe no que toca o desenvolvimento moderno do que cada um deles pertence a uma classe composta inteiramente das pessoas do seu mesmo sexo.

[...] A tragédia sexual da vida moderna não está no fato de que a mulher como tal tende a diferir fundamentalmente do homem como tal, mas no fato de que na mistura desordenada de nossa vida moderna o tipo modificado de homem ou mulher é frequentemente jogado no relacionamento pessoal mais próximo com o tipo antiquado do sexo oposto; pai e filha, mãe e filho, irmão e irmã, marido e mulher estão às vezes separados não apenas por anos, mas até mesmo por séculos de evolução social.

[...] Grande parte da tragédia das relações conjugais modernas decorre do fato de que, assim que a primeira faísca da atração sexual e da novidade começa a se apagar, homens e mulheres sentem apartados. A solução para preencher esse vazio doloroso que surge com tanta frequência na vida conjugal moderna é o compartilhamento dos mesmos trabalhos por homens e mulheres, pois o trabalho requer uma cultura comum e, portanto, hábitos compartilhados de interesse e pensamento.

---

* George Sand é o pseudônimo usado por Amandine Aurore Lucile Dupin para ser aceita no meio literário do século XIX. Romancista e memorialista, George Sand é considerada uma das maiores escritoras francesas. "[...] mulher que fez carreira sozinha — assumiu-se como escritora profissional — participou intensa e ativamente na vida social, política e intelectual do seu tempo, [...] utilizou poses e vestuário masculinos, quando tal lhe convinha, adorava fazer "tricot" e conseguiu ser mãe de família, enquanto produzia uma obra formidável, numa média de dois romances e várias centenas de textos de não ficção por ano. Falta dizer que foi uma amante da música e do teatro para o qual escreveu várias peças" (Maurois, 1956, p. 343). Henrik Johan Ibsen foi dramaturgo e poeta norueguês e autor da famosa peça "Casa de Bonecas", cuja personagem principal, Nora, tornou-se ícone da "nova mulher" no século XIX. "Em um tempo em que as mulheres deviam obediência aos maridos e serviços às crianças, Nora, de Ibsen, rejeitou a vida monótona de classe média e a sua infantilização na 'casa de bonecas' para declarar sua independência dos homens. Ibsen foi influenciado pelas discussões sobre a 'questão da mulher' na Noruega, particularmente pelo trabalho da romancista Camilla Collett, fundadora do movimento de mulheres norueguês" (Freedman, 2007, p. 92, tradução própria). [*N. da T.*]

Para que a união conjugal se mantenha viva e em desenvolvimento, é imperativo que, além da relação puramente sexual, exista certo companheirismo mental e comunidade de interesses impessoais. O ingresso das mulheres nos campos de atuação masculinos, e não apenas naqueles normalmente reservados para elas, é ainda mais desejável porque o compartilhamento dos mesmos trabalhos tende a promover o coleguismo, o surgimento de interesses impessoais comuns e hábitos semelhantes de vida e pensamento.

TRECHOS DE PENSAMENTOS SOBRE A ÁFRICA DO SUL, 1923*

Pensamentos sobre a África do Sul [*Thoughts on South Africa*] é uma compilação póstuma de textos políticos publicados por Olive Schreiner na imprensa sul-africana durante anos de extrema turbulência política, econômica e social no país. Na primeira parte, ela narra sua mudança de atitude da infância à maturidade quanto à sua nação de origem e quanto aos diversos grupos étnicos que a compunham.

Nascida na África do Sul, desde a infância desejei expressar o que pensava e sentia em relação a minha terra natal. Depois de adulta, mas ainda na minha juventude, fui à Europa e lá permaneci por dez anos, morando em Londres, mas visitando o continente com frequência. [...] Ao fim daqueles dez anos, voltei para minha terra natal e foi com ainda mais interesse que olhei para o seu povo, para os seus problemas e para as suas características físicas. O desejo de registrar o que pensava e sentia sobre ela ficou mais forte.

[...] Comecei a vida com o máximo de preconceito provinciano e orgulho racial que é transmitido a qualquer cidadão que nunca saiu da pequena ilha do norte.** Não consigo me lembrar de uma época em que eu não tenha sido profundamente convencida da superioridade

---

* SCHREINER, Olive. *Thoughts on South Africa*. Londres: Adelphi Terrace, 1923. Disponível em: <www.archive.org/details/thoughtsonsoutha00schruoft>. Tradução de Verônica Toste Daflon. Revisão técnica de Ana Paula Soares Carvalho.

** A autora refere-se aqui à Inglaterra. [*N. da T.*]

dos ingleses, da sua forma de governo e dos seus costumes, acima de todos os outros povos. Uma de minhas primeiras memórias é estar andando para cima e para baixo sobre as pedras atrás da pequena casa missionária onde nasci e fingir que eu era a rainha Vitória, e que todo o mundo me pertencia. Eu então ordenava que todo o povo negro da África do Sul fosse reunido e enviado para o deserto do Saara, e que fosse construído um muro que atravessasse a África, isolando aquela área. Em seguida, eu ordenava que qualquer pessoa vinda do sul que atravessasse aquela linha fosse decapitada. Eu não queria escravizá-los, mas eu desejava colocá-los onde jamais precisasse vê-los, porque eu os considerava feios. Eu não me lembro de planejar que sul-africanos de origem holandesa [os bôeres] fossem isolados pelo muro, mas minha rejeição a eles era só um pouco menor. [...]

Esses fatos triviais têm alguma importância, pois demonstram a atitude mental mais provável dos membros de uma sociedade em relação uns aos outros quando são divididos por raça. Eles servirão, eu imagino, para demonstrar que qualquer empatia que tenha vindo a sentir por meus concidadãos sul-africanos de outras raças não é resultado de um treinamento ou de um viés precoce.

Eu lembro que um tópico frequente de reflexão para mim nessa época era por que Deus nos fez, os ingleses, tão superiores a todas as outras raças. Lembro como eu sentia que era bom fazer parte das melhores pessoas da Terra. Ainda assim, eu tinha uma vaga sensação de que não era justo Deus ter nos feito tão melhores do que todas as outras nações. É só retornar às experiências da minha primeira infância para entender o sentido do jingoísmo* na sua forma mais plena.

Mais tarde, meu sentimento em relação aos bôeres mudou, assim como mudou, mais tarde, meu sentimento em relação às raças nativas. No entanto, isso não foi resultado de nenhum treinamento, mas simplesmente de mais conhecimento. [...] Qualquer argumento dogmático sobre os respectivos valores das variedades humanas, ou ainda, das raças, sempre me pareceu impossível desde que saí do meu estado infantil de ignorância. Cada raça tem suas virtudes, e as deficiências são complementares às virtudes. Sendo assim, a perda de

---

* De acordo com o Dicionário Michaelis, "jingoísmo" refere-se a um partido político criado em 1872 na Inglaterra e tornou-se sinônimo de "patriotismo fanático ou agressivo". [*N. da T.*]

qualquer das raças seria para mim como o apagar de uma estrela na galáxia humana. [...]

A reflexão de Schreiner sobre o mestiço (*coloured* ou *half-caste*) e seu lugar social na África do Sul é um dos melhores exemplos da forma perspicaz como refletiu conjuntamente sobre gênero e raça, aproximando-se de uma visão construtivista. Na passagem a seguir, ela formula uma explicação cultural e sociológica para a série de estereótipos atribuídos a essa população — demonstrando como a ciência racial era incapaz de proporcionar explicações aceitáveis para o fenômeno. No percurso, a autora mobilizou debates sobre opressão de gênero, racismo e colonialismo.

É notável a forma como Schreiner percebe que é a própria vida social, as formas de inclusão e exclusão e as desigualdades de recursos e poder que proporcionam o acúmulo de "evidências" a partir dos quais os indivíduos sustentam as crenças nas diferenças essenciais entre seres humanos, formando a base para os estereótipos raciais e de gênero — assim como as suas interseções.

Observa-se ainda em Schreiner uma capacidade incomum para a época de lançar um olhar crítico para o próprio modelo de ideal de feminilidade europeu a partir da observação das relações sociais entre as populações negras. As "mulheres bantu", forma comum de referir-se a populações historicamente classificadas como negras na África do Sul, estavam para ela em situação muito mais elevada que as mulheres europeias no que dizia respeito às relações sociais "de sexo", pois trabalhavam e obtinham o próprio sustento.

A maior parte da população mestiça que hoje enche nossas cidades ocidentais e se agrupa em nossas fazendas ocidentais, e que se encontra espalhada por toda a África do Sul, surgiu originalmente e principalmente do resultado da relação sexual entre o bôer e seus escravos traficados, assim como da relação com os hotentotes ou bosquímanos aborígines, na medida em que [o bôer] foi se apossando deles. Nos primeiros registros da colônia, constatamos que a cada quatro filhos nascidos de mães escravizadas, três eram também filhos de homens brancos e senhores. [...]

É impossível olhar para a questão fascinante da mestiçagem de um ponto de vista totalmente científico. Mas uma coisa é certa: a ciência ainda está por proporcionar uma resposta definitiva para a questão "Quais são precisamente os resultados fisiológicos, intelectuais e morais que surgem da mistura de arianos com negroides* ou outras raças não arianas?".

[...] Para obter qualquer conhecimento realmente exato sobre o assunto, seria necessário realizar longos experimentos: primeiro, seria preciso obter um grande número de indivíduos de puro sangue ariano, de sangue não ariano e de sangue misturado, então dever-se-ia colocá-los em condições exatamente idênticas (não somente materiais, mas também morais e emocionais) para enfim eliminar as diferenças de conhecimento de tradição ou história que podem modificar seu desenvolvimento. Se isso fosse feito, e se os números fossem grandes o suficiente para excluir variações individuais, então seria possível determinar exatamente até que ponto a criatura misturada é melhor ou pior que, diferente de ou igual à espécie do pai ou da mãe. No entanto, como é improvável que a raça humana se submeta a tal experimento durante próximo milênio, e como no presente não temos o exato conhecimento das condições que influenciam as leis da hereditariedade a ponto de nos permitir deduzir a natureza da prole a partir do estudo sobre as formas dos pais [...], somos obrigados a recorrer a métodos mais imperfeitos e menos científicos.

Primeiramente, somos compelidos a examinar o veredito vulgar, não generalizável e registrado pela experiência humana grosseira. Precisamos verificar até que ponto qualquer outra evidência possível de ser obtida sustenta ou se opõe a esse juízo. É notável a universalidade e a unanimidade do veredito popular sobre os mestiços. Em todos os países onde é conhecido, o mestiço é considerado antissocial por natureza — seja na América, na Ásia ou na África; e sejam seus ancestrais ingleses,

---

* O termo "negroide" foi cunhado no século XIX para classificar os seres humanos de pele marrom a mais escura, com traços físicos identificados como semelhantes aos dos habitantes nativos da África Subsaariana. [*N. da T.*]

negroides, espanhóis e indianos ou bôeres e hotentotes. Sempre se diz que os mestiços possuem os defeitos de ambas as raças e não possuem as virtudes de nenhuma delas, e que nascem com tendência a ser mentirosos, covardes, licenciosos e sem respeito por si próprios.

[...] A unanimidade desse veredito demanda nossa atenção. A velha crença de que a terra era imóvel e que o sol girava em torno dela não seria universalmente aceita se não houvesse alguns aspectos em seu favor. No entanto, isso não significa necessariamente que contenha qualquer verdade. A humanidade é facilmente enganada, mas não sem alguma demonstração adequada da razão. Na África do Sul, a verdade contida na afirmação acerca da depravação inerente aos mestiços parece, ao menos na superfície, plenamente corroborada por fatos. Três quartos das prostitutas que enchem os bordéis e os sanatórios para pessoas com doenças venéreas* são *coloured*** ou mestiças; somente a quarta parte restante é de raça pura. Nos casos criminais julgados pelos nossos tribunais, o homem *coloured* está sobrerrepresentado nas estatísticas em comparação aos europeus de sangue puro, aos bantos ou malaios. [...]

De modo geral, não há dúvida em relação ao aparente caráter antissocial da sua parte. O único debate possível é se esse caráter antissocial é inerente e resulta diretamente da mistura de sangues, ou se é um acidente, dependente de condições externas e mutáveis. [...] Sempre me pareceu razoável supor que não há nenhuma necessidade de apelar a uma teoria de depravação inata e que o mestiço, mesmo nos casos em que se encontra na mesma situação política de seus compatriotas, provavelmente se depara com reações emocionais do mundo a ele que o levam a assumir um comportamento social inferior.

A posição social do mestiço sul-africano tem sido peculiar. Ele surgiu, em quase todos os casos, não da união de indivíduos comuns das duas raças sob condições habituais, mas como resultado da união sexual entre as mulheres escravizadas mais vulneráveis de raça escura e os mais imprudentes machos brancos dominantes. Ele surgiu de uma

---

* Os *lock hospitals* eram estabelecimentos de saúde ingleses que, entre os séculos XVIII e XX, tratavam doenças sexualmente transmitidas, nas colônias. Muitos eram controlados pelo exército. [*N. da T.*]

** O termo "coloured" não tem tradução para o português, sendo uma designação específica da África do Sul para pessoas de origem multiétnica e "mestiça". [*N. da T.*]

CLÁSSICAS DO PENSAMENTO SOCIAL

união carente de empatia intelectual e de parentesco entre homem e mulher, que costuma levar a relação sexual da esfera puramente física para a esfera estética e intelectual. [...]

O mestiço veio ao mundo como resultado do instinto sexual mais básico. Com frequência, ele veio à luz no quartinho dos fundos, no complexo dos escravos, ou em um casebre do outro lado do quintal, e veio a um mundo que não possui um espaço preparado para ele. Para seu pai, ele era o mesmo que uma taça de vinho quebrada da festa de uma noite qualquer ou um lembrete do pecado do ano passado — uma coisa que qualquer um preferiria esquecer — ou, na melhor das hipóteses, uma ferramenta útil.

Para a esposa de seu senhor, no caso de haver uma, ele era objeto de desprezo [...]; sua mãe, com frequência, possuía um marido ou amante negro. E o mestiço engatinhava pelo quintal da casa de seu pai, entrava e saía da senzala e, enquanto crescia, aprendia que não pertencia nem totalmente ao grupo negro que comia sua comida no canto da cozinha, nem ao grupo dos brancos, que ocupava a grandiosa sala de jantar. Quando alcançava total consciência de si, uma parte dele detestava sua pele negra com o instinto de filho de homem branco; e uma parte dele detestava o pessoal da casa grande com a intensidade do filho de uma mulher negra.

Ele não pertencia a nenhum dos dois mundos — o próprio peito que o amamentou não tinha a mesma cor que ele. Mas nem foi o fato de ele ter nascido em uma sociedade em que não havia lugar para ele e nenhuma classe a que se sentisse completamente integrado que constituiu o principal motivo do seu sofrimento. A verdadeira chave para a posição social do mestiço está [...] no fato de que ele não está em harmonia consigo mesmo. [...]

O negro pode invejar o branco, seu poder e seu conhecimento, mas se admira ainda mais. "Você afirma que o demônio é negro! Pois eu o imagino branco, loiro e de olhos azuis", nos disse um bantu certa vez. "Tenho grande tristeza", disse um inteligente pastor local. "Sei que o senhor Jesus Cristo era um homem branco, ainda assim eu não seria capaz de rezar para Ele e amá-Lo, como faço, senão O imaginasse com a pele tão negra quanto a minha."

O mestiço quase desconhece esse contentamento divino com sua própria personalidade inalienável que está na raiz de todas as virtudes heroicas e metade das sociais. Na maioria dos casos, se fosse possível tirar com uma pinça em brasa cada pedacinho de carne que fosse de homem negro e deixar somente o branco, ele o faria. Ele detesta a raça que poderia aceitá-lo, e ele deseja a raça que o excluí. [...] Então surgiu o primeiro mestiço: uma criatura sem família, sem nacionalidade, sem um grupo estável do qual poderia se sentir aliado e cujos ideais poderia aceitar.

Na África do Sul, com o passar do tempo o escravo foi libertado e os mestiços se multiplicaram, passando a formar um estrato social distinto. Até certo ponto, sua posição melhorou em relação a seu primeiro progenitor. [...] Mas a posição do primeiro bantu colonizado não é idêntica à do mestiço. [...] Como não tiramos dele inteiramente seu senso de unidade racial e seu respeito racial por si próprio, ele não está moralmente na mesma posição do mestiço.

[...] A condição da mulher mestiça também não é igual à da bantu de sangue puro em nossa sociedade. [...] Ainda que o padrão de virtude sexual entre os bantu seja diferente do nosso próprio em relação à poligamia e outras instituições que nós, ao menos oficialmente, desaprovamos, existe de fato um padrão oficialmente aprovado entre eles, que é frequentemente mais estritamente seguido do que o nosso próprio. [...] Mesmo quando arrastadas sob os pés da nossa selvagem civilização nas cidades portuárias europeias, as mulheres bantu raramente demonstram a mesma tendência incorrigível do autoabandono sexual que as mestiças apresentam, preferindo, na maioria das ocasiões, relacionamentos sexuais mais saudáveis e igualitários com os homens de sua raça, à prostituição sob a submissão ao homem branco e a qualquer preço.

É impossível que a mestiça possua aquela mesma tradição e orgulho racial que costumam salvar a mulher negra da absoluta degradação. [...] Nenhum código de honra emerge em seu caso, fortalecendo seu respeito por si própria.

[...] É importante que se saiba que falamos de forma genérica. Entre as classes mais baixas de nossos mestiços, encontram-se mulheres da mais imaculada integridade sexual e de impecável orgulho sexual. Mas há justificativas para a afirmação de que, em termos gerais, a mestiça tem menos respeito sexual por si própria do que a mulher branca ou, até mesmo, do que a mulher negra, exceto quando esta última é totalmente separada de seu contexto social e, então, é praticamente reduzida à mesma condição da mestiça. Em seu estado nativo, a mulher bantu está, em vários aspectos, em posição mais elevada no que toca a questão do sexo do que grandes proporções de mulheres civilizadas. Do preço pago por ela no casamento, ela nada recebe, tudo é transferido para a família. Ela não apenas se sustenta com o seu próprio trabalho, como também é o esteio da sua sociedade, alimentando-a e vestindo-a com seus esforços. Provavelmente, sua situação é muito mais distante da mulher que vive ociosa e parasita a sociedade por meio da venda de suas funções sexuais do que a da maioria das mulheres europeias, casadas ou solteiras.

[Em suma], frequentemente sem família, sempre sem uma nação ou uma raça, levando uma vida mais ou menos nômade e solitária, o treinamento moderno do mestiço tem sido realizado na falsa escola da repressão e do medo, que são maus substitutos para o papel dos afetos. [...] A covardia, a dissimulação e a falta de autodomínio e de respeito por si próprio que lhes são atribuídas são precisamente as características que ostracismo e falta de unidade orgânica com o corpo social sempre tendem a cultivar.

[...] Não somos capazes, é verdade, de afirmar dogmaticamente que a mistura de sangue nas veias não tem alguma relação com atitudes mentais e morais. Como já afirmamos anteriormente, no fim do século XIX ainda estamos demasiadamente no escuro em relação às leis que determinam hereditariedade para arriscar uma declaração dogmática. [...] O que sabemos a esse respeito, com o máximo da imparcialidade da qual somos capazes, parece certo: existem, sim, nas condições sociais da existência dos mestiços, em quase todos os países onde são encontrados, causas mais do que adequadas para justificar as qualidades retrógradas e antissociais que se acredita que eles têm. [...] Até que a ciência seja capaz de provar que não foram as condições sociais, mas um defeito congênito que fez os mestiços serem como os conhecemos, a mente equilibrada e imparcial, em resposta à acusação popular de comportamento antissocial congênito, só pode dar um veredito possível: não está comprovado.

[...] Apesar de não ser muito lógica, há uma tendência notável na natureza humana de ter grande aversão a um indivíduo cujos defeitos, sejam físicos ou mentais, são resultados das condições que precedem em muito seu nascimento e se fixam como herança, mais do que em relação a um indivíduo a quem essas características não são inerentes. Um corcunda, que acaba em tal estado por conta de algum acidente depois do nascimento, é tratado com mais carinho do que alguém que nasce assim. Desse modo, se compreendermos que os defeitos do mestiço não são inerentes, mas que resultam de condições posteriores ao nascimento, a tendência de muitos será considerá-los com mais benevolência.

REFERÊNCIAS BIBLIOGRÁFICAS

ANTHIAS, Floya e YUVAL-DAVIS, Nira. *Racialized Boundaries: Race, Nation, Gender, Colour and Class and the Anti-Racist Struggle.* London e New York: Routledge, 1993.

BURDETT, Carolyn. *Olive Schreiner and the Progress of Feminism: Evolution, Gender and Empire.* Nova York: Palgrave McMillan, 2001.

CORRÊA, Mariza. "A babá de Freud e outras babás". *Cadernos Pagu,* n. 29, Campinas, julho-dezembro de 2007, pp. 61-90.

FREEDMAN, Estelle B. *The Essential Feminist Reader.* Nova York: The Modern Library, 2007.

HEINDENREICH, Viviane D'Ávila. *Olive Schreiner: An Early Postcolonial Voice?* Tese submetida à Universidade Federal de Santa Catarina em cumprimento parcial dos requisitos para obtenção do grau de doutora em Inglês: Estudos Literários e Culturais, 2016.

KREBS, Paula. "Olive Schreiner's racialization of South Africa". Victorian Studies, v. 40, n.3, 1997, pp. 427-444.

LAQUEUR, Thomas. *Inventando o sexo: corpo e gênero dos gregos a Freud.* Rio de Janeiro: Relume-Dumará, 2001.

MAUROIS, André. *Lélia ou a vida de George Sand.* São Paulo: Companhia Editora Nacional, 1956.

MCCLINTOCK, Anne. *O couro imperial: raça, gênero e sexualidade no embate colonial*. Campinas: Editora da Unicamp, 2010.

MORNING, Ann. *The Nature of Race: How Scientists think and teach about human difference*. Califórnia: The Regents of the University of California, 2011.

SANSONE, Lívio. "Raça" In: SANSONE, Livio e FURTADO, Cláudio (orgs.). *Dicionário crítico das ciências sociais dos países de fala oficial portuguesa*. Salvador: Edufba, 2014.

SCHREINER, Olive. *A Closer Union*. Plymouth: William Brendon & Son, 1909.

_____. *Thoughts on South Africa*. Londres: Adelphi Terrace, 1923.

_____. *Woman and Labour. The Project Gutenberg EBook of Woman and Labour*. Disponível em: <www.gutenberg.org/files/1440/1440-h/1440-h. htm>.

STEPAN, Nancy. *A hora da eugenia: raça, gênero e nação na América Latina*. Rio de Janeiro: Editora Fiocruz, 2014.

STORY, Kaila Adia. "Racing Sex — Sexing Race: The Invention of the Black Feminine Body" In: HENDERSON, Carol E. (org.). *Imagining the Black Female Body Reconciling Image in Print and Visual Culture*. Nova York: Palgrave McMillan, 2010.

The Olive Schreiner Letters Project. Disponível em: <www.oliveschreinerletters.ed.ac.uk/>. Consultado em: 23/02/2018.

6. Alexandra Kollontai
(São Petersburgo, Rússia, 1872-1952)

Muitos oponentes dos meus escritos tentaram me impor postulados absolutamente falsos de que eu prego o 'amor livre'. Eu vou colocar isso de outra maneira: eu sempre propus às mulheres que se tornassem livres da escravidão do amor de um homem.

(Alexandra Kollontai *apud* Renton, Davis, *Dissident Marxism* [Marxismo dissidente])

Alexandra Kollontai (1872-1952) foi a liderança intelectual da revolução bolchevique que mais se destacou na luta pela emancipação das mulheres. Foi a única mulher a ocupar um cargo no governo de Lenin e a exercer a função de embaixadora da então União Soviética no governo de Stálin. Ao longo de seus 80 anos de vida, produziu um impressionante volume de panfletos, artigos, livros e contos e se dedicou intensamente à organização política das mulheres da classe operária na Rússia e em vários países da Europa Ocidental. Inspirada pelas teorias marxistas, elaborou um pensamento singular sobre a emancipação das mulheres, contrário à moral sexual da época e à instituição familiar tradicional.

Kollontai contestou veementemente as soluções fáceis que seus companheiros de partido preconizavam para a "questão das mulheres", opondo-se à ideia de que as mudanças no modo de produção sob o comunismo criariam automaticamente relações de liberdade e igualdade entre os sexos. Assim, insistiu que a subordinação feminina não era mero subproduto da estrutura econômica e da existência da propriedade privada, como haviam afirmado autores como Friedrich Engels. Seus escritos geraram debates apaixonados, suscitaram controvérsias e forte hostilidade durante o período estalinista. Vários dos temas tratados permanecem atuais e continuam a mobilizar discussões acaloradas nos movimentos feministas, como a questão da prostituição, a relação entre feminismo e anticapitalismo, emancipação econômica e cultural das mulheres, a relação entre a vida pessoal e política, entre outros.

Nascida na Rússia pré-revolucionária em uma família aristocrática, Kollontai contrariou as expectativas do seu meio social de origem, que habitualmente designava às mulheres uma vida devotada à domesticidade e às responsabilidades familiares. Como muitas mulheres escolarizadas e das classes médias no fim do século XIX na Europa, ela foi afetada pelo vibrante ambiente intelectual e político no qual proliferavam círculos de pensamento que se opunham à autocracia czarista, correntes políticas radicais e um movimento feminista que lutava por direitos das mulheres, sobretudo pelo voto feminino.

Desde muito jovem ela se envolveu com os círculos radicais e, aos 27 anos, ingressou no Partido Operário Social-Democrata Russo. Como relatou em sua autobiografia, o contato com as terríveis condições de trabalho de operários e operárias, durante uma visita a uma grande indústria têxtil, selou seu destino. Kollontai ponderou então que sua vida não poderia ser pacífica e feliz enquanto a população trabalhadora estivesse submetida a condições de exploração desumanas. O ideário político que passou a professar a afastou de seu marido, que via nas diferenças políticas entre eles um desafio direto à sua pessoa. Ela se sentiu rapidamente insatisfeita com seu casamento, admitindo que: "A existência feliz de uma dona de casa e seu cônjuge era como uma 'gaiola' para mim."*

Assim, decidiu deixar o marido e o filho e viajar para o exterior, passando então a estudar a história do movimento operário, a organizar mulheres trabalhadoras em vários países da Europa, a combater o feminismo de classe média e o conservadorismo nas organizações socialistas

---

* *The happy existence of a housewife and consort were like a 'cage' to me.*

em relação às questões de gênero. No seu entendimento, ao demandar educação, voto, igualdade legal e direito à propriedade, as sufragistas* desejavam um tipo de mudança social que mantinha inalterada a ordem vigente e afetava de modo desigual as mulheres burguesas e as proletárias. Isso porque ela acreditava que os capitalistas se aproveitavam da desvalorização do trabalho da mulher para arregimentar mão de obra barata e aumentar sua lucratividade, colaborando para reproduzir as desigualdades de gênero no mercado de trabalho. Ao mesmo tempo, Kollontai acreditava que os socialistas buscavam modificar as relações de classe sem, contudo, mexer significativamente nas relações entre os sexos. Ela postulava que apenas mudanças estruturais em ambas as dimensões poderiam promover a emancipação da totalidade das mulheres. Para ela, era tarefa da revolução levar os trabalhos desempenhados individualmente pelas mulheres no espaço privado da casa, como o cuidado com as crianças e a manufatura de produtos de uso doméstico, para o espaço público e coletivo da nova sociedade vislumbrada pelos socialistas.

Como diretora do Zhenotdel (Departamento das Mulheres) do governo revolucionário que tomou o poder em outubro de 1917, Kollontai empenhou-se na melhoria das condições da vida das mulheres. Ela colocou em prática uma política pública de oferta de equipamentos sociais coletivos como creches, lavanderias, restaurantes, pois acreditava que esse era o caminho para eliminar a dupla jornada de trabalho das mulheres que cada vez mais afluíam ao mercado de trabalho e que acumulavam as funções de trabalhadora assalariada, mãe e dona de casa. A maternidade, segundo ela, devia ser considerada uma função social e, portanto, protegida pelo Estado.

Com a ascensão de Stálin ao poder, o conjunto de leis adotadas nos anos 1920, que constituíram uma nova política de família mirando a emancipação das mulheres, foi revogado. O fortalecimento da "família socialista", justificada como necessária para a prosperidade da sociedade

---

* As sufragistas foram militantes que atuaram em organizações na virada do século XIX ao XX demandando o direito ao voto para as mulheres.

soviética, acabou com o direito da mãe solteira de recorrer ao tribunal para obter pensão do pai da criança, recriminalizou a homossexualidade e impôs entraves burocráticos ao divórcio. Kollontai tornava-se cada vez mais crítica do governo soviético e perdia influência política. Por fim, foi nomeada para cargos diplomáticos e parou de se posicionar publicamente sobre o regime soviético.

Uma passagem da sua autobiografia, publicada em 1926, sugere um sentimento de decepção com os rumos políticos da União Soviética. Quando relembra, com grande entusiasmo, dos primeiros meses do governo em que era ministra de assuntos sociais, qualifica esse período como "rico em ilusões magníficas". Mas, ao fazer a revisão do texto, risca a expressão "ilusões" e a substitui por "objetivos". Pode-se interpretar essa alteração no texto original como uma negociação com as novas circunstâncias históricas do país. Alexandra Kollontai morreu em Moscou em 1952, menos de um mês antes de completar 80 anos.

Muitas das discussões que se tornaram centrais para o feminismo da chamada segunda onda são antecipadas em seus escritos. Ao tecer as complexas relações que unem a experiência do amor e da sexualidade às estruturas sociais mais amplas, particularmente o capitalismo, ela estabeleceu conexões estreitas entre o pessoal e o político, o que é uma marca do ativismo feminista da geração dos anos 1970. Kollontai considerava "inexplicável e injustificável que o vital problema sexual seja relegado, hipocritamente, ao arquivo das questões puramente privadas" (Kollontai, 1911, p. 21).

Era necessário criar uma nova cultura da vida cotidiana, uma nova "vida psíquica" que transformasse a visão corrente sobre o amor e a sexualidade. Para ela, o ideal de casamento e de moralidade sexual típicos da sociedade burguesa, firmados na posse do outro e na inferiorização das mulheres, eram tentativas falhas de aplacar a solidão decorrente do "individualismo grosseiro" da sociedade moderna. A indissolubilidade do matrimônio legal, baseada na ideia de posse entre os cônjuges, tenderia a transformar o mais ardente dos amores em indiferença ou mesmo em repulsa, acreditava.

Kollontai defendia que a sociedade futura deveria priorizar a construção de relações "mais alegres e mais sadias entre os sexos", prevendo o surgimento de novas e desconhecidas formas de união sexual. Além disso, postulava que a independência econômica da mulher deveria ser sempre acompanhada da sua autonomia psicológica. "Já é hora de ensinar à mulher a não considerar o amor a única base de sua vida, e sim uma etapa, um meio de revelar seu verdadeiro eu. É necessário que a mulher aprenda a sair dos conflitos do amor não com as asas quebradas, e sim como saem os homens, com a alma fortalecida", afirmou (Kollontai, 2011, p. 41).

Em seus estudos, Kollontai adotou um método marcadamente sociológico (Field, 1985). As análises sobre a crise sexual e da família nuclear atentavam para as variações históricas e as diferentes experiências das classes sociais. Em outros escritos, foi o olhar comparativo de diferentes sociedades que sustentou os seus argumentos, como nos estudos sobre a crescente participação das mulheres no mercado de trabalho e a decorrente dupla jornada de trabalho a elas atribuída (Kollontai, 1909). Em geral, as análises econômicas marxistas se interessavam apenas pelo trabalho produtivo, aquele realizado no mercado de trabalho em troca de uma remuneração. Mostravam-se muito pouco atentos às mudanças na natureza do trabalho não remunerado, feito em grande medida pelas mulheres, e suas complexas relações com a economia monetária. Os estudos da Kollontai sobre o trabalho doméstico, a família e o capitalismo serão retomados décadas depois pelo acalorado debate feminista sobre as relações entre capitalismo e patriarcado e entre feminismo e marxismo (Field, 1982; Hartmann, 1979).

Seus escritos ficcionais perseguiram temas tratados nos seus trabalhos não ficcionais, em especial aqueles contidos em *Comunismo e a família* [*Comunism and the Family*] e a *Nova moralidade e a classe trabalhadora* [*New Morality and the Working Class*] (1978) . No seu romance *Amor das abelhas-operárias* [*Love of Worker Bees*], a autora deslindou, sobretudo através das personagens femininas, as complicadas relações entre vida pessoal e ideias políticas. O desejo de criar formas de relacionamentos pessoais e sexuais e a necessidade de subordinar os sentimentos à causa revolucionária são um dos temas presentes no seu romance *Amor das abelhas operárias*. Embora o contexto socioeconômico e cultural dos temas por ela tratados tenha mudado muito no decorrer do século XX, os problemas que ela tão intensamente descreveu ainda persistem e inquietam o movimento feminista contemporâneo. Com a presente seleção, enfatizamos dois temas importantes na obra da autora: a análise cultural da moral sexual vigente em sua época e sua interpretação dos fundamentos materiais e estruturais para a subordinação feminina nas sociedades capitalistas. Ainda que as ideias de Kollontai tenham caído em esquecimento por algumas décadas, nos anos 1960 ela reemergiu como uma das principais referências do feminismo socialista.

"AS RELAÇÕES SEXUAIS E A LUTA DE CLASSES", 1921[*]

Alexandra Kollontai refletiu sobre as relações entre homens e mulheres em diversos planos — material, político, cultural, social, afetivo e psicológico. Além de defender a independência econômica das mulheres, ela advogou também pela sua autonomia emocional. Nesse sentido, sugeria que era necessária uma verdadeira "revolução psicológica" da sociedade, que deveria se empenhar para modificar as relações sexuais e amorosas. Um dos maiores problemas identificados por ela na moral sexual vigente era a ideia de que o amor deveria redundar no direito de propriedade de um ser sobre o outro, isto é, que a possessão de uma pessoa sobre a outra era a verdadeira prova de compromisso e afeto. Para ela, o matrimônio, ao se basear em princípios como a indissolubilidade e a posse absoluta, na prática produzia a escravidão da mulher e acabava com o amor e a amizade entre maridos e esposas.

---

[*] KOLLONTAI, Alexandra. "As relações sexuais e a luta de classes", 1911. Fonte consultada: <www.marxists.org/portugues/kollontai/1911/mes/luta.htm>. Tradução: Maria Luiza Oliveira. Direitos de Reprodução: Licença Creative Commons.

Entre os múltiplos problemas que perturbam a humanidade, ocupa, indiscutivelmente, um dos primeiros postos, o problema sexual. Não há uma só nação, um só povo em que a questão das relações entre os sexos não adquira cada dia um caráter mais violento e doloroso. A humanidade contemporânea passa por uma crise sexual aguda. Uma crise que se prolonga e que, portanto, é muito mais grave e difícil de resolver.

No curso da história da humanidade não encontraremos, seguramente, outra época na qual os problemas sexuais tenham ocupado, na vida da sociedade, um lugar tão importante, atraindo como por arte de magia, as atenções de milhões de homens. Em nossa época, mais do que em nenhuma outra da história, os dramas sexuais constituem fonte inesgotável de inspiração para os artistas de todos os gêneros da Arte.

Como a terrível crise sexual se prolonga, seu caráter crônico adquire maior gravidade e mais insolúvel nos parece a situação presente. Por isto, a humanidade contemporânea lança-se ardentemente sobre todos os meios conjecturáveis que tornem possível uma solução para o maldito problema. No entanto, a cada nova tentativa de solução, mais se complica o complexo emaranhado das relações entre os sexos, dando-nos a impressão de que seria impossível descobrir o único fio que nos serviria para desatar o complicado nó. A humanidade, atemorizada, precipita-se de um extremo ao outro. Mas o círculo mágico da questão sexual permanece tão hermeticamente fechado como antes.

Os elementos conservadores da sociedade concluem que é imprescindível voltar aos felizes tempos passados, restabelecer os velhos costumes familiares, dar novo impulso às normas tradicionais da moral sexual. "É preciso destruir todas as proibições hipócritas prescritas pelo código da moral sexual corrente. É chegado o momento de se abandonar essa velharia inútil e incômoda. [...] A consciência individual, a vontade individual de cada ser é o único legislador em uma questão de caráter tão íntimo" — ouve-se essa afirmação nas fileiras do individualismo burguês. "A solução para os problemas sexuais só poderá ser encontrada com o estabelecimento de uma nova ordem social e econômica, com uma transformação fundamental de nossa atual sociedade" — afirmam os socialistas. Precisamente, porém, esse esperar pelo amanhã não indica que tampouco nós conseguimos apoderar-nos do fio condutor? Não deveríamos, pelo menos, encontrar ou localizar esse

CLÁSSICAS DO PENSAMENTO SOCIAL

"fio condutor" que promete desvendar o nó? Não devemos encontrá-lo agora, neste exato momento? O caminho a seguir nesta investigação nos oferece a mesma história das sociedades humanas, nos oferece a história de luta ininterrupta de classes e dos vários grupos sociais, em oposição por seus interesses e tendências.

Não é a primeira vez que a humanidade atravessa um período de aguda crise sexual. Não é a primeira vez que as aparentemente firmes e claras prescrições da moral cotidiana, no domínio da união sexual, são destruídas pelo afluxo de novos ideais sociais. A humanidade passou por uma época de crise sexual verdadeiramente aguda durante os períodos do Renascimento e da Reforma, no momento em que uma formidável modificação social relegava a segundo plano a aristocracia feudal, orgulhosa de sua nobreza, acostumada ao dominar sem limitações, e em seu lugar emergia uma nova força social, a burguesia ascendente, que crescia e se desenvolvia cada vez mais, com maior impulso e poder.

O código da moral sexual do mundo feudal, nascido no seio da sociedade aristocrática, com um sistema de economia comunal e baseado nos princípios autoritários de castas, devorava a vontade individual dos membros dessa sociedade que tentavam permanecer isolados. O velho código moral entrava em choque com novos princípios, que eram impostos pela classe burguesa em formação. A moral sexual da nova burguesia baseava-se em concepções radicalmente opostas aos princípios morais mais essenciais do código feudal. Em substituição ao princípio de castas, aparecia uma severa individualização: os estreitos limites da pequena família burguesa. O fator de colaboração, essencial na sociedade feudal, característica de sua economia comunal, tanto como da economia regional, era substituído pelo princípio da concorrência. Os últimos vestígios de ideias comunais, próprias dos diversos graus de evolução das castas, foram ultrapassados pelo triunfante princípio da propriedade privada.

A humanidade, perdida durante o processo de transição, ficou em dúvida, durante vários séculos, entre os dois códigos sexuais, de espírito tão diverso, e permaneceu ansiosa por adaptar-se à situação, até o momento em que a vida transformou as velhas normas, alcançando, pelo menos, uma forma harmoniosa, uma solução quanto ao aspecto externo.

Porém, durante essa época de transição, tão viva e cheia de colorido, a crise sexual, apesar de revestida de caráter crítico, não se apresentou de forma tão grave e ameaçadora como em nossa época. Isso se deveu ao fato de que, durante os gloriosos dias do Renascimento, durante aquele novo século, iluminado pela nova cultura espiritual, que coloria o agonizante mundo da Idade Média, pobre de conteúdo, apenas uma parte relativamente reduzida da sociedade experimentou a crise sexual. O campesinato, camada social mais considerável da época, do ponto de vista quantitativo, sofreu as consequências da crise sexual de forma indireta, quando, por lento processo secular, se transformavam as bases econômicas em que essa classe se fundamentava, isto é, unicamente à medida que evoluíam as relações econômicas.

As duas tendências opostas lutavam nas camadas superiores da sociedade. Nesse terreno, enfrentavam-se os ideais e as normas das duas concepções diversas da sociedade. E era onde, precisamente, a crise sexual, cada vez mais grave e ameaçadora, fazia suas vítimas. Os camponeses, rebeldes a qualquer inovação, classe apegada a seus princípios, continuavam apoiando-se nos sustentáculos das tradições e o código da moral sexual tradicional permanecia inalterável. Só se transformava, não se abrandava. Adaptava-se às novas condições da vida econômica, sob a pressão da grande necessidade. A crise sexual, durante a luta entre o mundo burguês e o mundo feudal, não afetou a classe tributária.

E mais, ao arruinar-se, a classe camponesa apegava-se às tradições com maior força. Apesar de todas as tempestades que desabavam sobre sua cabeça, que abalavam até o solo que pisavam, a classe camponesa, em geral, e particularmente os camponeses russos, tentaram conservar, durante séculos e séculos, em sua forma primitiva, os princípios essenciais de seu código moral sexual.

O problema de nossa época apresenta um aspecto totalmente distinto. A crise sexual não perdoa sequer a classe camponesa. Como doença infecciosa, não reconhece nem graus, nem hierarquias, contamina os palácios, as aldeias e os bairros operários, onde vivem amontoados milhares de seres. Penetra nos lares burgueses, abre caminho até à miserável e solitária aldeia russa, elege suas vítimas, tanto entre os habitantes da cidade provinciana burguesa da Europa, quanto nos úmidos sótãos, onde se amontoa a família operária, e nas enegrecidas choças do camponês. Para a crise sexual não há obstáculos nem ferrolho. É um profundo erro acreditar que a crise sexual só alcança os representantes das classes que têm uma posição econômica materialmente segura. A indefinida inquietação da crise sexual franqueia, cada vez com maior frequência, a porta das habitações operárias, causando tristes dramas, que por sua intensidade de dor não têm nada a dever aos conflitos psicológicos do mundo burguês. Porém, justamente porque a crise sexual não ataca somente os interesses dos que tudo possuem, precisamente porque estes problemas sexuais afetam também uma classe social tão numerosa como o proletariado de nossos tempos, é incompreensível e imperdoável que essa questão vital, essencialmente violenta e trágica, seja considerada com tanta indiferença. Entre as múltiplas ideias fundamentais que a classe trabalhadora deve levar em conta em sua luta para a conquista da sociedade futura, deve estar, necessariamente, o estabelecimento de relações sexuais mais sadias e que, portanto, tornem a humanidade mais feliz.

É imperdoável nossa atitude de indiferença diante de uma das tarefas essenciais da classe trabalhadora. É inexplicável e injustificável que o vital problema sexual seja relegado, hipocritamente, ao arquivo das questões puramente privadas. Por que negamos a esse problema o auxílio da energia e da atenção da coletividade? As relações entre os sexos e a elaboração de um código sexual que regulamente essas relações aparecem na história da humanidade, de maneira invariável, como um dos fatores da luta social. Nada mais certo do que a influência fundamental e decisiva das relações sexuais de um grupo social e determinado no resultado da luta dessa classe com outra, de interesses opostos.

O drama da humanidade atual é desesperador porque, enquanto diante de nossos olhos são destruídas as formas banais de união sexual e são desprezados os princípios que as regiam, das camadas mais baixas da sociedade se elevam frescos aromas desconhecidos, que nos fazem conceber esperanças risonhas sobre uma nova forma de vida e impregnam o espírito humano com a nostalgia de ideais futuros, mas cuja realização não parece possível. Nós, homens do século em que domina a propriedade capitalista, de um século em que transbordam as agudas contradições de classe; nós, homens imbuídos da moral individualista, vivemos e pensamos sob o funesto símbolo de invencível alheamento moral. A terrível solidão que o homem sente nas imensas cidades populosas, nas cidades modernas tão irrequietas e tentadoras; a solidão, que não é dissipada pela companhia de amigos e companheiros, é que o impulsiona a buscar, com avidez doentia, sua ilusória alma gêmea, num ser do sexo oposto, visto que só o amor possui o mágico poder de afugentar, embora momentaneamente, as angústias da solidão.

Em nenhuma outra época da história os homens sentiram com tanta intensidade a solidão moral. Necessariamente tem que ser assim. A noite é muito mais impenetrável quando ao longe vemos brilhar uma luz. Os homens individualistas de nossa época, unidos por débeis laços à comunidade ou a outras individualidades, veem brilhar ao longe uma nova luz: a transformação das relações sexuais mediante a substituição do cego fator fisiológico pelo novo fator criador da solidariedade, da camaradagem.

A moral da propriedade individualista de nossos tempos começa a afogar os homens. O homem contemporâneo não se contenta em criticar as relações entre os sexos, em negar as formas exteriores prescritas pelo código da moral vigente. Sua alma deseja a renovação da essência das relações sexuais, deseja ardentemente encontrar o verdadeiro amor, essa grande força confortadora e criadora que é a única capaz de afugentar a solidão de que padecem os individualistas contemporâneos. Se é certo que a crise sexual está condicionada em suas três partes pelas relações externas de caráter econômico-social, não é menos certo que a outra quarta parte de sua intensidade é devida, à nossa refinada psicologia individualista, que com tanto cuidado a dominante ideologia burguesa cultivou. A humanidade contemporânea, como disse, acertadamente, Meisel-Hess, é muito pobre em potencial de amor. Cada um dos sexos busca o outro com a única esperança de conseguir a maior satisfação possível de prazeres espirituais e físicos para si. Cada um utiliza o outro como simples instrumento. O amante ou o noivo não pensa nos sentimentos, no trabalho psicológico que se efetua na alma da mulher amada.

Talvez não haja nenhuma outra relação humana como as relações entre os sexos, na qual se manifeste com tanta intensidade o individualismo grosseiro que caracteriza nossa época. Absurdamente se imagina que basta ao homem, para escapar à solidão moral que o rodeia, o amor, exigir seus direitos sobre a outra pessoa. Espera assim, unicamente, obter esta sorte rara: a harmonia da afinidade moral e a compreensão entre dois seres. Nós, os indivíduos dotados de uma alma que se fez grosseira pelo constante culto do nosso eu, cremos que podemos conquistar sem nenhum sacrifício a maior das sortes humanas, o verdadeiro amor, não só para nós, como também para nossos semelhantes. Cremos poder conquistar isso sem dar em troca nossa própria personalidade.

Pretendemos conquistar a totalidade da alma do ser amado, mas, em compensação, somos incapazes de respeitar a mais simples fórmula do amor: acercarmo-nos do outro dispostos a dispensar-lhe todo o gênero de considerações. Essa simples fórmula nos será unicamente inculcada pelas novas relações entre os sexos, relações que já começaram a se manifestar e que estão baseadas também em dois princípios novos: liberdade absoluta, por um lado, e igualdade e verdadeira solidariedade entre companheiros, por outro. Entretanto, por enquanto, a humanidade tem que sofrer, ainda, a solidão moral e não há outro remédio senão sonhar com uma época melhor na qual todas as relações humanas se caracterizem por sentimento de solidariedade, que serão possíveis por causa das novas condições da existência. A crise sexual é insolúvel sem que haja uma transformação fundamental da psicologia humana; a crise sexual só pode ser vencida pela acumulação de potencial de amor. Mas essa transformação psíquica depende completamente da reorganização fundamental das relações econômicas sobre os fundamentos comunistas. Se recusarmos essa velha verdade, o problema sexual não terá solução.

Apesar de todas as formas de união sexual que a humanidade experimenta hoje em dia, a crise sexual não se resolveu em nenhum lugar. Não se conheceram em nenhuma época da história tantas formas diversas de união entre os sexos. Matrimônio indissolúvel, com uma família solidamente constituída, e a seu lado a união livre, passageira; o adultério conservado no maior segredo, ao lado do matrimônio e da vida em comum de uma moça solteira com seu amante; o matrimônio por trás da Igreja, o matrimônio de dois, o matrimônio triângulo e, inclusive, a forma complicada do matrimônio de quatro, sem contar as múltiplas variantes da prostituição. Ao lado dessas formas de união, entre os camponeses e a pequena burguesia, encontramos vestígios dos velhos costumes de casta, mesclados com os princípios em decomposição da família burguesa e individualista; a vergonha do adultério, a vida em concubinato entre o sogro e a nora e a liberdade absoluta para a jovem solteira. Sempre a mesma moral dupla. As formas atuais de união entre os sexos são contraditórias e complicadas, de tal modo que nos interrogamos como é possível que o homem que conservou em sua alma a fé na firmeza dos princípios morais possa continuar admitindo essas contradições e salvar esses critérios morais irreconciliáveis, que necessariamente se destroem um ao outro. Precisamente, o trabalho a realizar consiste em fazer com que surja essa nova moral: é preciso extrair do caos as normas sexuais contraditórias da época presente, as premissas dos princípios que correspondem ao espírito da classe revolucionária em ascensão.

Além do individualismo extremado, defeito fundamental da psicologia da época atual, de um egocentrismo transformado em culto, a crise sexual agrava-se muito mais com outros dois fatores da psicologia contemporânea: 1) a ideia do direito de propriedade de um ser sobre o outro; e 2) o preconceito secular da desigualdade entre os sexos em todas as esferas da vida.

A ideia da propriedade inviolável do esposo foi cultivada com todo o esmero pelo código moral da classe burguesa, com sua família individualista encerrada em si mesma, construída totalmente sobre as bases da propriedade privada. A burguesia conseguiu com perfeição inocular essa ideia na psicologia humana. O conceito de propriedade dentro do matrimônio vai hoje em dia muito além do que ia o conceito da propriedade nas relações sexuais do código aristocrático. No curso do longo período histórico que transcorreu sobre o signo do princípio de casta, a ideia da posse da mulher pelo marido (a mulher carecia de direitos de propriedade sobre o marido) não se estendia além da posse física, mas sua personalidade lhe pertencia completamente.

Os cavaleiros da Idade Média chegavam inclusive a reconhecer nas suas esposas o direito de ter admiradores platônicos e de receber o testemunho dessa adoração pelos cavaleiros e menestréis. O ideal da posse absoluta, da posse não só do eu físico, mas também do eu espiritual por parte do esposo, o ideal, que admite uma reivindicação de direitos de propriedade sobre o mundo espiritual e moral do ser amado, é que se formou na mente e foi cultivado pela burguesia com o objetivo de reforçar os fundamentos da família, para assegurar sua estabilidade e sua força durante o período de luta para conquista de seu predomínio social. Esse ideal não só o recebemos como herança, como também chegamos a pretender que seja considerado um imperativo moral indestrutível. A ideia da propriedade se estende muito além do matrimônio legal. É um fator inevitável que penetra até na união amorosa mais livre. Os amantes de nossa época, apesar de seu respeito teórico pela liberdade, só se satisfazem com a consciência da fidelidade psicológica da pessoa amada. Com o fim de afugentar o fantasma ameaçador da solidão, penetramos, violentamente, na alma do ser amado, com uma crueldade e uma falta de delicadeza que será incompreensível à humanidade futura. Da mesma forma pretendemos fazer valer nossos direitos sobre o seu eu espiritual mais íntimo. O amante contemporâneo está disposto a perdoar mais facilmente ao ser querido uma infidelidade física do que uma infidelidade moral e pretende que lhe pertença cada partícula da alma da pessoa amada, que se estenda mais além dos limites de sua união livre. Considera tudo isso um desperdício, um roubo imperdoável de tesouros que lhe pertenciam, exclusivamente, e, portanto, um saque cometido à sua revelia.

Tem a mesma origem a absurda indelicadeza que cometem constantemente dois amantes com relação a uma terceira pessoa. Todos tivemos ocasião de observar um fato curioso que se repete continuamente: dois amantes, que mal tiveram tempo de conhecer-se em suas relações múltiplas, apressam-se a estabelecer seus direitos sobre as relações sexuais do outro e intervir no mais sagrado e no mais íntimo de sua vida. Seres que ontem eram dois estranhos, hoje, unicamente porque os unem sensações eróticas, apressam-se a apossar-se da alma do outro, a dispor da alma desconhecida e misteriosa sobre a qual o passado gravou imagens inapagáveis e a instalar-se no seu interior como se estivesse em sua própria casa. Essa ideia da posse recíproca de um casal amoroso estende seu domínio de tal forma que pouco nos surpreende um fato tão anormal quanto o seguinte: dois recém-casados viviam até ontem cada um a própria vida; no dia seguinte à sua união, cada um deles abre sem o menor escrúpulo a correspondência do outro inteirando-se, consequentemente, do conteúdo da carta procedente de uma terceira pessoa que só tem relação com um dos esposos e se converte em propriedade comum. Uma intimidade desse gênero só se pode adquirir como resultado de uma verdadeira união entre as almas no curso de uma longa vida em comum, de amizade posta à prova. O que se busca, em geral, é legitimar essa intimidade, baseando-se na ideia equivocada de que comunhão sexual entre dois seres é suficiente para estender o direito de propriedade sobre o ser moral da pessoa amada.

O segundo fator que deforma a mentalidade do homem contemporâneo e que agrava a crise sexual é a ideia de desigualdade entre os sexos, desigualdade de direitos e desigualdade no valor de suas sensações psicofisiológicas. A moral dupla, característica do código burguês e do código aristocrático, envenenou durante séculos a psicologia de homens e mulheres e tornou muito mais difícil livrar-se de sua influência venenosa do que das ideias referentes à propriedade de um esposo sobre o outro, herdadas da ideologia burguesa. A concepção de desigualdade entre os sexos, até no domínio psicofisiológico, obriga à aplicação constante de medidas diversas para atos idênticos, segundo o sexo que os haja realizado. Um homem de ideias avançadas no campo burguês, que soube desde algum tempo superar as perspectivas do código da moral em uso, será incapaz de subtrair-se à influência do meio ambiente e emitirá um juízo completamente distinto, segundo se trate do homem ou da mulher. Basta um exemplo vulgar: imaginemos que um intelectual burguês, um cientista, um político, um homem de atividades sociais, ou seja, uma personalidade, se enamore de sua cozinheira (fato que, aliás, se dá com bastante frequência) e chegue, inclusive, a se casar com ela. Modificará a sociedade burguesa por esse fato sua conduta em relação à personalidade desse homem? Porá em questão sua personalidade? Duvidará de suas qualidades morais? Naturalmente, não. Agora vejamos outro exemplo: uma mulher pertencente à sociedade burguesa, uma mulher respeitável, considerada, uma professora, médica ou escritora; uma mulher, em suma, com personalidade, se enamora de um criado e chega ao clímax do escândalo, consolidando essa questão com um matrimônio legal. Qual será a atitude da sociedade burguesa em relação a essa pessoa até então respeitada? A sociedade, naturalmente, a mortificará com seu desprezo. Mas será muito mais terrível se seu marido, o criado, possui uma bela fisionomia e outros atrativos de caráter físico. Nossa hipócrita sociedade burguesa julgará sua escolha da seguinte forma: até onde desceu essa mulher?

A sociedade burguesa não pode perdoar a mulher que se atreve a dar à escolha do marido um caráter individual. Segundo a tradição herdada dos costumes de casta, a sociedade pretende que a mulher continue levando em conta, no momento de entregar-se, uma série de considerações de graus e hierarquias sociais, a respeito do meio familiar e dos interesses da família. A sociedade burguesa não pode considerar a mulher independente da célula da família; é-lhe completamente impossível apreciá-la como personalidade fora do círculo estreito das virtudes e dos deveres familiares.

A sociedade contemporânea vai muito mais longe que a ordem antiga na tutela que exerce sobre a mulher. Não só lhe prescreve casar-se unicamente com homens dignos dela, como lhe proíbe, inclusive, que chegue a amar um ser que lhe é socialmente inferior. Estamos acostumados a ver como homens, de nível moral e intelectual muito elevado, escolhem para companheira de vida uma mulher insignificante e vazia, sem nenhum valor comparado ao valor do esposo. Apreciamos esse fato como completamente normal e que, portanto, não merece sequer nossa consideração. Tudo o que pode suceder é que os amigos "lamentem que Ivan Ivanitch tenha se casado com uma mulher insuportável". O caso varia tratando-se de uma mulher. Então, nossa indignação não tem limites e a expressamos com frases como a seguinte: "Como é possível que uma mulher tão inteligente como Maria Petrovna possa amar uma nulidade assim! Teremos que pôr em dúvida sua inteligência."

O que determina essa maneira diferente de julgar as coisas? A que princípio obedece uma apreciação tão contraditória? Essa diversidade de critérios tem origem na ideia da desigualdade entre os sexos, ideia que tem sido inculcada na humanidade durante séculos e séculos e que acabou por apoderar-se de nossa mentalidade, organicamente. Estamos acostumados a valorizar a mulher não como personalidade, com qualidades e defeitos individuais, independentemente de suas sensações psicofisiológicas. Para nós, a mulher só tem valor como acessório do homem. O homem, marido ou amante, projeta sobre a mulher sua luz; é a ele e não a ela que tomamos em consideração como o verdadeiro elemento determinante da estrutura espiritual e moral da mulher. Em troca, quando valorizamos a personalidade do homem, fazemos por antecipação uma total abstração de seus atos no que diz respeito às relações sexuais.

A personalidade da mulher, pelo contrário, valoriza-se em relação à sua vida sexual. Esse modo de apreciar o valor de uma personalidade feminina deriva do papel que representou a mulher durante séculos. A revisão de valores, nesse domínio essencial, só se faz, ou melhor dizendo, só se indica, de modo gradual. A atenuação dessas falsas e hipócritas concepções só se realizará com a transformação do papel econômico da mulher na sociedade, com sua entrada nas fileiras do trabalho.

Os três fatores fundamentais que deformam a psicologia humana são os seguintes: o egocentrismo extremado, a ideia do direito de propriedade dos esposos entre si e o conceito da desigualdade entre os sexos no aspecto psicológico e físico. Esses três fatores são os que travam o caminho que conduz à solução do problema sexual. A humanidade não encontrará solução para esse problema até que tenha acumulado em sua psicologia suficientes reservas de sensações depuradas, até que se tenha apoderado de sua alma o potencial do amor, até que o conceito da liberdade no matrimônio e na união livre seja um fato consolidado; em suma, até que o princípio da camaradagem haja triunfado sobre os conceitos tradicionais de desigualdade e de subordinação nas relações entre os sexos. Sem uma reconstrução total e fundamental da psicologia humana é insolúvel o problema sexual. [...]

TRECHOS DE "COMUNISMO E A FAMÍLIA", 1920[*]

Além de refletir sobre as dimensões psicológicas das relações sexuais, Kollontai buscou associá-las a fatores estruturais da sociedade. Nesse sentido, pode-se dizer que fez análises sobre as relações de gênero e classe que iam do nível micro ao macrossocial. O movimento realizado

---

[*] KOLLONTAI, Alexandra. "Communism and the Family". Primeira publicação: *Komunistka*, n. 2, 1920, e em inglês em *The Worker*, 1920. Fonte consultada: *Selected Writings of Alexandra Kollontai*, Allison & Busby, 1977. Tradução de Verônica Toste Daflon. Revisão técnica de Ana Paula Soares Carvalho.

é sociológico: para ela, buscar apenas nas individualidades e na psicologia individual a explicação e a solução para os problemas da sociedade seria um equívoco. Para que as mudanças ocorressem, seria necessário mexer também nas bases materiais da organização da vida de homens e mulheres. A solução comunista consistia para ela em transferir as funções da família e do lar para o âmbito do Estado e da coletividade. Em "Comunismo e a família", Kollontai apresenta um argumento marxista sobre a história e as mudanças sociais na família, buscando nas próprias contradições históricas um movimento dialético de mudança.

O papel da mulher na produção e o efeito disso na família

[...] Não há por que não encarar a verdade: a velha família em que o homem era tudo e a mulher não era nada, a típica família em que a mulher não tinha vontade própria, tempo para si, nem dinheiro próprio está mudando diante de nossos olhos. Mas não há motivo para se alarmar. Apenas nossa ignorância nos leva a pensar que as coisas com as quais já estamos acostumados nunca podem mudar. Nada poderia ser menos verdade do que o ditado "assim foi, assim também será". Só precisamos ler a respeito de como as pessoas eram no passado para ver que tudo é passível de mudança e que não há costumes, organizações políticas ou princípios morais fixos ou invioláveis. No curso da história, a estrutura da família mudou várias vezes; ela já foi muito diferente da família de hoje.

[...] O tipo de família com o qual o proletariado urbano e o rural se acostumaram é um desses legados do passado. Houve um tempo em que a família isolada, muito unida, baseada em um casamento ocorrido na igreja, foi igualmente necessária para todos os seus membros. Se não tivesse havido família, quem teria alimentado, vestido e educado as crianças? Quem teria dado a eles conselhos? No passado, ser um órfão era um dos piores destinos imagináveis. Na antiga família, o marido ganhava e sustentava a esposa e os filhos. A esposa, por sua vez, estava ocupada em cuidar da casa e educar as crianças da melhor forma que pudesse. Mas nos últimos cem anos essa estrutura familiar tem se desfeito em todos os países onde o capitalismo é dominante e onde está crescendo o número de fábricas e outras empresas que empregam trabalhadores assalariados. Os costumes e os princípios morais da família estão mudando à medida que as condições de vida mudam. Foi principalmente o aumento do trabalho da mulher que contribuiu para a mudança radical na vida da família. Antigamente, apenas o homem era considerado provedor. Mas as mulheres russas, nos últimos cinquenta ou sessenta anos (e em outros países capitalistas por um período um tanto mais longo), têm sido forçadas a procurar trabalho assalariado fora da família e fora de casa. Sendo o salário do "provedor" insuficiente para as necessidades da família, a mulher se viu obrigada a buscar um salário e a bater na porta da fábrica. A cada ano aumenta o número de mulheres da classe trabalhadora que trabalham fora de casa como diaristas, vendedoras, funcionárias, lavadeiras e serventes. As estatísticas mostram que em 1914, antes de eclodir a Primeira Guerra Mundial, havia aproximadamente seis milhões de mulheres se sustentando nos países da Europa e da América, e que durante a guerra esse número aumentou consideravelmente. Quase metade dessas mulheres era casada. Pode-se imaginar com facilidade o tipo de vida familiar que elas tinham. Que tipo de "vida familiar" pode haver se a mulher e mãe estiver fora, no trabalho, por pelo menos oito horas e, contando com o tempo de deslocamento, ficar fora de casa por dez horas? Seu lar fica negligenciado; as crianças crescem sem qualquer cuidado maternal, passando a maior parte do tempo fora nas ruas, expostas a todos os perigos desse ambiente. A mulher que é esposa, mãe e trabalhadora precisa usar toda a sua energia para completar essas tarefas. Ela precisa trabalhar durante as mesmas horas que o marido em alguma fábrica, gráfica ou estabelecimento comercial; então, além disso tudo, ela precisa encontrar tempo para estar com o marido, e cuidar das crianças. O capitalismo colocou um fardo pesado sobre os ombros da mulher: fez dela uma assalariada sem reduzir suas tarefas no cuidado da casa ou como mãe. A mulher vacila sob o peso dessa carga três vezes mais pesada. Ela sofre, seu rosto está sempre molhado de lágrimas. A vida nunca foi fácil para a mulher, mas sua responsabilidade nunca foi tão dura e mais desesperada do que a das milhões de mulheres trabalhadoras sob o jugo do capitalismo, no auge da produção industrial.

A família se desmancha à medida que a mulher sai para trabalhar. Como alguém pode falar de vida familiar quando o homem e a mulher trabalham em turnos diferentes, e quando a esposa nem consegue ter tempo para preparar uma refeição decente para os filhos? Como alguém pode falar de pais quando a mãe e o pai estão fora trabalhando o dia inteiro e não conseguem encontrar tempo, nem mesmo alguns minutos, para dedicar às crianças? Antigamente era bem diferente. A mãe ficava em casa e se ocupava das obrigações domésticas; as crianças ficavam ao lado dela, debaixo de suas asas. Hoje em dia a mulher trabalhadora se apressa para sair de casa cedo, quando o apito da fábrica toca. Quando chega o fim de tarde, e o apito soa novamente, ela se apressa para, uma vez em casa, encarar a mais urgente de suas tarefas domésticas. Então, tem mais trabalho na manhã seguinte e está cansada do trabalho da noite anterior. Para a trabalhadora casada, a vida é tão difícil quanto a casa de trabalho.* Portanto, não é surpresa que laços familiares estejam se desfazendo e a família começando a ruir. As circunstâncias que a mantinham não existem mais. A família está deixando de ser necessária ou para os seus membros ou para a nação como um todo. A antiga estrutura familiar é agora simplesmente um obstáculo. O que fazia a família antiga tão forte? Primeiro, o marido e pai era o provedor; segundo, a economia familiar era necessária para todos os membros; terceiro, as crianças eram educadas por pai e mãe. O que restou do antigo tipo de família? O marido, como acabamos de ver, deixou de ser o único provedor. A esposa que sai para trabalhar recebe salário. Ela aprendeu a comandar a própria vida, a sustentar as crianças e, com frequência, o marido. A família agora serve apenas como unidade econômica primária da sociedade e apoio financeiro e de educação para a criança. Vamos examinar a questão em mais detalhes, para avaliar se a família está prestes a se livrar dessas tarefas também.

---

* O termo *workhouse* se refere, em geral, às instituições britânicas em que os destituídos recebiam alimentação e abrigo em troca de trabalho. As *workhouses*, ou casas de trabalho, foram instituídas na Grã-Bretanha na segunda metade do século XVI e abolidas apenas nos anos 1930. São lembradas como casas de trabalhos forçados, em que os abrigados sofriam com péssimas condições de trabalho e insalubridade, bem como com a fome extrema (Higginbotham, 2012). [*N. da T.*]

O trabalho doméstico deixa de ser necessário

Houve um tempo em que as mulheres das classes mais pobres na cidade e no interior passavam a vida inteira entre as quatro paredes de casa. A mulher não conhecia nada para além da soleira da própria casa, e na maioria dos casos não tinha qualquer desejo de saber. Afinal, havia muito o que fazer na própria casa, e esse trabalho era muito necessário e útil não só para a família propriamente dita, mas para o Estado como um todo. A mulher fazia tudo o que uma trabalhadora moderna e camponesa fazem, mas além de cozinhar, lavar, limpar e costurar, ela fiava lã e linho, tecia panos e roupas, tricotava meias, fazia rendas, preparava — até o limite de seus recursos — todos os tipos de conservas, geleias e compotas para o inverno, e fabricava as próprias velas. É difícil fazer uma lista completa de todas as suas obrigações. Foi assim que nossa mãe e nossas avós viveram.

[...] Mas o capitalismo mudou tudo isso. Tudo o que antes era produzido no seio da família agora é produzido em grande escala, nas oficinas e nas fábricas. A máquina superou a esposa. Qual dona de casa agora se preocuparia em fazer velas, fiar lã ou tecer, fazer panos? Esses produtos todos podem ser comprados na loja ao lado de casa, antigamente toda garota aprendia a tricotar meias. [...]

A família não mais produz, ela apenas consome. O trabalho doméstico que permanece consiste em limpar (limpar o chão, tirar poeira, esquentar água, cuidar das lâmpadas etc.), cozinhar (preparar jantares e ceias), lavar e cuidar dos lençóis e das roupas da família (costurar ou cerzir). Essas tarefas são difíceis e exaustivas, ocupam todo o tempo livre e a energia da mulher trabalhadora, que deve, além disso, trabalhar algumas horas em uma fábrica. Mas esse trabalho, de uma forma importante, é diferente do trabalho que nossas avós fizeram: as quatro tarefas enumeradas, que ainda servem para manter a família reunida, não têm o menor valor para o Estado nem para a economia nacional, porque não criam qualquer valor novo nem fazem qualquer contribuição para a prosperidade de nosso país. A dona de casa pode passar todos os dias, da manhã ao entardecer, limpando a casa; pode lavar e passar os lençóis diariamente, se esforçar para manter as roupas em boa ordem e preparar quaisquer pratos que quiser e que seus recursos modestos permitirem, e ainda terminará o dia sem ter criado qualquer valor. Não obstante a trabalho, ela não terá feito qualquer coisa que possa ser considerada mercadoria. Ainda que uma trabalhadora vivesse cem anos, ela teria que começar todos os dias do começo. Sempre haveria uma nova camada de poeira a ser removida da cornija da lareira, seu marido sempre chegaria com fome, e ele e as crianças entrariam em casa com lama nos sapatos.

O trabalho das mulheres está cada vez menos útil para a comunidade como um todo. Está ficando improdutivo. O lar individual está morrendo. Ele está dando espaço para a economia doméstica coletiva em nossa sociedade. Em vez de a mulher trabalhadora limpar seu apartamento, a sociedade comunista organiza homens e mulheres com o trabalho de rodar apartamentos pela manhã fazendo a limpeza. As esposas de pessoas ricas ficaram livres dessas irritantes e cansativas obrigações domésticas. Por que as mulheres trabalhadoras continuam se sobrecarregando com elas? Na Rússia Soviética, a mulher trabalhadora deve ser rodeada pela mesma tranquilidade e luz, higiene e beleza que antigamente somente as muito ricas podiam ter. Em vez de a mulher trabalhadora precisar batalhar na cozinha e passar suas últimas horas livres preparando jantar e ceia, a sociedade comunista organiza restaurantes públicos e cozinhas comunitárias. [...]

O Estado é responsável por educar as crianças

No entanto, ainda que o trabalho doméstico desapareça, alguém pode argumentar, sempre haverá crianças de quem cuidar. Mas nesse caso também o estado operário substituirá a família, a sociedade assumirá gradualmente as tarefas que antes da revolução caíam sobre mães e pais individuais. Mesmo antes da revolução, a instrução da criança deixou de ser obrigação do pai e da mãe. Uma vez que as crianças alcançassem idade escolar, mãe e pai respiravam com mais liberdade, porque não eram mais responsáveis pelo desenvolvimento intelectual de sua prole. Mas ainda havia muita obrigação a cumprir. Ainda havia a questão de alimentação das crianças, a necessidade de comprar sapatos e roupas e garantir que se desenvolvessem como trabalhadores habilidosos e honestos capazes de, quando chegasse a hora, sustentar-se, além de alimentar e ajudar financeiramente mãe e pai idosos. Poucas famílias de trabalhadores, no entanto, eram capazes de cumprir essas obrigações. Os baixos salários não permitiam dar às crianças comida suficiente, enquanto a falta de tempo livre os impedia de dedicar atenção necessária à educação da geração que surgia. Espera-se que a família eduque as crianças, mas, na realidade, crianças do proletariado crescem nas ruas. Nossos antepassados conheciam vida familiar, mas as crianças proletárias não. Mais além, a baixa renda de pai e mãe e a posição precária em que a família é colocada financeiramente com frequência forçam a criança a se tornar uma trabalhadora independente, quando mal tem 10 anos. E quando crianças começam a ganhar o próprio dinheiro, elas já se consideram donas de si mesmas, e palavras e conselhos do pai e da mãe cessam de ser leis; a autoridade diminuiu e a obediência está acabando.

Assim como o trabalho doméstico vai desaparecendo, as obrigações de pais e mães com suas crianças também desaparecem gradativamente; até que, finalmente, a sociedade assume total responsabilidade. Sob o capitalismo, as crianças, com frequência, com muita frequência, são um fardo pesado e insuportável nas famílias proletárias. A sociedade comunista auxiliará pais e mães. Na Rússia Soviética, o comissariado de educação pública e de bem-estar social já está fazendo muitas coisas para dar assistência às famílias. Já temos lares para bebês muito pequenos, creches, jardins de infância, colônias infantis e casas, hospitais e clínicas para crianças doentes, restaurantes, almoço de graça na escola e livros didáticos gratuitos, além de roupas quentes e sapatos para estudantes. Tudo isso para mostrar que a responsabilidade pela criança está passando da família para o coletivo.

[...] A sociedade comunista considera a educação social dessa geração que surge um dos aspectos fundamentais para a nova vida. A família antiga, limitada e mesquinha, em que pais e mães discutem e estão interessados apenas em sua prole, não são capazes de educar a "nova pessoa". Os parquinhos, jardins, casas e outras facilidades onde a criança passará grande parte do dia sob a supervisão de educadores qualificados, por outro lado, oferecerão um ambiente no qual a criança possa crescer uma como um comunista consciente, que reconhece a necessidade de se ter solidariedade, camaradagem, ajuda mútua e lealdade ao coletivo. Quais responsabilidades ficam para pais e mães, quando não precisam mais acompanhar a educação? O bebezinho, talvez você responda, enquanto ainda está aprendendo a andar e agarra à saia da mãe, ainda precisa da atenção dela. Aqui, novamente, o argumento comunista acelera para ajudar as mães trabalhadoras. Não haverá mais mulheres sozinhas. O Estado operário tem por objetivo apoiar financeiramente todas as mães, sejam casadas ou não, enquanto estiverem amamentando a criança, e criar casas-maternidade, creches diurnas e outras facilidades em cidades e vilas, a fim de proporcionar às mulheres oportunidade de combinar trabalho e maternidade na sociedade.

[...] Não há como fugir do fato: o tipo antigo de família teve seus momentos. A família está se esvaindo, não porque está sendo forçosamente destruída pelo Estado, mas porque a família está deixando de ser necessidade. O Estado não precisa da família, porque a economia doméstica já não é lucrativa: a família distrai o trabalhador de uma atividade mais útil e produtiva. Os membros da família também não precisam da família, porque a tarefa de educar a criança que antigamente era deles está, cada vez mais, passando para as mãos do coletivo. No lugar do velho relacionamento entre homem e mulher, um novo está se desenvolvendo: uma união de afeto e camaradagem, uma união de dois membros iguais de uma sociedade comunista, ambos livres, ambos independentes e ambos trabalhadores. É o fim dos laços domésticos para as mulheres. É o fim da iniquidade dentro da família. As mulheres não precisam ter medo de ficarem sem apoio financeiro com crianças para educar. A mulher na sociedade comunista não depende mais do marido, e sim do trabalho. Não é no marido, mas na capacidade que ela tem de trabalhar que encontrará apoio. Ela não precisa ter ansiedade em relação às crianças. O Estado operário assumirá a responsabilidade por elas. O casamento perderá todos os elementos de cálculo material que prejudicam a vida familiar. Casamento será a união de duas pessoas que se amam e confiam uma na outra. Tal união promete a mais completa felicidade e máxima satisfação para trabalhadores homens e mulheres [...] Em vez da escravidão conjugal do passado, a sociedade comunista oferece a mulheres e homens uma união livre, com a camaradagem que a inspirou fortalecida. Quando as condições de trabalho tiverem sido transformadas e a segurança material das mulheres trabalhadoras tiver aumentado, e quando o casamento, como a igreja costumava realizar — esse chamado casamento indissolúvel que no fundo era meramente uma fraude —, der lugar à união livre e honesta de homens e mulheres que são amantes e camaradas, a prostituição irá acabar. O mal, que é uma mancha na humanidade e o flagelo de mulheres trabalhadoras famintas, tem sua origem na produção da mercadoria e na instituição da propriedade privada. Uma vez que essas formas econômicas forem suplantadas, o mercado de mulheres irá automaticamente desaparecer. As mulheres da classe trabalhadora, portanto, não precisam se preocupar com o fato de que a família está fadada a desaparecer. Elas deveriam, ao contrário, dar boas-vindas ao nascimento de uma nova sociedade que libertará as mulheres da servidão doméstica, aliviará o peso do fardo da maternidade e finalmente colocará um fim à terrível maldição da prostituição.

O Estado operário precisa de novas relações entre os sexos, assim como o estreito e exclusivo afeto da mãe por suas crianças deve expandir até que se estenda a todas as crianças da grandiosa família proletária; o casamento indissolúvel baseado na servidão das mulheres é substituído por uma livre união de dois membros iguais do Estado operário, unidos por amor e respeito mútuo. No lugar da individual e egoísta família, uma grande família universal de trabalhadores se desenvolverá, em que todos os trabalhadores, homens e mulheres serão, acima de tudo, camaradas. Assim serão os relacionamentos entre homem e mulher em uma sociedade comunista. Essas novas relações assegurarão à humanidade todas as alegrias de um amor desconhecido na sociedade comercial, um amor que é livre e baseado na verdadeira igualdade social dos parceiros.

REFERÊNCIAS BIBLIOGRÁFICAS

KOLLONTAI, Alexandra. *The Social Basis of the Women's Question*, St Petersburg, 1909, pp. 1-33, resumido. Disponível em <www.marxists.org/archive/kollonta/1908/social-basis.htm>.

_____. "As relações entre os sexos e a luta de classes", 1911, s/p. Disponível em <https://www.marxists.org/portugues/kollontai/1911/mes/luta.htm>.

CLÁSSICAS DO PENSAMENTO SOCIAL

____."O amor e a nova moral". *A mulher e a nova moral sexual.* São Paulo: Expressão Popular, 2011, pp. 25-42.

FIELD, Karen L. "Alexandra Kollontai and the 'Anthropology of women': an assessment". *Anthropology and Humanism Quarterly*, vol. 10, edição 2, maio de 1985, pp. 33-39.

____."Alexandra Kollontai: precursor of eurofeminism". *Dialectical Anthropology*, vol. 6, n. 3, março de 1982, pp. 229-244. Disponível em <www.rosswolfe.files.wordpress.com/2015/02/cathy-porter-alexandra-kollontai--a-biography-19801.pdf>.

HARTMANN, H. "The Unhappy Marriage of Marxism and Feminism: Towards a More Progressive Union". *Capital & Class*, vol. 3, n. 2, julho de 1979, pp. 1-33.

HIGGINBOTHAM, Peter. *The Workhouse Encyclopedia*. Gloucestershire: The History Press, 2012.

PORTER, Cathy. *Alexandra Kollontai. A Biography*. Londres: Virago, 1980.

RENTON, Davis. *Dissident Marxism*. Londres: Zed Books, 2004.

ROWBOTHAN, Sheila. *Afterwards in Kollontai, Alexandra. Love of Worker.* Chicago: Academy Chicago Publishers, 1978.

7. Ercília Nogueira Cobra
(São Paulo, Brasil, 1891-?)

Nas primeiras décadas do século XX, a literatura brasileira costumava retratar as mulheres como figuras presas nas tramas da vida familiar, nos jogos amorosos e no casamento. O desfecho das personagens femininas era previsível: quando boas e penitentes, eram premiadas com conforto econômico e uma união conjugal bem-sucedida; quando pecadoras e incorrigíveis, encontravam a loucura — resultado das "doenças nervosas" tipicamente femininas — e a morte. Não raro apenas uma doença fatal era capaz de regenerá-las: muitas vinham se arrepender dos seus crimes e desvios somente na agonia do leito de morte, deixando lições moralizantes para as leitoras nos seus últimos suspiros.

Publicada em 1927, a novela *Virgindade inútil: biografia de uma revoltada* (1927), de Ercília Nogueira Cobra, rompe decididamente com cada uma dessas convenções: a protagonista, Cláudia, persegue um destino em tudo diferente daquele reservado às "moças de família" do seu tempo. Foge da casa, do convento e da polícia para tornar-se uma mulher independente, dona do seu dinheiro e do seu corpo. Para sobreviver, recorre a vários expedientes, especialmente à prostituição. Entretanto, diferentemente das personagens da época, a rebeldia de Cláudia não a condena à tragédia, mas, ao contrário, a recompensa com uma vida plena e feliz — e sem qualquer traço de arrependimento.

A vida de Ercília e da sua heroína Cláudia se misturam e se confundem em diversos pontos, ainda que saibamos muito mais sobre a personagem do que sobre a sua criadora. Na verdade, temos razões para desconfiar que a mulher de carne e osso teve um fim muito menos feliz do que a mulher da ficção (Giordano, 2009). Relegados às traças e ao mofo das prateleiras de literatura "pornográfica" nos sebos, os seus livros caíram num esquecimento totalmente imerecido. Embora tenha sido muito lida em sua época, a própria Ercília só teve sua biografia parcialmente reconstituída na década de 1980, pelo trabalho de Maria Lúcia de Barros Mott. Por meio de relatos de vizinhos e familiares, a historiadora descobriu que a escritora teve uma vida marcada pelo escândalo e pela infâmia e que o silêncio sobre a sua história não foi um acidente (Mott, 1986).

Nascida em Mococa, interior de São Paulo, em 1891, Ercília passou os primeiros anos de vida junto à irmã Estella, na casa da avó, no luxuoso bairro dos Campos Elísios, em São Paulo, vivendo num ambiente culturalmente vibrante e sob os cuidados de uma governanta estrangeira. Depois que a família foi à falência, ao que parece em virtude do comportamento perdulário do pai, as duas irmãs foram obrigadas a se instalar na fazenda em que viviam a mãe e as irmãs mais novas e que em breve seria confiscada para o pagamento de dívidas. A vida provinciana de cidade pequena deixou Estella e Ercília tão inconformadas que elas decidiram fugir de casa. Após a breve aventura, ambas foram enviadas a um asilo para moças, sob a direção de uma congregação religiosa. A experiência na casa, que tinha como uma de suas propostas reabilitar jovens mulheres rebeldes, não foi pacífica. Quatro meses depois de entrar, Ercília foi retirada de lá pela polícia, num episódio não elucidado até hoje (Mott, 1986).

Ercília Cobra cursou a Escola Normal, e em entrevistas com ex-colegas é lembrada como uma jovem muito inteligente, de temperamento forte e arrogante, mas também bastante generosa. Discutia com os professores de igual para igual e era solícita com as colegas, ajudando-as nas tarefas. Aprovada em primeiro lugar num disputado concurso para uma vaga de professora, não chegou a assumir o posto, indo em vez disso para o Rio de Janeiro, para a França e para Buenos Aires. Nesse período, frequentou o teatro, leu vorazmente jornais, romances, ensaios e poemas nacionais e estrangeiros, e fez amizade com diversas prostitutas, recolhendo em seus depoimentos as bases para a produção dos seus livros. Seu único ensaio, cujo título provocador de *Virgindade anti-higiênica: preconceitos e convenções hipócritas* (1924), foi escrito aos 33 anos. Monteiro Lobato, responsável pela publicação, comentou em uma breve resenha que "raras vezes se depara ao registro bibliográfico obra tão curiosa como esta" (Mott, 1986).

Depois que foi apreendida pela polícia acusada de "pornografia", sob a política de censura do presidente Arthur Bernardes, a obra foi reeditada pela própria autora. Cobra defendeu-se alegando que a única pornografia que existe é "o mistério que se lança sobre o mais natural e inocente instinto da natureza humana". Ercília referia-se aqui ao desejo sexual e ao prazer feminino, suprimidos sob as proibições e censuras pela sociedade brasileira da época. Três anos depois, publicou a novela *Virgindade inútil: biografia de uma revoltada* (1927). Ambos os textos, repletos de observações ácidas sobre os costumes morais e sexuais do Brasil e de protestos contra a conservação da virgindade da mulher até o casamento, eram produto de uma existência já marcada por revoltas, transgressões e uma luta constante pela independência.

Aos 40 anos, Ercília permanecia solteira e não tinha filhos. Em carta endereçada à mãe, afirmou ter se mudado para Caxias do Sul (Rio Grande do Sul) e ter assumido o nome de Suzana Germano. Na cidade, era conhecida como Suzy do Royal, pianista e proprietária de um cabaré — uma casa de prostituição instalada em um modesto sobrado de dois andares. "Reservada, temperamental, de uma ironia fina, uma mulher de comportamento um tanto assustador, uma socialista avançada é a Suzy lembrada com saudades pelo ex-amante" (Mott, 1986, p. 98). Nos anos seguintes, afogada em dívidas, perdeu a propriedade do Hotel Royal. À mesma época os moradores de Caixas do Sul a perderam de vista. Segundo uma parente, Ercília teria tido muitos problemas com o Departamento de Imprensa e Propaganda (DIP) durante o Estado Novo, sendo presa em São Paulo, no Rio de Janeiro, no Paraná e no Rio Grande do Sul, e conduzida a um presídio destinado a "comunistas". D. Maria Custódia Mucci narra a seguinte história a Maria Lúcia Mott:

Porque o DIP pegava e não soltava mais; ela estava desesperada. Uma vez ela tentou se matar [...] foi interrogada durante a noite, sempre nua, sempre muito maltratada; porque o interrogatório dela todo girava sobre sexo, ninguém interrogava a opinião política dela, ninguém queria saber; só queriam saber o que ela pensava dos homens, os homens estavam muito machucados com a opinião dela (1986, p. 99).

Embora tenha inúmeras vezes manifestado à família a preocupação de ser enterrada junto à irmã falecida, Estella, e à mãe, Dona Zina, no cemitério São João Batista, no Rio de Janeiro, o paradeiro de Ercília e os detalhes dos seus últimos anos de vida são desconhecidos. Mott não encontrou registro do seu óbito em cartório, e os depoimentos a partir daí são inconsistentes. Da sua produção como escritora, restaram a novela e o ensaio. Seus livros foram consumidos na época como literatura pornográfica, somados ao rol dos livros proibidos e "picantes" que circulavam entre os rapazes e eram escondidos nas casas de família, bem longe do alcance das moças. O sucesso editorial, no entanto, é inegável pela quantidade de reedições, pela forte memória do escândalo provocado e pela sua circulação para além dos grandes centros urbanos. Eles eram vendidos em todo tipo de loja de varejo, como farmácias e padarias e, ao mesmo tempo, condenados como "obra do demônio" pelos vigários das cidades pequenas (Mott, 1986).

Na história do movimento feminista brasileiro e latino-americano, Ercília raramente é lembrada. De acordo com a socióloga Verónica Giordano (2009), isso se deve ao fato de Cobra ter trabalhado prioritariamente com temas ligados à sexualidade, enquanto o feminismo que emergiu nesse período deu mais ênfase às demandas de igualdade jurídica, questionando as diferenças contratuais e econômicas entre os sexos e, sobretudo, a igualdade política, reivindicando o voto e a representação. A própria visão de Ercília acerca das mulheres também colidia com a do feminismo de "primeira onda" no Brasil, frequentemente centrado na noção de que uma suposta moralidade feminina superior

— ligada à virtude, à generosidade e ao desempenho dos papéis de mãe e esposa — era a base para a demanda por direitos. Ercília, por outro lado, falava dos direitos das mulheres "decaídas", isto é, das prostitutas, das mães solteiras, das "solteironas", das "defloradas". Essas questões eram demasiadamente escandalosas e subversivas para permitirem uma coalizão política viável naquele momento.

Especula-se que Ercília tenha tido conexões com o anarquismo libertário, mas não há evidências conclusivas. Segundo Fulvio Abramo, ela teria colaborado durante um período para a revista anarcossocialista *Gesta*, mas esses textos nunca foram encontrados (Mott, 1986). Mesmo assim é possível reconhecer na sua escrita várias afinidades temáticas com essa corrente: o forte anticlericalismo, as críticas à instituição do casamento e a defesa do amor livre.* Também como os anarquistas, Ercília se distingue da maior parte da alta literatura da América Latina na época, que se preocupava em discutir questões de identidade nacional. Diferentemente de outras autoras associadas ao modernismo, como Adalzira Bittencourt, Ercília preferia tratar dos aspectos cotidianos e das zonas invisíveis da vida, enfatizando o que as mulheres tinham em comum com outros segmentos marginalizados da sociedade e se afastando das reflexões intelectuais sobre a problemática da identidade nacional (Quinlan e Sharpe, 1996).**

O ensaio aqui parcialmente reproduzido, *Virgindade anti-higiênica*, é notável em vários sentidos. Um dos pontos centrais é a reivindicação da liberdade de controle e do uso do próprio corpo pela mulher. Estava então em voga o higienismo, uma versão latino-americana da teoria da eugenia que buscava o aprimoramento racial da população e a criação de uma nação moral e fisicamente "sadia" por meio da educação, da saúde e

---

* Em Porto Rico, por exemplo, na mesma época a anarquista Luísa Capetillo (1879-1922) defendeu a liberdade sexual, o divórcio e escandalizou a sociedade ao usar calças e se trajar como homem.

** Cabe notar que os movimentos anarquistas da época entendiam a noção de "homogeneidade" nacional como uma forma de hierarquia, de subordinação e de imposição de identidade de cima para baixo (Ramos, 1991).

do controle da sexualidade. Dentro desse projeto, os ditos "códigos de honra" desempenhavam um papel fundamental: a contenção sexual e a virgindade das mulheres solteiras eram consideradas requisitos para que permanecessem "honradas", sadias e pudessem reproduzir de forma "eugênica" dentro do casamento (Wade, 2009). Ao afirmar que a virgindade era "anti-higiênica", Ercília virava de ponta-cabeça o discurso higienista do início do século. Para ela, a necessidade de gozo em qualquer ser humano era tão vital quanto a fome e a sede, e, por esse motivo, tentar conter a sexualidade com leis morais e convenções era uma violência contra o indivíduo e a espécie humana. Assim, "a virgindade era anti-higiênica, no sentido psiquiátrico do termo, como condição psicológica e moral, e não simplesmente asseio" (Giordano, 2009, p. 354, tradução própria).

Ao tratar do tema da virgindade, Ercília entrou em diálogo com as principais fontes de regulação do sexo de seu tempo: a religião e o discurso médico e científico. Para ela, a moral católica colaborava para a desvalorização social da mulher, para o seu confinamento na casa e sua exclusão das atividades intelectuais e profissionais. Além disso, dizia, a Igreja Católica pregava a imposição da virgindade e da monogamia às mulheres enquanto fazia vista grossa para as façanhas sexuais masculinas fora do casamento.* Ercília acreditava que instituições como o Estado e a Igreja construíam uma dualidade entre a esposa e a prostituta, uma visão binária que oprimia e limitava as chances de vida das mulheres. Assim, defendeu que a honra dos indivíduos fosse avaliada em termos iguais, independentemente do sexo, e criticou a dupla moral sexual, que condenava as mulheres por comportamentos que eram não só admitidos, mas até mesmo encorajados nos homens: "A honra da mulher não pode estar no seu sexo, parte material do corpo que não

---

* De acordo com Peter Wade (2009), o higienismo deslocou as normas de gênero da honra para a saúde, das mulheres de classe alta para as de classe baixa. Para ele, na América Latina a eugenia e a higiene eram versões medicalizadas e científicas, ancoradas na biologia racialista, dos códigos de honra religiosos, ligando o comportamento sexual individual e familiar ao nível da população e nação.

pode se submeter a leis; deve estar como a do homem no seu espírito, na sua moral, na parte honesta do seu ser, que é a consciência. [...] A mulher que teve intercurso com homens sem ser casada é tão honrada como o homem nas mesmas condições, uma vez que ela tenha uma profissão e viva honestamente do seu trabalho."

Outro ponto digno de atenção é a forma como Ercília tematizou as conexões entre a regulação da sexualidade e a construção da cidadania civil das mulheres no Brasil. Sufragistas notáveis como Bertha Lutz criticaram duramente a visão da mulher como alguém incapaz de atos da vida cível, como o direito ao voto, encarnada no Código Civil Brasileiro de 1916 (Pinto, 2010). Ercília, por sua vez, identificou pioneiramente na figura jurídica da "honra" uma fonte de múltiplas formas de negação de capacidade civil plena à mulher, assim como um mecanismo de absolvição dos homens por atos de violência. Assim, criticou a legislação que autorizava a anulação do casamento em caso de "erro essencial", isto é, de um "defloramento" prévio da mulher; se opôs à figura jurídica da "legítima defesa da honra", utilizada nos tribunais para absolver homens que assassinavam a esposa ou a amante; e censurou as leis que regiam o casamento e atribuíam ao marido o pátrio poder como chefe da "sociedade conjugal", subtraindo das mulheres o direito de serem mães, independentemente do casamento.

Ercília lidou com vários outros temas, como educação, trabalho, pornografia e prostituição, tratou com naturalidade as relações sexuais entre mulheres, bem como antecipou muitas questões que se tornariam bandeiras da segunda onda feminista no Brasil: a defesa da liberdade sexual e do divórcio, a denúncia à violência doméstica e ao assassinato das mulheres pelos seus companheiros. A discussão sobre a "legítima defesa da honra" se tornaria muitos anos depois, na década de 1970, um marco na reorganização do feminismo brasileiro. Ercília Cobra é, em muitos sentidos, uma pioneira esquecida.

TRECHOS DE *VIRGINDADE ANTI-HIGIÊNICA: PRECONCEITOS E CONVENÇÕES HIPÓCRITAS*, 1924*

Virgindade anti-higiênica foi um livro produzido e publicado em um contexto cheio de turbulências e contradições. Por um lado, a autora viveu o clima de vanguarda e contestação social da década de 1920. Por outro, vivenciou a repressão política e o recolhimento dos exemplares do seu trabalho. Suas ideias eram profundamente perturbadoras e subversivas para aquele momento. Além de criticar visões essencialistas de gênero, justamente em uma época em que as teorias naturalistas estavam na moda no Brasil, ela falou de sexualidade numa chave raramente tocada: em vez de tratar apenas da maternidade e da reprodução, ela discorreu sobre o prazer e o gozo femininos. Ercília se rebelou contra as instituições mais poderosas da sua época — o Estado e a Igreja —, por tentarem controlar o prazer físico das mulheres e limitar sua autonomia sobre o próprio corpo.

> Estive em Buenos Aires e notei na imprensa de lá uma forte rajada de idealismo e de vontade de educar o povo pela propaganda de ideias tendentes a melhorar a situação da mulher. Infelizmente a nossa imprensa ainda está no período de infantilidade, que consiste em encher páginas e páginas de jornais com elogios a personalidades que no momento estão com a chave do tesouro. [...]
>
> Isto, páginas e páginas, colunas e colunas. Se se fala da mulher é para mandá-la fazer doces. Da alma, do espírito, da educação não se trata. "A mulher nasceu para ser mãe." Esse é o chavão com que cabeças vazias de ideias enchem papéis impressos. Não será tempo de nosso jornalismo despertar e desviar os olhos das arcas do tesouro voltando-os para o povo que anda por aí completamente imbecilizado?
>
> [...] A tese que defendo é a seguinte: noventa por cento das mulheres que estão nos prostíbulos ali não caíram por vício, mas por ne-

---

* COBRA, Ercília Nogueira. "Virgindade anti-higiênica". In: QUINLAY, Susan C. e SHARPE, Peggy. *Visões do passado, previsões do futuro*. Rio de Janeiro: Tempo Brasileiro, 1996, pp. 103-151. Data manuscrita: 1924.

cessidade. [...] Se os pais dessas desgraçadas em vez de as obrigarem a guardar uma virgindade contrária às leis da natureza lhes tivessem dado uma profissão com a qual elas pudessem viver honestamente, elas ali não estariam.

A honra da mulher não pode estar no seu sexo, parte material do corpo que não pode se submeter a leis; deve estar como a do homem no seu espírito, no seu moral, na parte honesta do seu ser, que é a consciência. [...] A mulher que teve intercurso com homens sem ser casada é tão honrada quanto o homem nas mesmas condições, uma vez que ela tenha uma profissão e viva honestamente do seu trabalho.

O meu livro foi escrito com o único fito de mostrar quanto é errada a educação que se vem ministrando à mulher. Os milhares de mulheres infelizes que de Norte a Sul do país vendem o corpo para comer foram levadas a esse extremo pela própria imprevidência dos pais, que jamais pensam no futuro das filhas. [...] O meu livro foi escrito pelo horror que me causa ver as criancinhas enjeitadas pelas pobres mães que não têm coragem de enfrentar a sociedade bárbara que, as querendo fazer santas, fá-las prostitutas. [...] O meu livro foi escrito pela revolta da minha alma diante do bárbaro assassínio das criancinhas esquartejadas na sombra pelas próprias mães que procuram fugir a uma desonra que só existe nas ideias dos homens egoístas e ferozes. [...] Peço às criaturas inteligentes que não façam coro com idiotas que dizem que o livro é imoral. [...] O meu livro *Virgindade anti-higiênica* só seria imoral se não houvesse prostíbulo no mundo. [...] A primeira [edição do meu livro] foi proibida pela polícia. Não me foi possível vir pelos jornais combater a arbitrariedade em razão da situação anormal que atravessamos. O meu livro foi simplesmente acoimado de pornográfico e apreendido. Não se disse por que ele era pornográfico. [...]

[...] Na mesma cidade circulam livremente livros da força de *Os devassos, A carne, O arara, Dona Dolorosa, Como satisfazer os instintos, O que é o fogo* etc., etc. Não me é possível enumerar todos. Dá-me náusea atolar a minha pena neste charco onde a mulher é transformada em fêmea do mais egoísta e porco dos machos criados pela natureza.

Sou pornográfica! Sou pornográfica porque trato de mostrar qual é o papel representado há dois mil anos pela mulher. Mas que culpa tenho eu de os homens terem estragado a natureza? Se eu por tratar desses fatos sou pornográfica, que diremos dos livros de medicina que por aí andam esparsos? São livros compostos nos países mais cultos. E quer o público que lhes conte um fato verídico, sucedido comigo?

Esse fato mostrará que a única pornografia que existe é o mistério que se lança sobre o mais natural e inocente instinto da natureza humana. Senão vejamos. Era eu menina. Estava no colégio. Colégio de freiras, tudo quanto há de mais severo a respeito de sensações carnais. Apesar disso, as educandas iludiam o cativeiro escrevendo-se mutuamente bilhetinhos amorosos e trocando pelos lugares escuros beijos avidíssimos, que nem sempre eram depositados nos lábios [...] Mas voltemos ao caso. Uma das minhas camaradas, que pela estatura reduzida estava ainda na classe das pequenas, deliciava-me a mim e a umas três ou quatro amigas, no raconto de coisas vistas nas férias, na biblioteca do seu irmão médico. E o que mais divertia a pequena já taluda eram os livros de obstetrícia onde se trata do capítulo "Partos".

[...] Lembro-me perfeitamente da impressão que me deixavam aquelas descrições esquisitas. Era a pura indiferença. [...] Para mim um beijo que "uma grande" me deu uma vez num corredor escuro, bem puxado e bem chupado, encheu-me mais de temor de Deus que as mil descrições exóticas de partos naturais e provocados. Porque o beijo me provocava alguma sensação aos dez anos, ao passo que o parto dava-me vontade de rir. Em todo caso, tratando da pornografia e para mostrar o que pode ela influir na boa ou má conduta do indivíduo, digo que a tal mocinha irmã do médico saiu do colégio para se casar. Casou-se; é hoje uma senhora gorda, mãe de seis filhos. Ninguém lê no seu rosto mole a expressão do sensualismo que a fazia em pequena ler afogueada livros proibidos. O marido, com certeza, recebendo-a do colégio, julgou-a a mais pura e inocente das virgens. Deus me guarde! Os homens julgam-nos tolas e comem cada uma! [...]

Agora vejamos, influiu a pornografia dos livros no instinto reprodutor dessa moça? Não. E por quê? Porque sendo uma moça rica, otimamente dotada, logo achou um homem que lhe quisesse satisfazer a nature-za. E poderia ela ser a mais pura donzela, se fosse pobre, inocente e ingênua, que o conquistador mais indecente poderia com promessas de casamento atirá-la à prostituição depois de satisfazer seus instintos, ciente de que não havia dote para sustentar a prole.

Já se vê que o conhecimento da natureza não influi em nada nos escândalos sociais. Logo, o meu livro não pode ser fator de dissolução. Esse fator é a indiferença com que são educadas as moças às quais são negadas profissões remuneradas e limpas.

A religião e a moral sexual

João Maria Guyau, filósofo francês (1854-1888), verberando sobretudo o catolicismo, cujos dogmas e práticas há tanto tempo constituem um regime terrorista com o fim de impor-se à imaginação e à vontade, diz que o dogma religioso, tendendo sempre a enfraquecer, desaparecerá no futuro inteiramente. A religião estará para a moral futura como a alquimia estará para a química, e a astrologia para a astronomia. [...] Ora, como a escravidão em que jaz a mulher tira toda a sua razão de ser dos dogmas e preconceitos religiosos, temos que, futuramente, a mulher será um ente liberto.

[...] Muitos homens inteligentes negam os direitos à liberdade da mulher, mas outros muitos também negaram o direito dos escravos à liberdade. A escravidão no Brasil é de ontem, pode-se dizer. Nossos avós foram proprietários de escravos. Muitos desses escravos ainda vivem. Não são lendas o que nos narram das perversidades que se praticavam [...]. Havia o fatal preconceito de que o negro tinha sido criado para apanhar de relho. Esse preconceito infame tinha, como todos os preconceitos, a sua raiz na religião.

Os negros eram descendentes de Caim. Caim era amaldiçoado: logo, os negros também o eram. [...] Sempre a praga dos preconceitos, e todos eles com as raízes atoladas em religião. [...] Sempre o dogma. Sempre a religião aconselhando uma resignação que Deus, que era Deus, não teve, pois que inventou o inferno, para punir seus inimigos

Mas, como o dogma e a lei são invenções da cachola do homem, o dogma e a lei só tratam de proteger o homem. [...] A mulher que se dane. [...] Todas as religiões escravizam a mulher. Todas! Maria é a serva do Senhor. Deus aconselha aos homens que sejam monógamos, mas ele polígamo, e com medo da sífilis, só aceita esposa virgem.

Cristo, o meigo filósofo, foi o único homem deveras feminista, foi o único homem que teve pena da mulher. [...] Aos fariseus que, para o atrapalharem, lhe perguntaram: "Que fará no céu a mulher que no mundo copulou com vários homens?" respondeu com a serenidade que hoje em dia se chama serenidade cristã (como se fosse possível encontrar um cristão nessas feras que andam soltas pelo mundo!): "O mesmo que fizer o homem que na terra copulou com várias mulheres".

As mulheres e a questão do trabalho

Em geral, o que se vê por aí em relação aos direitos humanos é o seguinte: para as mulheres, os deveres, os trabalhos mais irritantes, mais humilhantes. Para os homens, os prazeres, a figuração e os trabalhos mais delicados: empregos públicos, diretorias de escolas e de bancos etc. [...] Às mulheres, quando conseguem casar e constituir família, incumbe zelar pela cozinha, pela lavanderia, pela rouparia, todos os serviços, enfim pequenos, mas mais exasperantes, de uma casa.

Serviços que uma boa governanta faz por módico preço. Serviços domésticos muito bons para quem não possui outros préstimos. [...] No meio operário é horrível o que se vê. A mulher, além de ir à fábrica, tem que cuidar da casa e dos filhos. [...] O marido, ao chegar em casa, acha a comida feita, come e vai sentar-se à fresca para fumar. Descansa, e a mulher não. [...] Mas na fábrica o ordenado da mulher é inferior ao do homem [...]

Nas fazendas o que se observa é de arrepiar. [...] O serviço, sendo muito mais pesado, causa pasmo a contemplação de entes humanos cumprindo obrigações de bestas de carga. [...] Quem primeiro se levanta de madrugada, e quem se deita por último à noite, é a mulher. Mesmo grávida trabalha até a véspera de ter o filho.

O que mais horrível torna a dependência da mulher ao homem é a sua impossibilidade de trabalhar em indústrias lucrativas por falta de educação técnica. [...] É também uma das grandes causas da prostituição.

Quem entra num bordel e cativa a confiança das mulheres consegue ouvir pequenas confidências que muito esclarecem o caso. Muita gente pensa que todas as mulheres que se encontram nesses lugares de infâmia são depravadas. É um puro engano. Há ali ótimas mães.

Há muitas que envidam todos os esforços para bem educar os filhos, quando os têm, ou que estabelecem pensão para o sustento de irmãos menores. Muitas vezes consegui que algumas delas me contassem suas misérias e em conversa lhes perguntei por que não trocavam aquele ambiente de desmoralização pelo trabalho honesto. A resposta era sempre a mesma: "Não tenho ofício. Se sair daqui só poderei ser criada de servir. E talvez nem isso poderei ser com sossego. Sou muito moça e o deboche entre os criados é enorme, quase o mesmo que aqui. A única diferença é que é grátis."

Não têm ofício, eis a grande questão. Parece incrível, mas é verdade. Essas moças são em grande parte filhas de pequenos lavradores, modestos comerciantes, cuja morte súbita ou falência reduz a família à pobreza. [...] Ora, como o critério seguido para a educação da mulher é o das poucas letras e nenhuma profissão, essas coitadas, encontrando-se da noite para o dia sem amparo, caem nos braços do primeiro libertino que encontram ou da primeira cafetina que se apresenta.

A educação da mulher

Ninguém se lembra de cuidar da árvore que dá o fruto humano. [...] Educa-se a musculatura masculina, fundam-se centenas de clubes esportivos para os homens, mas, se a mulher sai a campo para tomar parte em qualquer jogo, lá vêm os moralistas de chinó, sensualistas vermelhos, que não podem ver uma perna de mulher sem ficarem excitados, lá vêm eles, os tartufos a berrar em nome da moral.

Em nome da moral praticam-se infinitas imoralidades! [...]

Cuida-se de tudo quanto diz respeito à elevação moral do homem e ao seu preparo para a luta pela existência; à mulher, quando se lhe escolhe um colégio, é um convento. [...] Ó curta mentalidade dos pais! Mandar para um colégio de reclusas crianças que deverão mais tarde viver no torvelinho humano! Enviar para a casa mística, onde se sonha, crianças que deverão viver em plena vida, onde se luta e sofre! Confiar a irmãs religiosas, completamente desinteressadas do mundo, crianças que deverão palmilhar os ásperos caminhos da terra! [...] Querem que uma menina anêmica, resultado de uma reclusão de anos e anos em colégios completamente leigos em coisas práticas, entre para o mundo e seja capaz de compreender a engrenagem terra a terra e complicadíssima da vida.

E admiram-se da futilidade da mulher!

E riem-se da infantilidade com que ela se lambuza de pinturas.

Cultura, sociedade e corpo

Obrigam a mulher a permanecer menor durante toda a vida por falta de uma instrução que a faça conhecer o mundo. Fazem com que ela seja obrigada a se submeter a uma tutela aviltante por parte de homens que muitas vezes lhe são inferiores intelectualmente.

Mas, se já está mais que provado que o cérebro não tem sexo e que o indivíduo humano é um produto do meio e da educação, como exigir mentalidade consciente de um ser cujo cérebro é imbecilizado paulatinamente, mercê de uma educação que obedece aos mais estúpidos preconceitos?

[...] A anatomia da mulher é perfeitamente igual à do homem. Nas escolas estuda-se anatomia humana e não anatomia feminina ou masculina, separadamente. A diferença única está no sexo. [...] Mas ninguém pensa com o sexo! [...] Pensa-se com o cérebro e este, está demonstrado à sociedade, é da mesma massa na mulher e no homem.

[...] Dando como exemplo os mamíferos domésticos, fáceis de serem observados, vê-se que, em virtude de sua criação livre de preconceitos, feita nos campos em perfeita igualdade de condições, são eles perfeitamente iguais em tamanho e inteligência, só se distinguindo pelo sexo. Exemplo: o touro e a vaca, o cavalo e a égua. [...] Só podemos distinguir-lhes os sexos examinando as respectivas partes sexuais. [...] Em tudo mais são perfeitamente iguais, nos ossos, nos músculos, nos nervos, na massa encefálica etc. [...] E o homem das cavernas não devia ser mais diferente da mulher coeva que hoje o macaco da macaca.

[...] A natureza faz tudo muito bem. O homem estragou tudo com seu egoísmo. Senão, vejamos: A natureza fez o macho muito mais belo que a fêmea. O fim que ela tinha em vista era conservar a beleza da raça. Assim, vemos o leão, o pavão, o peru e outros muito mais atraentes que as fêmeas respectivas. [...] As fêmeas dos animais têm horror aos machos que não apresentem garbo especial. [...] Mas o homem achou que o belo devia ser apanágio da fêmea e qualificou as mulheres de belo sexo, sexo frágil.

A questão da maternidade

A mulher precisa aprender a trabalhar em coisas rendosas. Precisa compreender que a colocação de um indivíduo no mundo é coisa muito séria. Não se trata só de satisfazer um prazer. Essa pequena massa de carne, que ao nascer apenas se move, será o cidadão de amanhã, será, se não tiver proteção na infância, o galé, o deportado, o ladrão, a prostituta, que irão encher as cadeias, os prostíbulos e os hospitais. A mulher precisa saber que o ato de abandonar o filho é o mais perverso que possa ser praticado por uma criatura humana. O enjeitado é o expoente vivo da maior iniquidade que se pode praticar na terra. [...] Nada justifica o abandono de uma criança.

A mulher que não tem meios de vida não deve ter filhos. Se o homem a solicita e se ela quer corresponder ao seu afeto, ou se ela é uma sensual e deseja descarregar certos eflúvios malsãos que a incomodam, sirva-se do homem com cautela. Há milhares de meios de evitar a concepção. Hoje em dia só concebe quem quer. Ora, a criança, não tendo pedido para vir ao mundo, é uma perversidade obrigá-la a tomar parte na vida como um pária. Pôr um ente no mundo, só para sofrer, é um crime. A criança não deve nada à mãe. Quem afirma o contrário tem uma ideia errônea da justiça.

Nas fazendas onde as proles são de espantar, chegando muitas mulheres a ter um filho por ano, a ideia predominante é a dos tempos romanos. Os pais têm todos os direitos sobre os filhos. O pai chega em casa bêbado e espanca a mulher. Esta, não tendo no que descarregar a raiva, por sua vez, bate nas crianças.

[...] Dizem que a missão da mulher é santa. [...] A missão da mulher só será santa no dia em que ela, colocando um novo ente no mundo, possa ser como o seu anjo da guarda. No dia que ela tiver a certeza de que se por acaso faltar à sociedade, esta cuidará do órfão, no dia em que ela, cansada de esperar uma proteção que o homem sempre lhe negou, puder levantar a cabeça e tomar sobre si o encargo de criar os filhos. Enquanto houver um prostíbulo no Brasil, a missão da mulher não será santa. É impossível à mãe adivinhar se aquela menina linda que com suas mãozinhas a acaricia não será mais tarde uma desgraçada na vida...

Toda criança do sexo feminino que nasce é uma escrava futura. Escrava do pai, do marido ou do irmão. Poucas mulheres de espírito forte resistem aos preconceitos. Quase todas curvam-se medrosamente diante deles. [...] E as poucas que resistem vivem em guerra aberta com a sociedade.

O conceito de "honra" feminina

Falemos da honra da mulher. [...] Todo o mundo sabe onde está colocada a honra da mulher. [...] Não é segredo para ninguém que a honra da mulher, o seu caráter, o seu idealismo, a sua consciência, todos os sentimentos, enfim, que a distinguem da vaca ou da cadela, foram colocados, por convenção do homem, justamente na parte do corpo que mais a aproxima desses animais.

Sim, senhores! Os homens, no afã de conseguirem um meio prático de dominar a mulher, colocam-lhe a honra entre as pernas, perto do ânus, num lugar que, quando bem lavado, não digo que não seja limpo e até delicioso para certos misteres, mas que nunca jamais poderá ser sede de uma consciência.

Nunca!!! [...] Não se controlam sensações físicas. [...] Não se pode colocar a honra, uma coisa abstrata e ideal, no lugar menos nobre do animal racional. [...] Seria absurdo! Seria ridículo, se não fosse perverso. [...] A mulher não pensa com a vagina nem com o útero.

Com esses órgãos ela sente sensações agradabilíssimas, é verdade. Com esses órgãos, quando os faz funcionar, ela goza os prazeres únicos que dão forças ao indivíduo para suportar as tristezas da vida. Por meio desses órgãos ela desfalece de prazer, mas justamente porque são sede de sensações físicas, sobre eles não pode pesar lei nenhuma alheia à lei da natureza.

O ente humano pode conseguir pela educação chegar a não matar, não roubar, não meter o dedo no nariz; nunca poderá, porém, deixar de comer, de beber ou de satisfazer seus desejos sexuais sem grave risco para a saúde.

As sensações de fome, de sede e de necessidade de gozo, justamente porque são as que garantem a conservação do indivíduo e da espécie, são de uma violência contra a qual as leis morais, os anátemas e as convenções nada podem. [...] [M]e vêm à memória cada vez que mulheres casadas, reputadas virtuosas porque tiveram dote para comprar um marido, estigmatizam diante de mim as corajosas que aceitaram o amor livre. [...]

Os homens endeusam a mulher como mãe e esposa, exaltando nelas justamente as partes mais materiais, as partes que são comuns a todos os irracionais. [...] E quando querem injuriá-la é ainda a esse ponto de ligação entre o racional e o irracional que recorrem. [...] Exemplo, as expressões: — cadela, vaca, égua, que têm o sentido mais pejorativo possível.

Inventaram os homens uma série de preconceitos dos mais iníquos, os quais vêm desde séculos imbecilizando a mulher, que (coitada!) coisa nenhuma pode fazer, nem dizer. Colocando-lhe a honra na parte menos nobre do corpo, tornaram-na uma espécie de fantoche, em completa dependência do homem e sem nenhum direito natural.

Fizeram dela um ente completamente separado das leis naturais que regem todos os seres da criação. De tal modo a manietaram que a mulher hoje em dia, salvo escassas exceções, é obrigada a viver de hipocrisias, disfarçando todas as suas sensações naturais debaixo de um disfarce que seria imbecil se não fosse monstruoso.

[...] Agora, quem vai falar é um médico. O Dr. Toulouse, no livro *A questão sexual e a mulher* [*La Question sexuelle et la femme*], escreve:

[...] Pourquoi l'experience amoureuse est-elle si libèralement accordée au garçon ét strictement interdicte à la garçonne? [...] Le problème de l'inégalité des conventions sexuelles se pose à elle dans toute sa force [...] J'ai connu des garçonnes de bonne éducation qui allaient jusqu'à revendiquer pour elles, la mème liberté, le mème droit en matière sexuelle que la morale courante accorde à leurs frères.

*[...] La femme est en train de se demander pourquoi ce qui valait pour l'homme na voudrait pas aussi pour elle.**

[...] Salta aos olhos a inépcia com a qual hoje, em pleno torvelinho do modernismo, em plena realidade de lutas individualistas, em que o grito de guerra é "Cada um por si!", moralistas retrógados venham nos buzinar aos ouvidos preconceitos que já não têm mais razão de ser.

[...] O casamento como está instituído é uma coisa bárbara, pois é entregar uma moça a um homem que ela apenas conhece de vista. [...] A mulher casa-se sem provar o noivo e muitas vezes convence-se, já tarde, de que não era ele o seu ideal. Não lhe é possível, porém, atirar o marido fora. [...] Fica com ele. E aí temos sua vida inutilizada. [...] Aconselham que a mulher sacrifique toda a sua vida, todos os seus ideais para que não se desmanche o edifício social construído com o fim único de favorecer o comodismo, a depravação, as paixões baixas dos senhores homens!

Uma pobre moça, completamente desconhecedora da perversidade dos machos, acredita-lhes nas juras e entrega-se-lhes sob promessas de casamento. Dois ou três meses depois é abandonada ignobilmente, quase sempre grávida, e atirada aos enxurros da vida, tudo para satisfação do miserável preconceito de que a mulher que coabitar com um homem sem ser casada se desonra.

O ato sexual se passa da mesma forma, sendo ela casada ou não; mas os grandes pândegos moralistas inventaram que não sendo casada está ela desonrada e acabou-se. Os moralistas o proclamaram e está fechada a questão. [...] O que torna mais cruel o abandono da mulher seduzida é o encarniçamento dos pais. Transformam-se em feras. Expulsam de casa a filha, como se não fossem eles, com a educação inepta que lhe deram, os verdadeiros culpados. Em vez de ensinarem-na a trabalhar, em vez de lhe mostrarem a vida tal qual é, encheram-lhe a cabeça de idiotices e noções errôneas, incapacitando-as para a vida

---

* "Por que a experiência amorosa é tão liberalmente concedida ao homem solteiro e rigorosamente proibida à mulher solteira independente?... O problema da desigualdade das convenções sexuais se apresenta a ela com toda a sua força. [...] Conheci mulheres independentes, de boa educação, que chegaram ao ponto de reivindicar para si a mesma liberdade, o mesmo direito em matéria sexual que a moral vigente concedia aos seus irmãos. [...] A mulher se pergunta por que o que é válido para o homem não o é também para ela." Tradução deste e demais trechos citados neste capítulo por Maria Alice Araripe de Sampaio Dória.

independente. [...] Para meter remendos e disfarçar tanta tristeza, criam-se os asilos; criam-se casas de caridade, que as mais das vezes são antros onde a fome reina.

A mulher não precisa de caridade! [...] A mulher precisa de justiça, de equidade e educação.

A negação de direitos civis e a violência

[...] No Brasil, o desprezo pela mulher e pela criança chegou ao auge. Não pode ir mais adiante. Para prova disso citamos os jornais, cuja linguagem benevolente finge um liberalismo que os nossos homens estão longe de possuir. Eles não trepidam em falar da mulher e da criança como se esses dois entes, que representam importantíssima parte da nação, não fossem mais que meros trapos.

Tenho aqui à frente, sobre a secretária, recortes de notícias com tais desaforos a respeito da mulher que me dão vontade de esbofetear quem os escreveu.

Assim, por exemplo, tratando da greve dos tecelões, que está deixando na maior apertura e miséria pobres operários cheios de filhos, um jornal teve o desplante de dizer: Os grevistas são na maioria mulheres e crianças, como se quisesse com isso acalmar os industriais. Como se dissesse — são mulheres e crianças, não há perigo; são seres fracos que morrerão de fome antes de cometer qualquer violência.

Outra folha, em letras garrafais, estampa: Mais um infanticídio! Mãe desnaturada! Até onde pode ir a perversidade da mulher! Como se não tivesse sido melhor para a própria criminosa que sua mãe a tivesse matado logo em pequenina...

Outro jornal narra, com requinte de crueldade e grandes títulos ilustrativos: Mulher assassinada. Paixão funesta. A decaída Sebastiana Carlos Magno, farta de receber maus-tratos de seu amante José Fontainha, abandonou-o. Ontem, tendo ela ido a um teatro, o amante esperou-a numa esquina e deu-lhe cinco tiros de revólver, deixando-a morta. Feito isso entrou num café sendo então preso por um guarda que assistira à cena.

Alguém pode objetar que ele foi preso. Sim, foi preso, mas o júri, composto só de homens, o absolverá firmado na dirimente da privação de sentidos, a grande porta falsa da impunidade entre nós. Os jurados são homens e camaradas. Demais, todos os homens, por mais instruídos que sejam, veem sempre na mulher um ente inferior a eles.

[...] A humanidade para o homem não é composta de seres de sexos diferentes, mas de mentalidade e sensibilidade perfeitamente iguais; a humanidade para o homem é, em primeiro lugar e sempre, o homem; com o fito de distraí-lo, a natureza inventou a mulher, as flores e a música, coisas deliciosas que o pachá goza em quanto lhe apetece e depois deita fora.

[...] As leis que regem o destino da mulher são as mais iníquas possíveis. Leiam: "Na vigência do casamento, exerce o pátrio poder o marido, como chefe da sociedade conjugal. [...] A mulher que abandona voluntariamente o lar conjugal não pode socorrer-se da separação de fato, para conservar em sua companhia os filhos do casal."

Aquele "voluntariamente" dá-me vontade de rir e chorar ao mesmo tempo. [...] É odioso! [...] Como se uma mulher que tem filhos pudesse abandonar o lar, não obrigada pela força dos sofrimentos mais terríveis, mas apenas por capricho! [...] Os homens erigem-se em juízes e legislam do alto do seu egoísmo, transformando os códigos em cadeias de ferro contra a independência da mulher.

Virgindade, desejo e gozo feminino

Os poetas, os romancistas, os idealistas que vivem a contemplar a lua cantam em todos os tons, até mesmo desafinando às vezes, que a mulher virgem, intacta, não conhece nenhuma sensação. [...] Quando leio um desses pândegos tenho vontade de lhes perguntar se já foram mulher algum dia.

E aqui vai um conselho que dou de bom coração aos homens: tratem de estudar bem as suas sensações e não abram o bico para falar da mulher, nem mesmo quando baseados em suas confidências. [...] A mulher, pela sua educação, vem acumulando tal soma de hipocrisia dentro do crânio que mente às próprias colegas do sexo. A mentira é um hábito inveterado nas filhas de Eva e tudo o que elas dizem deve sofrer quarentena, quando não estiver provado matematicamente.

Posso assegurar aos meus leitores masculinos que, nos jantares, chás, palestras dançantes etc., as deliciosas figurinhas cujas barrigas macias eles sentem mexer ao compasso estonteador de um shimmy gozam tanto ou talvez mais do que eles, ao sentirem alguma coisa ereta e dura, a acariciar lhes o ventre durante o remelexo. [...]

Ó poder da natureza! Fazer que pela simples sonoridade de um ruído harmônico o corpo humano se desmanche numa volúpia intensa e o cérebro desfaleça de prazer. [...] É a essas moçoilas frequentadoras de salões de danças que eles querem impor o regime monástico até o "Conjugo Vobis"! [...]

A virgindade é antifisiológica.

Escutem um médico — Jean Marestan:

Ce sont les filles vierges et les veuves qui fournissent le plus fort contingent d'hysteriques. Il en est de même pour ce qui a trait à l'alienation mentale. On a compté à la Salpetrière, que sur 1.726 aliénés, 1.276 etaient filles. Chez les femmes hindoues qui sagement s'unissent à l'apparition des menstrues, l'hysterique est presque inconnue. D'autre part, pour cent femmes mariées qui meurent, il en meurt cent, trente et une celibataires.*

Outro médico — Goy: *"La femme, en raison de sa grande sensibilité, est soumise, le cas échéant, à des impulsions sexuelles plus imperieuses encore que l'homme."*** [...] O Dr. Baurgas, no seu livro *O direito ao amor pela mulher* [*Le Droit à l'amour pour la femme*], trata de combater a tese absurda de que a mulher pode impunemente privar-se da função fisiológica sexual. [...] Os professores Erb, Brôse, Zanzoni, Descourlitz, citam os efeitos desastrosos da continência na mulher.

Eles consideram como fora de dúvida que um grande número de mulheres não casadas, de uma certa idade, educadas nos princípios

---

* "São as moças virgens e as viúvas que fornecem o maior contingente de histéricas. O mesmo acontece com a alienação mental. No hospital Salpetrière foi computado que, de 1.726 alienados, 1.276 eram mulheres solteiras. Entre as hindus que sabiamente se unem com o aparecimento da menstruação, a histérica é praticamente desconhecida. Por outro lado, para cada grupo de cem mulheres casadas que morrem, um grupo de 131 morrem solteiras."
** "Em razão da sua grande sensibilidade, a mulher é eventualmente submetida a impulsos sexuais ainda mais imperiosos do que o homem."

de uma moral severa, são doentias. As perturbações e moléstias que se manifestam com causa na continência são: a clorose, a irritabilidade nervosa, os caprichos, as alucinações, a neurastenia, e as perturbações menstruais; em suma, toda a sorte de moléstias nervosas, sendo a dor de cabeça a que predomina sobre todas.

Uma médica, a Dra. Helena Stoeker, aponta para o número das crianças ilegítimas, dos abortos clandestinos, dos infanticídios, e diz que cada um desses fatos têm em si material para provar que a despeito da proscrição iníqua pronunciada contra a mãe, esta esquece tudo para seguir a lei do amor. Esse fato prova a importância do amor sexual na vida da mulher.

[...] A natureza maliciosa deu aos racionais o poder de gozar também com o espírito, ao passo que os irracionais só gozam com o físico. [...] O gozo deles é um instinto, ao passo que entre os humanos mistura-se com o sentimento e vai ao infinito, podendo ser variado pela imaginação. [...] Uma mulher certa vez me confessou que, quando seu homem a possuía, ela fazia questão de que fosse no escuro; quanto mais escuro o quarto, mais ela gozava. E visto porque, com a imaginação, fazia de conta que estava sendo coberta por um burrico [...].

Outra me dizia, suspirando, que só gozava até ao delírio quando conseguia ver bem clara na sua ideia a imagem de um padre, com todos os paramentos, o qual a beijava na sacristia, enquanto ela, debruçada, apoiando-se numa cadeira, deixava-o fazer. [...] Produtos de imaginações viciosas e doentes, dirão. Quem sabe, talvez em tudo isso entre um pouco de culpa da civilização? [...] Mas quem lê as crônicas antigas vê logo que aquilo é que era a devassidão... [...] Como o assunto deste livro é esse, faço ponto.

Conclusão e um apelo

A autora, de absoluto acordo com o fabulista, acha que o ente feliz neste mundo é o *"pauvre petit grillon, caché dans, l'herbe fleurie"*, e para ser coerente com essa opinião, nunca se lembraria de publicar este livro. [...] Mas os assassinatos de mulheres se reproduzem com frequência desoladora; a navalha, o punhal, o revólver têm trabalhado de tal forma contra a liberdade e segurança das suas colegas de sexo, nestes últimos tempos, que quem se cala numa ocasião dessas dá provas de covardia e egoísmo.

Ora, considerando que a liberdade da mulher já está reduzida a uma palavra, se ninguém protesta, se todas curvarem a cabeça, os senhores machos convencem-se de que estão com a faca e o queijo na mão e começam a nos massacrar pelo mínimo sorriso de ironia ou de desprezo com que por acaso os presenteemos numa hora de neurastenia.

Se um homem já teve a audácia de matar uma desgraçada indefesa, só porque ela lia romances, não é o caso de ficarmos todas com a pulga atrás da orelha?

REFERÊNCIAS BIBLIOGRÁFICAS

COBRA, Ercília Nogueira. "Virgindade inútil". In: QUINLAY, Susan C. e SHARPE, Peggy. *Visões do passado, previsões do futuro*. Rio de Janeiro: Tempo Brasileiro, 1996, pp. 41-101.

GIORDANO, Verónica. "Vida, obra y muerte de Alfonsina Storni, Delmira Agustini y Ercília Cobra. La construcción de los derechos civiles". *Cadernos Pagu*, n. 32, Campinas, janeiro-junho de 2009, pp. 331-364.

MOTT, Maria Lúcia de Barros. "Biografia de uma revoltada: Ercília Nogueira Cobra". *Cadernos de Pesquisa*, n. 58, São Paulo, agosto de 1986, pp. 89-104.

PINTO, Céli Regina Jardim. "Feminismo, história e poder". *Revista de Sociologia e Política*, v. 18, n. 36, Curitiba, junho de 2010, pp. 15-23.

QUINLAY, Susan C. e SHARPER, Peggy. "Duas modernistas esquecidas (Adalzira Bittencourt e Ercília Nogueira Cobra)". In: *Visões do passado, previsões do futuro*. Rio de Janeiro: Tempo Brasileiro, 1996, pp. 13-40.

RAMOS, Julio. "Luisa Capetillo: Una escritura entre mas de dos". *Revista de Crítica Literaria Latinoamericana*, ano 17, n. 33, Lima, 1991, pp. 235-251.

WADE, Peter. *Race and Sex in Latin America*. Nova York: Pluto Press, 2009.

8. Alfonsina Storni
(Sala Capriasca, Suíça, 1892-1938)

Tu me queres alva,
me queres de espuma,
me queres de nácar,
que seja açucena
mais casta que todas.
De perfume suave;
corola fechada.
Nem raio de lua
filtrado me toque.
Nem uma margarida
seja minha irmã.
Tu me queres nívea,
tu me queres branca,
tu me queres casta.

(Alfonsina Storni, *O doce dano [El dulce daño]*)*

Em 28 de março de 1919, a poeta Alfonsina Storni estreou na seção "Feminidades" da revista semanal *La Nota*. A seção era um espaço cada vez mais comum na imprensa comercial argentina da época, que se expandia e se dirigia a nichos crescentemente diversificados: no início do século XX as "colunas femininas" se multiplicaram nas revistas e

---

* Tradução de Oswaldo Orico, disponível em <www.avozdapoesia.com.br/obras_ler.php?poeta_id=9&obra_id=10587>.

nos jornais, interpelando um público numeroso de mulheres urbanas e letradas. Contudo, se essas seções "ensinavam" as leitoras a desempenhar as tarefas do lar, educar os filhos e manter o corpo saudável e atraente para obter um bom casamento, Alfonsina subverteu completamente a proposta, ironizando os ideais dominantes de feminino e criticando a futilidade da moda e da cultura burguesa do seu tempo.

Nos seus textos, ela falou abertamente do movimento feminista argentino, da luta pelo sufrágio e pela igualdade civil, da discriminação de gênero, da importância das mulheres na economia e da hipocrisia da moral sexual vigente. Alfonsina, enfim, remodelou o gênero da coluna "feminina", transformando-a num espaço de debate sobre injustiças de gênero. Além disso, colaborou para forjar uma nova subjetividade feminina, ligada a uma identidade política feminista e a um ideal de mulher livre. No ano seguinte, passou a contribuir regularmente para a seção "Esboços Femininos" do importante jornal *La Nación*, e também para diversas revistas semanais (Giordano, 2009). Assim, consolidou-se como uma voz original e uma cronista da vida urbana do início do século, além de uma analista política com um olhar aguçado para questões de gênero.

Embora atravessado por tensões e imensas dificuldades, seu novo papel — de escritora profissional, livre pensadora e intelectual pública — tornou-se possível em virtude das mudanças drásticas pelas quais a Argentina vinha passando. Desde a segunda metade do século XIX, o Estado, a princípio por iniciativa das oligarquias, dava impulso à unificação territorial, à constituição de um aparelho burocrático estatal, à massificação da educação e ao crescimento da economia primária agroexportadora. Os resultados se faziam sentir de forma rápida e dramática: a urbanização acelerada, a migração massiva, a ascensão de uma burguesia urbana, a secularização e a formação da política de massas reconfiguraram as experiências cotidianas de boa parte da população (Rocha, 2013), produzindo um sentido de urgência, de fluxo e de uma velocidade sem precedentes (Sarlo, 1988).

Para as mulheres, os efeitos foram ambíguos e diferenciados conforme sua classe, raça e etnia. Por um lado, muitas se beneficiaram das novas oportunidades econômicas e educacionais disponíveis. Várias delas se lançaram na luta por voz e visibilidade, fosse no interior dos movimentos anarquistas e socialistas, fosse no debate público *mainstream*. Ao mesmo tempo, segmentos muito influentes das elites reservavam outros planos para elas e nutriam preconceitos antigos com relação às mulheres (Sarlo, 1988). Além de acreditarem na inferioridade "essencial" feminina, isto é, na sua inaptidão natural para participar das esferas política e econômica, muitos deles enxergavam nas mulheres de ascendência europeia um elemento-chave para a organização da sociedade. Conforme essa visão, elas seriam fundamentais para a manutenção da pureza da cultura e do "estoque racial" argentino, protegendo o país dos "outros" indesejados, como indígenas e afrodescendentes. Esse papel as confinava ao espaço doméstico, pois pressupunha o desempenho de funções de reprodução, conservação da família e transmissão de valores europeus às crianças (Rocha, 2013).

Tal projeto vinha sendo implementado desde o século XIX. Durante o governo de Domingo Faustino Sarmiento, por exemplo, foi levada a cabo uma política sistemática de genocídio das populações indígenas (Pratt, 2000). Construiu-se também nesse período o mito da nação argentina branca. Com o estímulo à migração europeia massiva e a omissão dos afro-argentinos das estatísticas oficiais, dos meios de comunicação e dos livros didáticos, produziu-se no país um dos casos de "branqueamento" mais extremos da América Latina (Andrews, 2014). Data também desse período a produção do Código Civil de 1869, que estabeleceu a inferioridade jurídica das mulheres, negando-lhes uma série de direitos civis e políticos sob a justificação de que precisavam de proteção e tutela e de que tinham papéis a cumprir na vida familiar essenciais para a vida nacional (Barrancos e Archenti, 2017). As solteiras ou viúvas eram proibidas de serem tutoras legais de seus irmãos e de servirem de testemunhas em instrumentos públicos ou testamentos. Já as casadas eram consideradas juridicamente incapazes, proibidas de celebrar contratos e de aceitar doações ou heranças sem autorização do marido. A administração dos bens da "sociedade conjugal" e o "pátrio poder" sobre os filhos eram prerrogativas masculinas (Migliorini, 1972).

A vida de Alfonsina ilustra de forma dramática esses processos, seja pela experiência de imigração, seja pelos dilemas e dificuldades enfrentados ao longo da vida. Alfonsina nasceu na Suíça em 1892. Quando tinha 4 anos, ela e sua família mudaram-se para a Argentina e se instalaram na província de San Juan. Apesar da origem familiar próspera, ela conheceu a ruína econômica desde cedo, o que a obrigou a começar a trabalhar aos 10 anos, passando pelas ocupações de costureira, operária e professora. Para Sérgio Miceli, "a penosa aprendizagem de desclassificação, de desmoralização, de destituição, será o insumo vibrante do trabalho poético" (2013, p. 88).

Em 1912, mudou-se para a capital argentina, solteira, grávida de um homem casado e com a ambição de viver da literatura. Alfonsina frequentou circuitos literários, travou relações com o Partido Socialista e se engajou em campanhas em prol dos direitos civis e políticos das mulheres. Em 1918, já era uma das líderes da Associação Pelos Direitos das Mulheres e colaborava com publicações ligadas aos movimentos feministas, construindo laços de solidariedade com outras militantes e escritoras como ela (Giordano, 2009; Rocha, 2013).

Nos anos seguintes, Alfonsina construiu sua reputação como poeta, publicando *O doce dano* [*El dulce daño* (1918)], *Irremediavelmente* [*Irremediablemente* (1919)] e *Languidez* (1920). Além disso, colaborou para diversas revistas e jornais. Contudo, não conseguia viver exclusivamente da escrita e trabalhou como caixa de farmácia, diretora de colégio e zeladora de uma escola para crianças portadoras de deficiência. A partir de 1925, tornou-se autora consagrada: seus poemas foram publicados na Espanha, e o livro *Ocre* esgotou nas prateleiras. Alfonsina ficou conhecida em toda a América Latina, deu muitas entrevistas para a imprensa e viajou pelo continente, indo em seguida para a Europa. Ainda assim, continuou acumulando empregos para sustentar a si e ao filho. Aos 43 anos, foi diagnosticada com câncer de mama. Três anos depois, sem perspectiva de cura e acometida por dores insuportáveis, enviou o poema "Vou dormir" ["Voy a dormir"] ao jornal *La Nación* e se atirou ao mar, na cidade de Mar del Plata. Sua morte precoce e dramática deixou o país chocado (Rocha, 2013).

Embora hoje seja celebrada e reduzida à "poeta do amor" e tenha tido sua biografia sentimentalizada, Alfonsina travou um combate duro pela independência durante toda a vida, o que expressou em seus poemas (Giordano, 2009; Miceli, 2013). No famoso "Tu me quieres blanca", por exemplo, confrontou as exigências de castidade e recato que recaíam sobre mulheres — e apenas sobre elas. Ainda hoje o poema é estudado no Ensino Médio e declamado de cor por muitos argentinos (Rocha, 2013). Curiosamente, o poema expressa as associações correntes na época entre o signo "branca" e as ideias de pureza, virgindade, virtude e ausência de mácula, isto é, os ideais impingidos às mulheres de ascendência europeia. Em "Homenzinho" ["Hombre pequeñito"], se rebelou contra o aprisionamento das mulheres na casa e nos relacionamentos e criticou os homens possessivos pela incapacidade de amar e compreender as mulheres. O tema ressoava profundamente na Argentina, onde as mulheres casadas eram obrigadas por lei a permanecer no domicílio conjugal fixado pelo marido (Migliorini, 1972).

Contudo, de todos, foi provavelmente o poema "A loba" ["La loba"] o mais autobiográfico: "Tenho um filho fruto do amor, do amor sem lei, / É que não pude ser como as outras, casta de boi / [...]/ Sou como a loba. Ando só e rio / Do rebanho. Meu sustento eu que ganho, e a recompensa é toda minha."* Publicado no seu livro de estreia, *A inquietude do rosal* [*La inquietud del rosal* (1916)], "A loba" causou escândalo, marcando-a como uma escritora "imoral" (Rocha, 2013). Escrito quando Alfonsina tinha 23 anos, o poema descrevia sua condição de mãe solteira e de mulher que trabalhava para sustento próprio e do filho. Embora não sofresse as restrições das mulheres casadas, pesava sobre ela a discriminação de ter um filho "ilegítimo", isto é, nascido fora do casamento, o

---

* *"Yo tengo un hijo fruto del amor, de amor sin ley, / Que no pude ser como las otras, casta de buey / [...] / Yo soy como la loba. Ando sola y me río / Del rebaño. El sustento me lo gano y es mío."* Tradução de Fabiana Camargo.

que a impedia de reivindicar a paternidade e os direitos do filho sobre os bens do seu progenitor (Giordano, 2009). Beatriz Sarlo (1988) considera o poema "La loba" uma reivindicação de um lugar para a mulher que, se é solitário e difícil, é ao mesmo tempo independente e único. Além disso, ressalta a importância do caráter cerebral e, ao mesmo tempo, emotivo e erótico da sua poesia:

> Como matéria comum da experiência, não se limita a desejar ou a lamentar-se: ironiza, acusa, aponta culpabilidades. Reclama para si, como mulher, os direitos do homem: apaixonar-se fisicamente, ressaltar o desejo como traço básico de uma relação, desejar mesmo sem amar, ter um homem e decidir quando abandoná-lo. Traça um perfil de mulher cerebral e sensual ao mesmo tempo, em uma complexificação do arquétipo feminino, que supera a mulher-sábia, a mulher-anjo e a mulher-demônio (Sarlo, 1988, p. 81, tradução própria).

Os textos aqui selecionados fazem parte da produção jornalística e opinativa de Alfonsina. O que é de particular interesse nessa seleção são as diferentes formas como ela articula o conceito de "feminismo" com a ideia de "modernidade". Os processos administrativos do Estado, a ampliação da educação básica, a reforma universitária e a consolidação do mercado editorial criaram uma esfera pública na Argentina, composta por um numeroso público leitor, por livreiros, editores, jornalistas e críticos especializados (Rocha, 2013). Tudo isso contribuiu para a difusão de um imaginário nacionalista comum, baseado na crença em um destino compartilhado e na interdependência dos cidadãos, que viviam agora sob um mesmo teto político. Diante dos novos desafios, intelectuais e literatos refletiam sobre as mudanças e se esforçavam para pensar a Argentina a partir da sua posição específica no concerto das nações "modernas" e para elaborar uma ideia de "argentinidade". Ao mesmo tempo, surgiam pressões populares pela democratização da sociedade, as classes trabalhadoras exigiam direitos sociais básicos, eclodia a questão indigenista e as mulheres lutavam por direitos civis e

ALFONSINA STORNI

políticos. A cultura dos intelectuais portenhos expressava essas contradições, constituindo uma "cultura de mescla" (Sarlo, 1998).

Alfonsina interveio nesse debate de forma extremamente estratégica: ao falar de feminismo, buscou argumentar que a igualdade entre os sexos era uma pré-condição básica para que a nação argentina pudesse se autoproclamar "moderna" e "evoluída". Ao fazer isso, expôs alguns dos silêncios, ambiguidades, repressões e contradições da "modernidade" latino-americana. Embora hoje a conexão entre o feminismo e a visão evolucionista e teleológica da modernidade seja muito criticada, os textos de Alfonsina nos recordam de que ela foi um instrumento político estratégico para o movimento feminista do continente — inclusive na construção das suas conexões transnacionais. Datam dessa época as primeiras articulações dos feminismos de Argentina, Brasil e Peru e as tentativas de interpelar os projetos nacionais da região a partir da chave crítica do feminismo.

Nesse sentido, é interessante notar que a "modernidade" se impôs na América Latina entremeada de tensões em relação à liberdade, à autonomia cívica e à autodeterminação dos povos, bem como a partir de formas brutais de dominação de classe, gênero, raça e etnia. Paradoxalmente, por um lado, as populações que viveram sob domínio colonial tiveram sua liberdade restringida e inúmeras vidas e formas culturais foram aniquiladas, por outro, os grupos colocados à margem foram obrigados a se empenhar para ganhar liberdade e agência no interior da própria modernidade (Bhabha *apud* Pratt, 2000). Com efeito, foi no marco de um contrato jurídico derivado da construção dos Estados soberanos, da descolonização e da conversão dos indivíduos em "sujeitos" de cidadania que se começou a falar em igualdade e "direitos" das mulheres e outros grupos na América Latina (Corrêa, 2016).

Alfonsina trabalhou as incongruências e os paradoxos da modernidade na luta pela inclusão de mulheres na cidadania — um caminho análogo àquele percorrido por boa parte das feministas desde a Revolução Francesa (Scott, 2002). Assim, formulou o conceito de "feminismo" dentro do regime discursivo e normativo de direitos de cidadania moderno. Ao fazer isso, ecoou as vozes de diversas feministas que denunciavam o déficit de direitos civis e políticos para as mulheres. Além disso, sustentou, como outras feministas da época, que a emancipação civil era um pré-requisito para o voto, sem o qual a mulher não teria as condições para exercer o poder político (Giordano, 2009).

Ao mesmo tempo, Alfonsina buscou raízes propriamente latino-americanas para o feminismo. Ao pensá-lo não apenas como um movimento social histórico organizado com o objetivo de emancipar as mulheres, mas também como uma atitude intelectual, isto é, como o exercício do pensamento pela mulher em qualquer campo da atividade humana (Nunes, 2001), ela reivindicou para o feminismo a longa tradição histórica de pensadoras do mundo hispânico como Teresa de Jesus e Sóron Juana Inés de la Cruz e da tradição intelectual de mulheres literatas dos conventos na América espanhola. Com isso, buscou formas de enraizar o feminismo nas culturas latino-americanas e retirar desse movimento político e intelectual o estigma de ser uma mera "importação" ou "estrangeirismo".

Em *Um livro queimado* [*Un libro quemado*] e "Um assunto antigo" ["Un tema viejo"], Alfonsina Storni persegue alguns objetivos complementares: remover o estigma que então já era lançado sobre o movimento feminista na Argentina, afirmar o que acreditava ser a inevitabilidade histórica da ação de mulheres para demandar direitos e igualdade e, por fim, reivindicar uma tradição de mulheres na América Latina que teriam no passado demonstrado atitudes que poderiam ser interpretadas como "feministas".

A presença dos termos "feminismo" e "feminista" em discursos públicos data do fim do século XIX. Se no início da década de 1890 os movimentos por direitos das mulheres ainda eram descritos pela imprensa como "movimentos femininos", nos anos seguintes as palavras "feminismo" e "feminista" ganharam uso corrente em países como França, Suíça e Bélgica. Ainda na mesma década, o termo "feminismo" apareceu registrado em inglês, espanhol e também em língua portuguesa (Offen, 1987; RAE, 2018; Figueiredo, 1899). Desde suas primeiras aparições, os termos foram empregados ora em sentido descritivo, ora positivo, mas frequentemente utilizados na imprensa e literatura em um sentido pejorativo (Offen, 1987). Aqui, Alfonsina se esforça para remover essas conotações negativas.

ALFONSINA STORNI

Trechos de *Um livro queimado*, 1919*

A palavra feminista, "tão feia", ainda hoje costuma causar cosquinhas na alma humana. [...] Quando se diz "feminista", para aquelas, se engancha sobre a palavra uma cara com dentes ásperos, uma voz estridente. [...] No entanto, não há mulher normal de nossos dias que não seja mais ou menos feminista.

Ela pode até não participar da luta política, mas a partir do momento que pensa e discute em voz alta as vantagens ou os erros do feminismo, já é uma feminista, pois feminismo é o exercício do pensamento da mulher, em qualquer campo da atividade. [...] A antifeminista é, portanto, uma feminista, pois só deixaria de sê-lo se não tivesse opinião intelectual nenhuma.

É curioso observar que nos países de fala castelhana as primeiras feministas — as poucas rainhas e damas da corte muito influentes na política — foram freiras que, por terem se dedicado a uma vida de silêncio e de cultura religiosa, puderam enriquecer seu espírito com as leituras sagradas e escrever e publicar suas orações, seus versos ou comentários.

Mas o preconceito antifeminista é antigo. [...] Teresa de Jesus,** autorizada a comentar o Cântico dos Cânticos em páginas imortais, foi obrigada por seus confessores a queimar sua obra. Se conhece as maravilhas literárias da autora, porque algumas cópias avulsas ficaram em poder de uma freira. [...] A respeito disso, diz Frei Gerónimo Gracián:

> Entre outros livros que escreveu (referindo-se a Teresa de Jesus), aquele continha divinos conceitos e altíssimos pensamentos do amor do Deus e da oração e outras virtudes heroicas. Nele se de-

---

* STORNI, Alfonsina. "Un libro quemado". In: MENDEZ, Mariella; QUEIROLO, Graciela e SALOMONE, Alicia. *Nosotras... y la piel: selección de ensayos de Alfonsina Storni*. Buenos Aires: Alfaguara, 1998, pp. 49-51. Data manuscrita: 27 de junho de 1919. Tradução de Fabiana Camargo. Revisão técnica de Ana Paula Soares Carvalho.

** Nota da revisora: Teresa de Jesus é também conhecida como Teresa de Cepeda y Ahumada, Teresa de Ávila, e Santa Teresa. Raymundo (2017) refere-se a ela como uma mulher que deixou suas marcas como reformadora e escritora. "Teresa de Jesus (1515-1582) foi fundadora da Nova Ordem do Carmelo, conhecida como Carmelo Descalço. Também é considerada uma das grandes escritoras do século XVI espanhol, este conhecido como o 'século de ouro'." (Raymundo, 2017, p. 79)

claravam muitas palavras dos cânticos de Salomão. Como parecera a seu confessor coisa nova e perigosa que mulher escrevesse sobre os cânticos, tal livro mandou-se-lhe queimar movido pelo zelo de que (como disse São Paulo) calassem as mulheres na igreja de Deus, como quem diz: não preguem em púlpitos, nem leiam em cátedras, nem imprimam livros.

Bem, creio que se o confessor tivesse lido com atenção todo o livro e levado em consideração a doutrina tão importante que nele havia, que não era uma declaração sobre o Cântico dos Cânticos, mas conceitos do espírito que Deus lhe dava, encerrados em algumas palavras dos Cânticos, não o teria mandado queimar. Porque assim como um senhor dá a seu amigo um precioso licor, e o faz guardado numa taça preciosíssima, assim Deus dá às almas tão suave licor como o espírito, e o encerra, na grande maioria das vezes, nas palavras da Sagrada Escritura.

Permitiu o Divino Mestre que uma freira arrancasse desse livro umas poucas folhas de papel, que foram escritas à mão e chegaram às minhas mãos com outros muitos conceitos espirituais que tenho em cartas escritas à mão pela própria venerável Madre e muitos que ouvi de sua própria boca. Em todo o tempo que fui seu confessor e prelado, que foram alguns anos, poderia ter feito um grande livro [...]

Assim foi que o espírito humano perdeu uma grande obra literária por um preconceito puramente antifeminista. [...] Sabemos que do ponto de vista moderno, filosófico, eu diria, as Sagradas Escrituras são antifeministas, e as leis que nos regem, inspiradas grande parte naquelas, também o são. [...] Porém toda mulher que passasse a considerá-las pró ou contra se tornaria feminista, porque o que é negado àquelas é pensar com sua cabeça e para algumas delas, agir de acordo com sua vontade. [...] Não entro aqui nos fundamentos dessa proibição... [...] Limito-me a expor um caso sensível de destruição no campo da arte.

ALFONSINA STORNI

Trechos de "Um assunto antigo", 1919*

Houve um tempo em que eu havia me proposto a não escrever uma só palavra a sério sobre feminismo; me parecia que falar de uma coisa feita era perder tempo. [...] Eis que um artigo intitulado "Comitês femininos", no número anterior desta mesma revista publicado por Carlos Gutiérrez Larreta, tira-me de minha inércia e me leva a cometer a milionésima loucura de minha vida.

Por certo, creio que meu gentilíssimo amigo escreveu esse artigo como costuma, por assim dizer, escrever seus magníficos madrigais e sonetos. [...] Fumou dois ou três cigarros turcos, leu seus poetas favoritos e depois, pegando umas bolinhas de cores preciosas, fez jogadas empurrando-as elegantemente com um lápis de ouro. [...] Estas jogadas são seu artigo.

Porém, na vida, as brilhantes bolinhas com que o colunista joga são mundos pesados e o taco que as move tem formidáveis leis diante de cuja intuição todo o nosso ser treme abalado, nosso rosto se desfigura, as lágrimas correm e ficamos sombrios, turvos, diante de Coisa ineludível e inexplicável. [...] Só fazendo um despreocupado jogo malabar se pode falar de feminismo como se fosse uma elegante indulgência da picardia feminina. [...]

Acho que o feminismo merece muito mais que uma bondosa cordialidade, porque ele é tão importante quanto toda uma transformação coletiva. [...] Me atreveria a afirmar que o chamado feminismo não é mais que um fracasso da atitude de comando masculina para alcançar, por meio das leis, o equilíbrio necessário à felicidade humana.

Se cada chefe de Estado e cada chefe de família fosse capaz de conhecer e preencher todas as necessidades de seus subordinados, acabariam todos os problemas modernos, entre eles o conhecido problema feminista. [...] Agora, como a vida não é uma equação apreciável aos olhos do homem, por muito que uma previsão abarque, não chegará

---

* STORNI, Alfonsina. "Um tema viejo". In: *Escritos: imágenes de género. Con estudio preliminar de Tania Diz.* Córdoba: Editorial Universitaria Villa María, pp. 291-298, 2014. Fonte original: Storni, Alfonsina. "Un tema viejo". *La Nota*, n. 194, 25 de abril de 1919, pp. 500-502. Tradução de Fabiana Camargo. Revisão técnica de Ana Paula Soares Carvalho.

CLÁSSICAS DO PENSAMENTO SOCIAL

nunca aos íntimos recônditos espirituais de cada indivíduo, cujos anseios, não satisfeitos, são justamente os elementos de empurrão necessários à evolução.

Desse inconformismo permanente, dessa sede, dessa esperança, desse movimento inacabado é feita a Eternidade. [...] Dizer que o homem é superior à mulher, a mulher é igual ao homem etc. me parece na verdade um deslizar de palavras, palavras, palavras... [...] Falar de feminismo e separá-lo do conjunto das coisas como uma coisa isolada, sem relação, como uma arbitrariedade do capricho feminino, me parece disparatado. [...] Pensar "a mulher quer isto apesar de estarmos aconselhando outra coisa" é não pensar.

O que quer a mulher? [...] Mas será que os pensamentos e as aspirações coletivas são fungos que nascem involuntariamente? [...] Por acaso os homens determinaram que as unhas lhes nascessem nos dedos? [...] Rir do feminismo, por exemplo, me parece tão curioso quanto rir de um dedo porque ele termina na unha. Para se chegar ao que chamamos feminismo, a humanidade seguiu um processo tão preciso como o que segue o embrião para chegar a ser fruto ou o fruto para transformar seus elementos em embrião, e assim sucessivamente.

Existe tanta verdade no embrião quanto no talo, no talo quanto nas folhas, nas folhas quanto na flor e em qualquer outro estado de seu desenvolvimento. [...] É claro que temos o direito de opinar sobre que momento dessa transformação nos parece mais harmonioso, mais completo.

O colunista de respeito irá dizer que os gregos, tão ilustres, não tiveram feminismo. [...] Mas não há de ser essa a razão da excelência da Grécia, pois, seguindo tal critério, chegaríamos a pensar que bastaria um povo não ter feminismo para demonstrar seu equilíbrio. [...] Eu poderia citar a Idade Média, que tampouco teve feminismo, como exemplo de um período de barbárie, caracterizado por seu ultraje à dignidade feminina, sob pretexto de uma honra selvagem, e uma religião tão deprimente quanto avarenta.

Mas, é verdade, não temos no passado nada que nos sirva para ilustrar um movimento como o presente, filho de nossos dias. [...] Se a época em que estamos, comparada a alguns pontos luminosos do passado, como Grécia, por exemplo, é um descalabro, não podemos atribuir esse descalabro ao feminismo.

Ao contrário, o feminismo nasce desse descalabro, buscando nas águas turvas onde nada se vê "seu" ponto de apoio, "seu" raio de luz. E para isso as mulheres querem usar os próprios olhos. [...] Me explico: o dogma católico está em decadência; a civilização está em decadência; tudo o que foi construído em vinte séculos até hoje tem vindo abaixo notoriamente, perdeu o equilíbrio, fora o centro de gravidade. [...] Os homens, depois de repetir durante um longo tempo as mesmas coisas, se cansam deles mesmos e pedem fatos novos, palavras novas, vida nova.

Isso é tão velho como o sol. [...] Agora vai da unidade às partes. [...] Reparte-se o poder, reparte-se o conhecimento das coisas, reparte-se a responsabilidade. [...] O homem não sabe o que o espera quando perde um tutor, a proteção, mas deseja se libertar dela de qualquer maneira. Cada célula humana, hoje, deseja se sentir livre, mas a justiça é falha. O que a mulher espera agora? Em virtude de que palavra divina ou de que justiça humana aceita que tudo seja malfeito, sem que se atreva a dizer: "quero usar minhas próprias mãos"?

Consigo entender a submissão perfeita quando é perfeita a mão que ordena, quando tudo é bem-cuidado e previsto. Então a obediência é doce, a escravidão, um prazer. [...] Porém, no momento em que tudo muda e modifica uma infinidade de leis e costumes que correspondiam a etapas passadas do pensamento humano, rebelam-se contra elas e se rasgam as carnes uma porção de mulheres que não têm nem a proteção do Estado, nem a proteção masculina.

São as mulheres que tiveram de ganhar seu pão as que podem falar dos ramos de flores que a piedade masculina lança a seus pés para que elas não tenham responsabilidade. [...] É em grande parte essa inclemência da vida que enfraqueceu a submissão da mulher e faz com que ela ensaie sua vontade, ensaie seu pensamento, ensaie sua personalidade. [...] Não vai contra o homem; ao lutar, pensa no filho, que é homem, mas desconfia da proteção do Estado, desconfia da justiça do homem, tende, como antes foi dito, a exercitar sua responsabilidade. [...] Esse ensaio do pensamento a que a mulher aspira lhe é de direito, pelo simples fato de que nascemos livres, de sermos mulheres e homens, com direito ao exercício de nossa vontade.

[...] Todos ignoramos o que prepara este movimento que passamos a chamar de feminismo, mas nada o deterá. [...] Enquanto isso, e de imediato, as mulheres conseguirão a supressão de leis e conceitos vergonhosos para a dignidade feminina e que uma quantidade de mulheres de forte temperamento já lograram se desvencilhar. Transformar as palavras "lástima", "perdão", "erro", em "direito da mulher", "direito de mãe", "direito do ser humano" será uma das conquistas inevitáveis e preciosas do feminismo.

CLÁSSICAS DO PENSAMENTO SOCIAL

Além do mais, o maior culto à mulher diz respeito ao aguçamento de sua feminilidade, uma graça espiritual maior, uma harmonia que só o instinto dominado lhe permite. [...] Isso parecerá uma contradição com os parágrafos anteriores. Porém não é bem assim. [...] O instinto dominado pela clareza de um pensamento consciente é coisa muito distinta do instinto sufocado estupidamente por um dogma. [...] Equilibrar o instinto será outra das conquistas do feminismo.

E, se Cristo, segundo meu gentilíssimo amigo Gutiérrez Larreta, deixou às mulheres outro rumo, verá uma vez mais como nem mulheres nem homens conseguem mais — nem conseguiram nunca — entendê-lo, porque os mitos são quase sempre muito oportunos para citá-los em artigos de toda espécie, porém de indigesta aceitação para o gênero humano, tão frágil, tão crente na infinita bondade divina que, apesar de todos os evangelhos, lhe permite matar, roubar ou, além disso, cometer "pecadinhos cor-de-rosa", como dissera Rubén Darío que, sem permissão de Cristo, deve ter sido, indubitavelmente, muito feminista.

TRECHOS DE "DIREITOS CIVIS FEMININOS", 1919*

Assim como outras mulheres de sua época, Alfonsina sustentava que o sufrágio feminino deveria ter como condição prévia a emancipação civil das mulheres, isto é, defendia que era necessário remover as barreiras legais e estruturais que pesavam sobre as mulheres para que só então elas pudessem ter um efetivo exercício do poder político. Ainda que tenha sido relativamente ampliada em 1926, a capacidade civil plena das mulheres só foi reconhecida na Argentina em 1968 — e ainda assim a custódia dos filhos permaneceu com os homens até 1985 (Giordano, 2009).

Em nosso país não se pode falar ainda, seriamente, da emancipação política da mulher, quer dizer, de abolir a incapacidade que pesa sobre

---

* STORNI, Alfonsina. "Derechos civiles femeninos". In: *Escritos: imágenes de género. Con estudio preliminar de Tania Diz.* Córdoba: Editorial Universitaria Villa María, 2014, pp. 275--278. Fonte original: Storni, Alfonsina, "Derechos civiles femeninos", *La nota*, n. 210, Buenos Aires, 22 de agosto de 1919 19, p. 877-8. Tradução de Fabiana Camargo. Revisão técnica de Ana Paula Soares Carvalho.

ela, para que faça sentir, no voto, a força de seu pensamento, se é que o tem. [...] Nossa vida intelectual feminina ainda é lenta; sim, isoladamente, algumas mulheres destacaram-se pelo pensamento, no entanto, a grande maioria, sobretudo nas províncias, continua vivendo espiritualmente uma vida colonial, ainda que economicamente seja um fator útil.

[...] Na Câmara dos Senadores está atualmente em estudo um projeto do senador Dr. Del Valle Iberlucea sobre emancipação civil da mulher. [...] Os diversos artigos deste projeto tentam estabelecer a família não mais sobre a absoluta vontade e responsabilidade paterna, mas sobre o equilíbrio de duas vontades, pai e mãe, e também das duas responsabilidades. [...] Segundo ele, as mulheres têm plenos direitos civis, podendo exercer toda profissão lícita ou desempenhar qualquer emprego civil, em que somente se exija capacidade.

Além disso, no matrimônio, toda incapacidade da mulher fica abolida, e seus direitos se igualam aos do marido na administração de seus bens próprios ou ganhos. [...] No entanto, ao contrair matrimônio, os contraentes podem optar pelo regime de separação de bens ou preferir o regime estabelecido pelo código vigente, aquele que existe somente para os casos em que a ele queiram recorrer.

Porém, ainda subsistindo este, se a mulher depois de casada e ao chegar à maioridade deseja mudá-lo pelo regime de separação de bens, pode fazê-lo com uma simples declaração diante da tabeliã. [...] Contudo, ainda escolhendo por vontade expressa o atual regime de bens, a mulher não pode renunciar a administrar sozinha a renda alcançada com seu trabalho nem a depender unicamente de sua vontade para trabalhar no ofício ou emprego. [...] Também estabelece o projeto que, quando a mulher trabalhar conjuntamente com o esposo, ela deverá ser considerada sua sócia e repartir com ele os ganhos.

Está claro que essas disposições têm seu contraponto, pois a mulher, ao adquirir privilégios, deve contribuir por igual a sustentar os gastos da família. [...] Esse projeto habilita a mulher para servir de testemunha com a amplitude concedida ao homem e exercer a tutela nos casos em que a atual legislação o proíbe.

Contém outras muitas disposições, e não é possível detalhar neste breve artigo, mas todas levam ao fim exposto: libertá-la de suas incapacidades, protegê-la da ganância, aliviá-la de sua inferioridade legal. [...] E o projeto ainda trata de um ponto especial: o da mulher que é mãe sem o apoio da lei.

É sabido que essa mulher, mãe de um ser humano, que há de servir à sociedade do mesmo modo que os chamados filhos legítimos, não tem proteção alguma da lei nem do conceito público nem da tolerância social. [...] A mulher nessas condições quer se educar economicamente. [...] Mas se é pobre e tropeçou com um vulgar caçador, chega facilmente ao suicídio, ao infanticídio, ou se arrasta servindo nas casas que a recolhem por caridade, até que um hospital a auxilie num mau momento. [...] Para o homem cúmplice não há sanção nem legal nem moral. Tem mais: nem sequer está obrigado economicamente a nada.

Isso é um resquício do cristianismo mistificado, essas coisas vêm de longa data; estão metidas pobremente em nossas consciências. Isso, visto de uma forma profunda, é uma das coisas mais repugnantes do momento atual de nossa vida. [...] E, nós, mulheres, somos as verdadeiras responsáveis por isso; é nossa hipocrisia o que nos destrói, que destrói nossa companheira. [...]

Se tem dinheiro, se é um homem de consciência, a seu lado usaremos de falsidades, tornar-nos-emos vis com o pai da criança "para que tudo se solucione" sem parecer; é a covardia feminina que não aprendeu a gritar a verdade sobre os telhados. [...] E o homem se aproveita habilmente dessa covardia. [...] Contra essa covardia e contra essa crueldade vai este projeto: a mulher pode reclamar do pai de seu filho; exigir-lhe uma pensão para educá-lo, obrigar-lhe a sustentar os gastos com saúde. [...] Assim pelo menos a única sacrificada será ela; a criança poderá ficar livre do hospício, da caridade pública, quando não de uma morte prematura.

Também o Dr. Rogelio Araya apresentou à Câmara de Deputados outro projeto sobre direitos civis e políticos da mulher. [...] Esse é o movimento da opção a favor de uma ampla dignificação feminina (esse movimento, é justo dizer, está até agora nos círculos intelectuais) que faz crer em que, civilmente, a mulher há de se emancipar em breve em nosso país.

Somam 714 mil as mulheres que trabalham na república! [...] Todas essas mulheres capacitadas para ganhar a vida, e que representam uma força considerável, merecem, no mínimo, a inteligência dos legisladores. [...] Além disso, as mulheres votam em quase toda a Europa, e na metade da América. O que se concederia às nossas mulheres é algo insignificante comparado aos privilégios de que hoje disfrutam em quase todo o mundo civilizado.

ALFONSINA STORNI

TRECHOS DE "O MOVIMENTO PELA EMANCIPAÇÃO DA MULHER NA REPÚBLICA ARGENTINA", 1919[*]

Assim como boa parte de seus contemporâneos, Alfonsina compartilhava de uma noção evolutiva — ainda que não necessariamente linear — de história. Sua retórica consistia em tratar da melhora das condições de vida e de participação política, econômica e social das mulheres em sua sociedade como uma consequência e também um pré-requisito para um movimento histórico de "evolução social".

Numerosos pensadores prognosticaram que o século XX seria o século da mulher. De fato, a evolução demonstrava isso. Resta-nos viver um atribulado momento de transformação social e por acaso estamos observando, distraidamente, como se apagam uma a uma as luzes de uma longa civilização: a mais longa de que os homens têm conhecimento. [...] O que o porvir nos reserva? Talvez algo mais importante do que o que em geral abrange a palavra feminismo. Talvez algo mais transcendental do que a participação da mulher na política: acaso, mais além, no fundo misterioso dessa mudança, se está preparando uma transformação biológica da espécie humana.

Em suma: não há nada na vida cósmica, terrestre e humana que não responda a um propósito superior. Se percorremos com o pensamento o vasto campo de todos os fatos passados, vemos que a vida da humanidade, como a de qualquer organismo, foi desenvolvendo-se à custa de si mesma e que, tudo, neste desenvolvimento permanente, nos parece lógico, exato, insubstituível.

Por que deveríamos pensar, então, que só o momento presente é absurdo? Ou todos os momentos da vida humana são lógicos, ou todos são absurdos. Eis aqui a resiliência espiritual do homem. Há os que se adaptam rapidamente às crises agudas da evolução, há os que resistem a ela violentamente, os que se deixam arrastar pelas coisas

---

[*] STORNI, Alfonsina. "El movimiento hacia la emancipación de la mujer en la República Argentina". In: *Escritos: imágenes de género. Con estudio preliminar de Tania Diz*. Córdoba: Editorial Universitaria Villa María, 2014, pp. 305-315. Storni, Alfonsina. "El movimiento hacia la emancipación de la mujer en la República Argentina", *Revista del Mundo*, agosto de 1919. Tradução de Fabiana Camargo. Revisão técnica de Ana Paula Soares Carvalho.

numa cômoda letargia da consciência. [...] Tudo isso é a vida; do modo pessoal com que cada temperamento resiste à evolução, ou a antecipa, nascem as filosofias.

Para mim, que "sinto", já que não tenho argumentos para comprovar, que cada instante da vida cósmica expressa seu maior grau de evolução, o feminismo não me causa outra impressão do que a de assistir a mais um aspecto daquela [evolução] permanente, e, assim entendido, suas incidências, cósmicas, originais, sublimes ou ridículas, não me preocupam nem me comovem. [...] Digo isso porque não estou entre os que resistem ao feminismo. Hei de me ocupar, de grande maneira, deste movimento em nosso país. [...] Faz apenas uns quantos anos aqui não havia feminismo. Vivia-se, talvez, com demasiado comodismo, com belo simplismo. [...] O país, em processo de formação industrial e consolidação política, atendia, principalmente, aos elementos básicos da vida de um povo nascente.

Além disso, a natureza íntima da nossa mulher, de origem hispânica, por si só inclinada às tarefas do lar e solicitações da maternidade, a manteria afastada das inquietudes do pensamento. [...] Sua vida espiritual era distribuída entre as práticas religiosas, as obras de beneficência e as forças sociais. Mesmo as mulheres pobres que trabalhavam, faziam-no com certa reserva e porta adentro.

A educação da criança se ajustava, em geral, a uma rigorosa separação de sexos; o pudor da menina exigia também a limitação de suas brincadeiras. Descuidado o desenvolvimento muscular, só se atendia à beleza do rosto, à ingenuidade, à pureza espiritual. Educada assim, puramente para o matrimônio, sem as condições de criar a própria vida a mulher vivia de reflexo, sob a sombra masculina.

As correntes imigratórias que vivificaram economicamente o país e introduziram novos valores étnicos, a acelerada difusão do ensino, o vigoroso impulso comercial, acompanhado da propícia eclosão das ideias, a admiração pelas civilizações europeia e americana deveriam provocar uma nova sede em nossa alma. [...] Dos nossos lares, de origem estrangeira, saíram as primeiras mulheres que foram às universidades, que impulsionaram o ensino, que assumiram os empregos administrativos e privados.

E, na verdade, com essa elasticidade de nova nação, e com a inteligência aguda de nossas mulheres, a quem só falta dedicação firme, ambição profunda, hoje estamos longe daquele apagado mundo pseudocolonial talvez tão grato aos velhos espíritos, tran-

ALFONSINA STORNI

quilos, como os quadrados e amplos pátios, cobertos de vinhedos, repletos de flores, onde a família descansava ao entardecer, mas tão limitado para o espírito curioso que voa pelos ares e observa que o mundo não acaba no pequeno aglomerado de seus sentimentos e interesses; que sente a necessidade profunda de intensificar a vida, de ser absorvido por ela, e que, diante do magnífico dom de entender, cresce em valores morais.

Trabalham atualmente em nosso país cerca de oitocentas mil mulheres; como se verá pela estatística a seguir, as mulheres invadiram todos os campos da atividade masculina. [...] Englobando isso se observa que uma quinta parte do trabalho total é realizado pela mulher; no ensino, especialmente, a porcentagem se eleva 110% e, dentro desse ramo, as professoras e diretoras somam um total de 21.961, enquanto os homens apenas chegam a 6.505, o que representa 337%. [...] Essa força viva que a mulher representa no campo econômico e ideológico deveria, por sua vez, amenizar os movimentos de ideias.

Enquanto umas com suas profissões, seus ofícios, artes ou tarefas ensaiavam a própria vida, sustentavam seus lares, exercitavam a responsabilidade e afirmavam seu caráter, grupos isolados — uma ou outra voz valente — insinuavam das tribunas livres, dos jornais, emancipar intelectualmente a necessidade da mulher, de melhorá-la, de colocá-la moral, civil e politicamente no mesmo plano que o homem.

Já em 1906, a doutora em Medicina senhorita Alicia Moreau, atualmente na América do Norte, onde se dirigiu com o fim de assistir a um Congresso de Médicas, iniciou na cidade de Buenos Aires a formação de um centro feminista. Foi presidente a senhora Elvira Rawson de Dellepiane, também formada em Medicina. [...] Esse centro, prematuro, hostilizado pelo ambiente, foi criado com fins liberais e teve de se transformar numa associação de ajuda e previsão social, que recebeu o nome de Juana Manuela Gorriti.

Apesar de tudo, as ideias iam roendo o ambiente; recebidas em silêncio, murmuradas alma adentro, temerosas da ampla luz exterior, lançavam rápidos golpes e, três anos depois daquela grande manifestação, as "Universitárias Argentinas", que desde 1901 constituíam uma Frente, propuseram o Congresso Panamericano que, presidido em seus trabalhos iniciais pela senhorita Emilia Salzá, realizou-se em 1910, sem ajuda oficial alguma. Esse Congresso foi o primeiro que expôs na América do Sul as novas tendências espirituais da mulher, suas mais íntimas esperanças de emancipação; congregador de um crescido número de mulheres intelectuais, advogou pela modificação do código civil nos pontos tocantes à liberdade econômica da mulher, e considerou indispensável o nivelamento jurídico dos dois indivíduos sociais, que se constituem formadores da família, como também a liberação feminina de certas travas pueris e irritantes com que a lei a deprime.

A propósito disso, é justo lembrar que, oito anos antes da realização do citado Congresso, em 1902, o deputado doutor Luis María Drago havia apresentado à Câmara de que era membro um projeto de lei determinando que a esposa poderia administrar, livremente, seus bens herdados, legados ou adquiridos com seu trabalho, facultando também a ela dispor de seus bens sem a autorização do marido, ou inclusive contra este, e tirando do homem a prerrogativa de administrar, legalmente, os bens de sua mulher.

Esse projeto, que revolucionava o atual regime de administração de bens matrimoniais, não passou de projeto, ficando de pé somente seu esqueleto ideológico, que, cinco anos mais tarde, o deputado doutor Alfredo L. Palacios, dando-lhe sua própria visão, apresentou a essa mesma Câmara obtendo igual resultado. [...] A intelectualidade do país estava, no entanto, com esses projetos. A palavra feminismo começava a perder seu sentido curioso e grotesco; as tentativas continuavam.

Em 1911, mantida pela doutora Julieta Lanteri, foi criada outra importante associação feminista: a Liga para os Direitos da Mulher e da Criança, cujas bases foram:

Direitos políticos para a mulher argentina e naturalizada;
Igualdade de direitos civis e jurídicos para ambos os sexos;
Divórcio absoluto;
Educação laica, mista e igual para ambos os sexos;
Direitos do menor e da criança;
Dignificação do trabalho.

Essa instituição adotou o primeiro Congresso Nacional da Criança, do qual, por sua vez, nasceu o Congresso Americano da Criança que, presidido pela mencionada doutora Lanteri, mas já independente da Liga dos Direitos da Mulher e da Criança, reuniu em seu núcleo pessoas de toda a América e este Segundo Congresso, agora sob auspícios oficiais, realizou-se em Montevidéu no passado mês de maio.

ALFONSINA STORNI

É importante lembrar, ao falar nisso, que a professora senhorita Raquel Camaña deu grande ânimo aos trabalhos de organização daquele Congresso e quão valente foi em seu discurso sobre a educação sexual das crianças, como meio de fortalecer o domínio do instinto; assim como também Carolina Muzzilli, que apresentou ao Congresso numerosos e inteligentes estudos sobre a situação das mulheres e das crianças trabalhadoras.

Pois bem, apesar de todos esses esforços isolados, apesar de dia a dia, o nosso antigo tipo feminino vir sendo sucedido, sobretudo nos grandes centros, pela nova mulher argentina, formada de seus próprios elementos, ainda que sobre moldes europeus e americanos, o verdadeiro impulso do feminismo em nosso país veio, como em todo o mundo, da guerra europeia.

A tremenda comoção no campo das ideias, a dor de tanta coisa bela destruída, de tanta juventude mutilada ou morta, a participação ativa da mulher nas mais áridas tarefas masculinas, a crença, falsa ou verdadeira, de que a vontade e a idiossincrasia femininas seriam capazes de se opor às futuras guerras, as ideias democráticas intensificadas no mundo inteiro com o triunfo definitivo das forças espirituais que representam o direito: tudo contribuiu para que, no último quinquênio, o feminismo tenha tomado em nosso país certo caráter popular, ainda que suas manifestações exteriores permaneçam sendo pacíficas, silenciosas e um tanto pesadas, se assim se prefere.

Hoje temos organizadas no país importantes associações feministas, que contam com milhares de adesões masculinas e femininas em toda a República; é claro que, ainda que se empenhem pelo mesmo objetivo, apresentam diferenças em seu modo de realizar a propaganda e encaminhar sua ação. [...] A União Feminista Nacional, nascida de uma reunião convocada pela senhorita Julia García Gámez, se constituiu desde 1908 sob a presidência da doutora Alicia Moreau para cooperar em tudo o que signifique emancipação econômica feminina, de imediato, e propiciar outros movimentos em seu momento oportuno. [...] Realizou uma série de conferências em salões de espetáculos, associações privadas, teatros etc., acompanhadas frequentemente de propaganda cinematográfica, e apresentou ao Congresso petições, endossadas por numerosas firmas, apoiando e pedindo o pronto despacho do projeto de Lei do doutor Enrique del Valle Iberlucea, sobre emancipação civil da mulher.

A Associação Pró-Direitos da Mulher, organizada a princípios deste ano e presidida pela doutora Elvira Rawson de Dellepiane, reivindica, de início, igualar mulheres e homens em direitos civis e políticos. [...] Por esse motivo consultou a opinião dos distintos partidos políticos do país, obtendo resposta da União Cívica Radical, Partido Unitário, Partido Socialista Argentino, Partido Conservador da Província de Buenos Aires, e do doutor Lisandro de la Torre. [...] Todas essas respostas expressam, de um jeito ou de outro que, pelo menos ideologicamente, os citados partidos apoiam a mulher em seu desejo de exercer sua responsabilidade nos assuntos públicos.

O Partido Político Feminista encaminhou sua ação de modo mais agudo. Presidido pela doutora Julieta Lanteri Renshbaw que, nas últimas eleições de deputados se candidatou, fez pessoalmente sua propaganda nas praças públicas e foi votada por um aumentado núcleo da população — ainda tratando-se de um caso não previsto pela Lei —, fez sua declaração de princípios expressando:

> Que o Partido durará até que haja conseguido o sufrágio universal da mulher. Que a mulher nele fará sua educação cívica. Que apresentará suas candidatas nas futuras eleições e as sustentará ante a opinião pública.

Esta é, pois, a instituição feminista mais avançada do país.

No Partido Socialista, único que no país mantém em sua plataforma a igualdade de sexos, existem, inclusive, duas instituições feministas, cuja ação se fez sentir, principalmente, na propaganda de partido dentro da classe operária.

Atualmente encontram-se no Congresso Nacional um extenso projeto de lei do senador doutor Enrique del Valle Iberlucea sobre emancipação civil da mulher, e dois, básicos, do deputado doutor Rogelio Araya, modificando um o Código Civil em benefício da mulher, e o outro estabelecendo seu direito ao voto.

Este é, em resumo, o estado do movimento feminista em nosso país. [...] A imprensa, a opinião pública, as instituições femininas conservadoras, como o Conselho Nacional das Mulheres, que encaminhou sua ação principal à cultura feminista, propiciam, no mínimo, a emancipação civil.

Como traços gerais se observa que nossa mulher, sem violência, conservando intimamente sua feminilidade, vai dando, dia a dia, maiores provas de capacidade cerebral e de clara liberalidade. [...] No campo da arte há um verdadeiro surgimento de talentos precoces: a música, a poesia, a dança, a pintura estão dando à luz belos esforços.

Nossa mulher estudiosa, que tem um espírito sutil, que é pessoalmente original e graciosa, que ama a elegância de seus vestidos e se rende às delicadezas espirituais, não é mesmo o tipo clássico da feminista que o humorismo satirizou. [...] Mas, intimamente, levantando a leve camada de superficialidade elegante com que certa norma social a acorrenta, talvez se encontre nela uma profunda feminista, se por feminista entende-se criar na alma feminina sua própria vida, seu verdadeiro ser, sua consciência individual das coisas e aplicar esse conceito pessoal para libertá-la de travas ancestrais, já tão desgastadas diante das novas correntes morais e ideológicas que atravessam o mundo.

TRECHOS DE "UMA SIMULAÇÃO DE VOTO", 1920*

No texto a seguir, Alfonsina discorre sobre uma simulação de voto feminino realizada em Buenos Aires em 1920. Organizado por Alicia Moreau, Elvira Rawson e outras mulheres da União Feminista Nacional, essa foi uma das várias estratégias originais do movimento sufragista argentino para dar visibilidade às suas demandas (Mendez, Queirolo e Salomone, 2014). Com base nos resultados, Alfonsina levanta questões muito interessantes para se pensar os dilemas e questões da representação política feminina. Primeiramente, ela se mostra cética quanto ao ideal de que as mulheres, apenas pelo fato de serem mulheres, responderiam da mesma forma ao voto e manifestariam os mesmos interesses nos pleitos eleitorais. Assim, reconhece a grande heterogeneidade do coletivo "mulheres" que se buscava forjar através dos movimentos sociais e admite que a suposta identidade feminina é uma base demasiadamente instável para se supor que será o elemento determinante para o voto.

---

* STORNI, Alfonsina. "Un simulacro de voto". In: MENDEZ, Mariella; QUEIROLO, Graciela e SALOMONE, Alicia. *Nosotras... y la piel: selección de ensayos de Alfonsina Storni*. Buenos Aires: Alfaguara, 1998, pp. 150-153. Data manuscrita: 5 de dezembro de 1920. Tradução de Fabiana Camargo. Revisão técnica de Ana Paula Soares Carvalho.

CLÁSSICAS DO PENSAMENTO SOCIAL

Em segundo lugar, mostra algum ceticismo quanto ao voto como solução formal para as desigualdades naquele contexto histórico, sobretudo porque, em suas próprias palavras, a máquina política permaneceria em mãos masculinas. Por fim, especula sobre outros desenhos procedimentais possíveis para potencializar a representação política de mulheres feministas nos processos eleitorais, como listas próprias de candidatas.

Em 1991 a Argentina foi o primeiro país a adotar cotas de participação feminina nas listas eleitorais, instituindo um piso de 30%, e foi seguida depois por outros 12 países latino-americanos. Decretos que exigiram que as candidatas não sejam colocadas no fim da lista foram eficazes em determinar o cumprimento da meta. De acordo com Barrancos e Archenti (2017), "na composição da primeira Legislatura da Cidade de Buenos Aires (1997-2000), de um total de vinte deputadas, um terço delas se identificava com o feminismo. A legislatura sancionou uma das leis mais progressistas em matéria de direitos sexuais e reprodutivos".

Duas semanas atrás, realizou-se nesta capital, pela segunda vez, uma simulação de voto feminino, em razão das eleições municipais. [...] Esse ato, organizado pela União Feminista Nacional para evidenciar o interesse de nossas mulheres no voto, não é, claro está, um fato que nos possa revelar o verdadeiro pensamento destas, pois só participaram do sufrágio umas seis mil mulheres.

Para começar, as mulheres que participaram desta simulação de voto pertencem em geral aos grupos menos oprimidos por conveniências sociais. [...] De modo que, ao lado das senhoras que presidiam as mesas, aproximaram-se delas mulheres de figuração, que votaram e não quiseram que seus nomes aparecessem nas listas.

Esse número de senhoras foi bem reduzido. [...] Em geral as votantes pertenciam à classe média e trabalhadora, justamente as que estiveram mais perto da propaganda desenvolvida pelas instituições feministas da capital. [...] As mulheres votaram nas listas dos partidos em voga, pois sendo um voto de impulso e ensaio, teria sido inútil criar lista própria de mulheres.

Tratava-se de conhecer, mais ou menos, qual seria a tendência das nossas mulheres no suposto caso de que se lhes concedessem o voto, e, para tanto, era mister que votassem nas listas masculinas conhecidas. [...] As duas simulações de voto realizadas nesta capital fazem suspeitar de que, se se concedesse o voto à mulher, não se faria mais que duplicar os votos atuais sem alterar sua proporção.

Seguramente, o número de votantes seria muito superior ao das duas simulações realizadas, porque os próprios homens seriam os encarregados de zelar para que as mulheres de sua família não se abstivessem. [...] E é mais que certo que, nos primeiros anos, as mulheres, cujos maridos tiveram interesses freados num partido os acompanhariam com seu voto.

A pequena maioria socialista observada nas duas simulações de voto desapareceria quando o voto tivesse valor legal, pois há que ter em conta que as operárias votantes somam um 25% que não conta na classe oposta. [...] Cabe também se perguntar se as mulheres não se organizariam para votar em outras mulheres, com listas e ideais próprios. [...] Para se chegar a isso, tardaria um bocado, não somente no nosso, mas em todos os países, pois esse trabalho de preparação seria lento.

No momento, mesmo nos países que andam rápido, a máquina política continua armada pelo pensamento masculino, e as mulheres, como no caso da América do Norte, só tiveram peso na balança. [...] O voto da mulher até agora não representa, pois, uma conquista material de verdadeiro peso. É, na verdade, uma conquista moral.

Obedeceu, mais que a necessidades e propósitos materiais, a uma evolução ideológica, mudança intelectual de apreciação da mulher. [...] É uma resposta que a inteligência do homem deu ao que a força impôs. [...] Deu-se o voto à mulher sobretudo como uma confirmação prática de igualdade.

E este foi dado quando o homem sentiu a infâmia da força; com um pouco de vergonha, parece, do emprego da força. [...] É inútil discutir se para o bem ou para o mal; se com razão ou sem razão. Parece também que os povoados em que as mulheres votam não têm grandes expectativas no que diz respeito à democracia. [...] Pelo menos, sua atitude demonstra que não temem piorá-la.

Provavelmente, o núcleo desses povos da América consiste em crer que ainda pode piorar, o que não deixa de ser uma grata expectativa. Enquanto isso, vejamos as mulheres que participaram da simulação de voto realizada em Buenos Aires. [...] Contra tudo o que se poderia acreditar, a grande maioria é formada por argentinas, e o percentual maior é de casadas, quanto ao estado civil, e jovens de 18 a 30 anos, no que se refere à idade. [...] Vê-se, pelo menos, que não são as solteironas feias e esquecidas as que mais votaram. [...] Aqui vai um detalhe. Participaram 5.915 mulheres, assim distribuídas:

Nacionalidade: argentinas, 75%; italianas, 9,2%; espanholas, 9%; russas, 2%; francesas, 1,6%. O restante é composto por mulheres de diversas nacionalidades.

Estado: casadas e viúvas, 49%; Solteiras, 41%.

Idade: de 18 a 30 anos, 72%; de 30 a 40 anos, 16%; de 40 a 50 anos, 7%; de 50 a 81 anos, 5%.

Profissões: do lar, 47%; operárias 25%; profissionais liberais e intelectuais, 14%; funcionárias, 8%.

Referências bibliográficas

ANDREWS, George Reid. *América afro-latina: 1800-2000.* São Carlos: EdUFCSAR, 2014.

BARRANCOS, Dora e ARCHENTI, Eva Alterman. "Feminismos e direitos das mulheres na Argentina: história e situação atual". In: BLAY, Eva Alterman e AVELAR, Lúcia (orgs.). *50 Anos de feminismo: Argentina, Brasil e Chile.* São Paulo: EdUSP, 2017, pp. 55-64.

CORRÊA, Sônia. "Sexualidade e política da segunda década dos anos 2000: o curso longo e as armadilhas do presente". In: RODRIGUES, Carla; BORGES, Luciana e RAMOS, Tânia Regina. *Problemas de gênero.* Rio de Janeiro: FUNARTE, 2016, pp. 59-74.

GIORDANO, Verónica. "Vida, obra y muerte de Alfonsina Storni, Delmira Agustini y Ercília Cobra. La construcción de los derechos civiles". *Cadernos Pagu,* n. 32, Campinas, janeiro-junho de 2009, pp. 331-364.

MICELI, Sérgio. "Voz, sexo e abismo: Alfonsina Storni e Hiracio Quiroga". *Novos Estudos,* 97, novembro 2013, pp. 83-113.

MIGLIORINI, Ines Candelaria. *Los derechos civiles de la mujer en la Republica Argentina.* Buenos Aires: Centro Nacional de Documentacion y Informacion Educativa, 1972.

MENDEZ, Mariela; QUEIROLO, Graciela e SALOMONE, Alicia. *Un libro quemado.* Buenos Aires: Excursiones, 2014.

NUNES, Auréa Salete Moser. "Alfonsina Storni: uma voz de arrabalde". Dissertação apresentada no curso de pós-graduação em literatura da Universidade Federal de Santa Catarina, 2001.

OFFEN, Karen. "Sur l'origine des mots 'féminisme' et 'féministe'". In: *Revue d'Histoire Moderne et contemporaine*, 34, 3, julho-setembro 1987, pp. 492-496.

PRATT, Mary Louise. "La modernidad desde las Americas". *Revista iberoamericana*. v. LXVI, n. 193, outubro-dezembro, 2000.

RAYMUNDO, Larissa de Macedo. Tradução do Prólogo e Capítulo I da obra "Meditações sobre os Cânticos", de Teresa de Jesus. *A palo seco — Escritos de filosofia e literatura*, [S.l.], n. 9, pp. 79-92, dez. 2017. ISSN 2176.3356. Disponível em: <https://seer.ufs.br/index.php/apaloseco/article/view/8087>. Consultado em: 20/11/2019.

REAL ACADEMIA ESPANHOLA. *Nuevo diccionario histórico del español*. Disponível em: <www.frl.es/Paginas/default.aspx>. Consultado em: 3/6/2018.

ROCHA, Nildicéia Aparecida. *A constituição da subjetividade feminina em Alfonsina Storni: uma voz gritante na América*. São Paulo: Editora UNESP, 2013.

SCOTT, Joan Wallach. *A cidadã paradoxal — as feministas francesas e os direitos do homem*. Florianópolis: Ed. Mulheres, 2002.

A primeira edição deste livro foi publicada em abril de 2021, ano em que se celebram 31 anos da fundação da Rosa dos Tempos, a primeira editora feminista brasileira.

O texto foi composto em Minion Pro, corpo 12/16. A impressão se deu sobre papel pólen soft $70g/m^2$ pelo Sistema Cameron da Divisão Gráfica da Distribuidora Record.